HISTOIRE
DE LA VILLE
DE ROYE.

HISTOIRE
DE LA VILLE
DE ROYE,
DÉPARTEMENT DE LA SOMME,

AVEC DES NOTES HISTORIQUES ET STATISTIQUES
SUR LES COMMUNES ENVIRONNANTES;

Par M. GRÉGOIRE-D'ESSIGNY, fils,

Lieutenant-commandant les sapeurs-pompiers
volontaires de ladite ville, associé-correspondant de l'Académie d'Amiens.

*Nescio quâ natale solum dulcedine cunctos
Ducit, et immemores non sinit esse sui.*
OVID.

NOYON,
CHEZ DEVIN, IMPRIMEUR DU ROI,
SUR LA GRANDE-PLACE, N° 259.

M. DCCC. XVIII.

AUX HABITANS DE ROYE,
DÉDICACE.

C'est à vous, mes Concitoyens, que je dédie ce faible ouvrage. Né dans votre ville, dès mes premiers ans je tentai de vous servir et de vous plaire : l'amour de la patrie a conduit ma plume ; il vous offre aujourd'hui le modeste fruit de mes travaux.

GRÉGOIRE D'ESSIGNY, FILS.

LIVRE Ier.

CHAPITRE PREMIER.

Situation de la ville de Roye.

Cette Ville est au 20° degré 27' 20" de longitude, et au 49° degré 41' 55" de latitude, dans la partie de la France que les anciens géographes appellent *Moyenne Picardie*, et que les modernes nomment le sud-est du *Département de la Somme*.

Elle est sur une colline qui forme, vers le sud, un amphithéâtre. Les brouillards y sont rares, quoiqu'il y ait au bas de la ville une vallée marécageuse et un étang : les gaz qui s'en exhalent ne s'étendent pas sur la ville et n'altèrent point la pureté de l'air qu'on y respire. (*Topographie médicale de Roye*, par M. Midy, médecin).

Aucune forêt ne la couvre ; des montagnes l'abritent à l'est, à deux myriamètres (4 lieues) environ.

Sa situation est des plus heureuses.

Elle communique à Péronne et à Gournay par la route de Bruxelles à Paris; à Amiens, par un chemin de construction romaine, nommé *Chaussée-Brunehaut*, et à Noyon, par une assez belle route.

HISTOIRE

Elle est au milieu du *Santerre*, le plus beau pays de la Picardie *.

Je ne crois pas hors de propos de parler du mot *Santerre*, et d'en donner l'étymologie : je l'essaierai en citant des passages de plusieurs ouvrages.

Le premier est tiré d'une relation latine de la translation de Saint Firmin-le-Martyr à Saint-Denis en France.

Cette relation se trouve dans l'*Histoire de l'Abbaye de Saint-Denis*, de Doublet, et dans les ouvrages de Guibert, abbé de Nogent.

Voici la traduction de ce passage :

« Sous le règne de Dagobert, roi de France,
» les Huns, peuple d'un naturel féroce, grands
» de corps et aguerris, plus confians en leur
» propre force que dans le secours du Ciel, assu-
» jétirent toutes les provinces qui leur étaient voi-
» sines. Ces conquêtes ne bornèrent point leur
» ambition : jaloux de la gloire des Français et du
» Prince qui les gouvernait, ils formèrent la té-
» méraire entreprise de les subjuguer. Dans ce

---

* Quelques personnes désirant prouver que Roye était la capitale du Santerre, ont dit que Péronne ne pouvait pas l'être, puisque c'était une ville frontière, et que d'ailleurs le régiment de Santerre portait les mêmes armes que la ville de Roye.

Ces armes sont : *de gueules à la bande d'argent, au chef d'azur, chargé de trois fleurs-de-lys d'or.*

» dessein, s'étant ligués avec les Flamands, et
» comptant aussi sur le secours des habitans d'A-
» miens, qui étaient entrés dans leur ligue, ils
» firent toutes les dispositions nécessaires pour
» cette guerre; et, ne doutant pas du succès, leur
» armée, jointe à leurs alliés, marcha contre la
» France. Le roi Dagobert, trop vigilant pour
» ignorer ce qui se tramait contre lui, rassemble
» aussitôt ses troupes, vole à la rencontre de ses
» ennemis, et les joint dans un lieu nommé *Lion*.

» Enfin, le jour du combat arrivé, on se battit
» long-temps, les Huns dans l'espoir de détruire
» le royaume de France, et les Français combat-
» tant pour la défense de leur liberté. Mais la di-
» vine Bonté, qui abaisse les superbes et qui sou-
» tient les humbles, touchée de la piété et de la foi
» des Français et de leur Prince, irritée de l'or-
» gueil des Huns, fortifia le bras des soldats fran-
» çais, et confondit tellement leurs ennemis, qu'à-
» peine s'en sauva-t-il un seul pour porter dans sa
» patrie la nouvelle d'un si triste événement. *Les*
» *Français firent dans ce lieu un si grand car-*
» *nage et une si grande effusion du sang des*
» *Huns, que ce lieu, qui auparavant s'appelait*
» *Lion, fut depuis nommé, dans la langue de*
» *cette nation, Lions ensantés; ce qu'on*
» *peut rendre en latin par* Leo in stagno sangui-
» nis, *Lion dans un étang de sang* ».

HISTOIRE

Comme cet endroit est le plus intéressant du fragment, je me permettrai d'en donner le texte latin.

Et facta est in eodem loco (LION) à Francis tanta strages, tanta-que Hunonum sanguinis effusio, ut idem locus, qui priùs LEO vocabatur, ex tunc et deinceps gentis illius idiomate diceretur *Lions ensantés*, quod latinè LEO IN STAGNO SANGUINIS dici potest.

Mais plusieurs circonstances de cette relation sont fausses.

La première, c'est qu'aucun auteur n'a appelé le village de Lihons *Leo*, en français LION ; tous les écrivains le nomment *Lehunum*, *Leunum*, ou *Leuntium*.

La deuxième, est la ligue des Flamands et des habitans d'Amiens contre Dagobert : il n'en est parlé dans aucun auteur.

La troisieme, est cette prodigieuse défaite des Huns, dont à-peine il échappe un seul. Cette défaite a quelque chose de romanesque.

La quatrième, est le nom qui est resté au lieu où cette grande bataille s'est donnée. Suivant l'auteur de cette relation, on l'a appelé depuis *Lions ensantés*. Je crois qu'il est le seul qui nomme ainsi ce lieu ; et, sans doute, il s'est trompé lors qu'il a avancé que le mot *ensantés* était un terme de la langue des Huns, qui pourrait être traduit en latin par *Leo in stagno sanguinis*.

Il faut donc rejeter ce sentiment.

Sébastien Rouilliard, dans un ouvrage intitulé : *Discours de l'antiquité, privilèges et prérogatives du Monastère de Lihuns, vulgairement Lihons en Sangters*, donne une autre étymologie au mot *Santerre* ou *Sangters*.

Il dit que, sous le règne de Mérouée, vers l'année 450, les Huns étant entrés en Picardie, les habitans du pays et des environs les attaquèrent entre Corbie et Roye, avec tant de vigueur, qu'ils en tuèrent la plus grande partie ; en-sorte que le ruisseau qui coulait au milieu du champ de bataille, enflé du sang des Huns, se déborda, en noya plusieurs dans leur propre sang, et que de cette *abstersion est venu le nom de Sangters*.

Cette opinion me semble inadmissible.

Adrien de Valois remarque dans sa *Notice des Gaules*, page 501, que le nom de *Sangters* ne se trouve ajouté à celui de Lihons dans aucun titre du prieuré de Lihons, avant l'an 1300. Le premier titre où l'on trouve *Lihons en Sangters*, est de 1317 ; tous ceux qui en ont parlé avant ce temps-là ne l'ont appelé que *Lihons*.

Voici le texte latin d'Adrien de Valois :

In Chartulario Beati Petri de Lehuno, qui est Prioratus Cluniacensis ordinis, in Ambianensi diœcesi, cum ibi reperiantur litteræ datæ anno 1124, Lehunum et Lehunensem ecclesiam absolutè memorantes, non-nisi in litteris recentioribus, post annum 1300 datis, pagi Santeriensis fit mentio : et nunc *Lehunum in sanguine tersum*, aliàs Lihons en Sangters, anno 1317, 1329, 1339, appellatur : quod Paschalis II, in Litteris datis anno 1100, S. Petrum de *Leuntiis*, alibi *Leontium* vocat ; Honorius II, anno 1125, *Leunum;* Guibertus de Novigento *Lehunum* monasterium. Iperius in Chronico sithiensi *sanam terram* et *sanguinem tersum* vocat : quod alterum Saine terre, alterum Sangters sonat. In pago, inquit, Ambianensi in sanâ terrâ, quæ hodie dicitur *Sanguis tersus*, vulgariter Sangters, etc.

La Chronique de Sithiu, que cite Adrien de Valois, ferait croire que ce canton a été appelé *Saine terre*, d'où est venu *Santerre;* je le pense.

Rejettant donc l'opinion des auteurs précédens, je me range de l'avis d'Ipérius, auteur de la Chronique de Sithiu, et je dis que ce canton au milieu duquel la ville de Roye est située, étant très-fertile (puisqu'il porte encore actuellement le surnom de *Grenier de la Picardie*), cette fertilité l'aura fait nommer *saine terre* (*sana terra*), dont on aura fait *Santerre*, tel qu'on l'écrit maintenant.

CHAPITRE II.

Rivières.

Deux rivières coulent à Roye ; l'une est l'*Avre**
(jadis *Avrègne* et *Aurègne*) : elle prend sa source
à Avricourt, village du département de l'Oise, à
l'est et à 7 kilomètres et demi (une lieue et demie)
de Roye; passe par cette ville, sous un pont ** qui
forme la limite du faubourg de S.-Gilles, et se
joint au *Don*, au-dessus de Pierrepont. Toutes
deux passent à Moreuil ; reçoivent ensuite, à
droite, la *Luce*, à gauche la *Noye*, au-dessus de
Boves. Ces rivières réunies se partagent en deux
parties, qui se jettent dans la Somme près de
La Neuville-lez-Amiens.

L'Avre est navigable sur trois myriamètres (6
lieues) de long; cette navigation commence à

---

* Dans le département d'Eure-et-Loir, il y a une rivière qui se nomme aussi *Avre*. Elle prend sa source à Verneuil.

** Ce pont a été reconstruit en 1747, par ordre de M. Chauvelin, intendant de Picardie.

Moreuil, et se termine au moment de sa jonction à la Somme. Elle est très-utile pour le transport du bois de la forêt de Mailly-Reneval, des autres bois environnans, et pour le transport à Amiens de la tourbe exploitée dans la vallée supérieure de la Somme.

Sa longueur est de 49 kilomètres (près de 10 lieues). Sa direction est du sud-est au nord-ouest. Elle fait mouvoir vingt-neuf moulins et usines ; savoir, vingt-deux moulins à blé, cinq à huile, un à tan, et un à papier.

L'autre rivière est celle de *Saint-Firmin*. Elle prend sa source au nord-ouest de la ville, à une fontaine située dans les marais communaux, près du bois de Bracquemont. Elle traverse le faubourg S.-Médard-de-Thoule, sous un pont en maçonnerie reconstruit en 1754, à la place de l'ancien en charpente, et va se décharger dans l'étang du village de S.-Mard-lez-Truyot, au-dessous de Roye.

CHAPITRE III.

Noms latins de la ville de Roye.

Roga.

RAGA, dans les dernières éditions du Dictionnaire géographique de Vosgien.

RAUGA, dans l'historien Flodoard, et en latin du moyen âge.

ROÏA et ROYA. Guillaume Le Breton, en parlant du comté d'Amiens, dans ses Philippiques, dit : *Nam Desiderii-Mons, Roia, Nigella, Peronna, cum-que Suburbanis urbs Ambia sub ditione ejus erant.*

RODRINA, dans les anciennes cartes de Ptolemée.

RODIUM, dans la Table Théodosienne, qui le place dans la seconde Belgique, entre *Setucis* et *Isara* (l'Oise). M. Danville croit que c'est le lieu appelé actuellement Roiglise.

RHODIUM de la Gaule belgique, dans les historiens latins.

HISTOIRE

ANTIQUITÉ DE ROYE,

DÉMONTRÉE *PAR DES FAITS HISTORIQUES.*

Je pourrais dire qu'une colonie d'habitans de l'île de Rhodes (dont la capitale remonte à 740 ans avant J.-C.) étant venue s'établir dans les Gaules, y bâtit le *Rhodium* des historiens latins, la ville de Roye : ce serait attribuer à mon pays une origine bien antique ; mais aussi ce serait composer une fable. Je n'avancerai donc rien sur la fondation ni sur le nom de la ville dont j'écris l'histoire; mais je dirai que plusieurs causes portent à croire qu'elle existait au temps de Jules-César *. L'une des plus fortes et des plus convaincantes, c'est qu'en cultivant une pièce de terre, qui est située à l'ouest, entre le village de Villers et Roye, et qui porte encore à-présent le nom de *Vieux-Catil*, ou *Vieux-Castel* (de *castellum*, château, forteresse, ou de *castrum*, camp), on découvrit des vases antiques, des armes romaines et un grand

---

(*) Empereur romain, né 98 ans et mort 43 ans avant J.-C. Ainsi notre ville aurait environ 18 siècles et demi d'existence.

nombre de médailles d'or, d'argent et de cuivre, à l'effigie de Jules-César. La tradition du pays est que ce champ a été un camp de ce dernier, et qu'il s'étendait jusque sur la route de Péronne, où l'on aperçoit encore deux élévations, l'une circulaire, entourée de sinuosités, l'autre en forme de demi-lune.

Je pense que César sera venu dans ces lieux lorsqu'il conquit les Gaules, et après la défaite des peuples qu'il nomme dans ses Commentaires (*Lib.* 2e, 5e, 7e, 8e) *Ambiani* (les Amiénois), et *Bellovaci* (les Beauvoisins), peut-être lors de son séjour à Amiens pendant tout un hiver. Il aura établi à Roye un de ces camps sédentaires appelés *castra stativa*, que les Romains formaient tant pour la défense du pays et la sûreté des chemins, que pour ne pas laisser reprendre les villes conquises.

Ce fait prouve, je crois, en faveur de mon assertion ; car Jules-César n'aurait pas choisi, pour établir un camp, un endroit éloigné des villes. Celle de Montdidier (le *Bratuspantium* de l'antiquité, selon quelques écrivains) était alors bâtie; mais à quatre lieues du camp dont je viens de parler*.

---

* Voyez, pour les camps romains et celui ci en particulier, mon ouvrage imprimé sur les Voies romaines. Paris, 1811, in-8°.

Un autre fait qui confirme encore ce que j'ai avancé au commencement de ce chapitre, c'est qu'en 1761, lors qu'on réparait le chemin de Roye à Montdidier, Dom Grenier, savant religieux de Corbie, et M. Thorin, directeur des aides à Roye, découvrirent, vis-à-vis du Moulin-Dupuis, quatre grands squelettes et un petit, dans tout leur entier. Ils étaient dans deux cercueils de bois, cloués avec des clous de bandes de roues ; l'un (qu'ils remarquèrent être celui d'une femme) avait un grand collier pendant jusqu'à la ceinture, fait d'anneaux de fer entrelacés, chacun de la grandeur d'un écu de six francs, couverts de fils de laiton blanc ; un autre fil jaune de la même matière était entortillé avec art autour de chaque anneau. Le même squelette avait à droite un pot en forme d'urne, de cinq pouces de haut et de quatre pouces de circonférence ; cette urne était d'une espèce de grès verni en noir. A la gauche, on trouva une lampe de verre, contenant un sédiment que Dom Grenier prit pour des nourritures d'oiseau, parce que, chez les Romains, il était d'usage d'enterrer avec la personne morte l'animal qu'elle avait le plus aimé.

Un autre squelette avait à-côté de l'oreille un pot de la même matière, de quatre pouces de haut sur trois de circonférence, et de couleur grisâtre.

Les deux autres avaient chacun une espèce de petite terrine de même matière, de couleur rougeâtre, l'une à-côté de la tête, l'autre sur le crâne, comme une calotte.

Tous ces squelettes étaient enfoncés à quatre pieds de profondeur dans la terre, la tête au nord, les pieds au sud.

On n'y trouva rien qui pût indiquer ce que c'était que ces corps, ni pourquoi ils étaient en plein champ. Cependant Dom Grenier, se fondant sur les nourritures d'oiseaux qu'il avait trouvées et dont j'ai parlé plus haut, les crut romains.

J'ai lu dans un manuscrit qui m'a été communiqué, et dont la date remonte à l'époque de la découverte de ces tombeaux, que dans ces mêmes tombeaux il y avait des vases à parfums, des lampes sépulcrales, des épées, des boucliers, des vases de terre, des bracelets, des colliers, etc......; que dans l'un on a trouvé les vestiges d'un oiseau enterré avec un corps qu'on a jugé être celui d'une jeune fille, et à-côté un vase dans lequel il y avait du chenevis entier, mais gâté intérieurement. Les mâchoires de cette jeune personne étaient très-bien conservées et meublées de belles dents, parfaitement émaillées.

L'auteur de ce manuscrit prétend que ce lieu qui renfermait différens corps, était ce que les anciens appelaient *columbarium* (tombeau de famille). Il est dans l'erreur: je le prouverai dans un ouvrage sur les Tombeaux romains que je donnerai quelque jour au public.

Quelle que soit d'ailleurs l'origine de cette ville, il est constant qu'elle était autrefois très-forte : on peut croire que ce sont les ravages de la guerre qui ont si considérablement diminué les habitations extérieures de son enceinte ; car, en fouillant les chemins de Noyon et de Péronne, on a rencontré beaucoup de vestiges qui prouvent que ces lieux étaient habités.

Je suis même persuadé qu'elle s'étendait, au nord-est, jusqu'au village de Roiglise *.

Elle allait aussi jusqu'à Saint-George, puisque ce lieu est encore actuellement l'un des faubourgs de Roye, mais séparé de la ville par un espace d'un huitième de lieue environ.

C'est ici, je crois, l'instant de parler d'un des plus anciens monumens de la France : il prouve l'antiquité de ce faubourg de Roye, et par suite démontre celle de la ville. Je veux dire l'Église de Saint-George, qui a été démolie dans le cours de la Révolution.

Tout concourt à faire croire que cette Église était un temple dédié aux dieux du paganisme. Bâtie près des eaux nécessaires pour les lustrations

---

* Voyez à ce sujet la notice sur les Tombeaux romains découverts à Roiglise, page 185 ci-après.

et d'un bois (qui ne subsiste plus), elle était tellement disposée dans sa longueur, à l'est, que, dans le temps des équinoxes, les rayons du soleil, soit à son lever, soit à son coucher, la traversaient d'un bout à l'autre, en ligne droite. Ses murailles étaient ornées de figures hyérogliphiques, d'urnes, d'oiseaux, de poissons nageant dans le même vaisseau, etc...... On remarquait aussi très-distinctement sur un des piliers la figure de Jupiter férétrien, tenant en main des foudres. Cette dernière observation semble prouver que ce temple était dédié à ce dieu, et non pas à Mytras, sous le nom duquel les Gaulois adoraient le Soleil, comme quelqu'un l'a prétendu *.

Don Grenier vint sur les lieux, pour examiner ces précieux restes d'antiquité. Il devait en faire mention dans une *Histoire générale de Picardie*, qu'il avait faite, et qui n'a point été publiée.

---

* Lorsque les Romains eurent conquis les Gaules, ils y introduisirent le culte de leurs dieux. On honorait dans la Picardie les divers Jupiter, les statues de Mercure, d'Apollon, de Mars, de Castor et Pollux, d'Angeronne, présidente au silence, etc.

CHAPITRE IV.

Seigneurs de la Maison de Roye.

§. Ier.

ORIGINE DES COMTES.

La Picardie qui, dans l'antiquité la plus reculée, et notamment au temps de la conquête des Gaules par Jules-César, était habitée par les *Ambiani* (les Amiénois), les *Veromandui* (les peuples du Vermandois), les *Bellovaci* (les Beauvoisins), etc...... fut comprise dans la *Gaule belgique*, ou *Belgique seconde*.

De la domination des Romains, elle passa sous celle des Francs, et ce fut un des premiers pays des Gaules où ils s'établirent.

Clodion entra dans Amiens en 442. Trois ans après, il y établit le siège de son empire. En 447, Mérouée fut reconnu roi par les États assemblés dans cette ville, et y fut porté à son trône sur un bouclier. Chilpéric, son fils, lui succéda. Elle échut ensuite en partage à Clotaire, fils de Clovis, et resta en la puissance des rois de France jusqu'à Louis-le-Débonnaire, qui y établit, vers l'an 818 ou 823, des comtes, qui, dans la suite, ne reconnurent plus de successeurs, et en usurpèrent la souveraineté.

Dès-lors la Picardie se divisa donc en plusieurs parties attribuées à divers comtes. La ville de Roye eut les siens, et leur donna son nom : ils formèrent une Maison illustre, qui se distingua dans beaucoup d'occasions, et dont on vit sortir successivement des capitaines, des magistrats, des ecclésiastiques.

§. II^d.

CHATEAU DES COMTES DE ROYE.

Il était situé dans l'endroit qu'on nomme encore *le Château*. Il joignait, d'un côté, la rue d'Amiens; d'un autre, l'un des fossés de la ville ; d'un troisième, le jardin des anciens Minimes , et d'un quatrième, la grande place. On voit, par de vieux restes de tours, que les prisons actuelles en faisaient partie, ainsi que la maison qui appartient maintenant à M. Douvillé.

Car on apercevait encore, il y a peu d'années, dans une cuisine voûtée en briques, à la cheminée, les armes de France, avec plusieurs fleurs-de-lys; et sur la cheminée d'une chambre haute, au-dessus de la cuisine, les armes de France, celles de la Maison de Condé, et celles de la Maison de Roye, qui étaient *de gueules à la bande d'argent.*

Ces armoiries étaient accompagnées de fleurs-de-lys répandues sur la cheminée.

Il y a lieu de croire que le château de Roye a été brûlé et démoli en 1472 ou 1475, époques où la ville fut prise et incendiée ; car on lit, dans un compte des recettes et dépenses du domaine des villes, prévôtés et châtellenies de Péronne, Montdidier et Roye, faites par M. Éloi Widelaine, receveur, etc........, pour l'année commencée à la Saint-Jean-Baptiste 1574, et finie à pareil jour 1575 :

N° 20. De la maison Colart Corderon, tenant à Mathieu Meulette, séant sur le Marché au-dessous le Chatel, que doivent par chacun an, au jour de Saint-Jean-Baptiste, 13 sous parisis, les deux tiers de deux chapons au terme de Noël ; lesquelles maisons furent arses et brûlées à la ruine et destruction de Roye, au lieu desquelles est assise la maison du Roi pour les ponts prisons au moyen que ledit Chatel a été ars et démoli à ladite destruction, auquel lieu étaient les prisons auditoires, etc......

§. IIIᵉ.

GÉNÉALOGIE DES COMTES DE ROYE.

Je l'ai extraite de l'*Histoire de Cambrésis*, de Carpentier ; des *Maisons illustres de Picardie*, de La Morlière ; du *Dictionnaire historique*, de Moréri, et du *Nobiliaire de Picardie*, d'Haudicquer de Blancourt.

Carpentier fait remonter la Maison de Roye à un HERBERT, neveu de Herbert, comte de Vermandois, qui, dit-il, fut père de

ÉVRARD DE ROYE, qui, par une charte de l'an 1095, affranchit les églises de Cambrai du droit de péage qu'il percevait sur les denrées qui passaient par la ville. Ses fils furent :

ALBÉRIC,
ROGER,
RAOUL,
GERARD,
} qui confirmèrent cet affranchissement en 1112.

GERARD fut abbé de S.-Aubert de Cambrai, et cessa de l'être en 1116.

ALBÉRIC DE ROYE, donna à cette abbaye les terres qu'il avait à Barastre et à Bertoin, en 1139, du consentement de sa femme ODESTE, et de ses fils, HERBERT, SIGER et DOGON, DROGON ou DREUX. Héméré, à la fin de son ouvrage *In Virom. illust. ex Histor. Norm.*, dit d'Albéric et de Raoul de Roye : *Milites Viromandiæ ferentes bonnicrias temporibus Philippi Augusti*, an 1214. Il y a un anachronisme : Albéric et Raoul de Roye qui paraissent en 1112, ne pouvaient plus être vivans en 1214[*].

SIGER, chevalier, seigneur de Villers-Cauchy, céda à l'abbaye de S.-Aubert les dîmes qu'il avait au village de S.-Aubert, du consentement de Radégonde, fille du seigneur de Beaumez et de son fils ROGUE ou ROGER de Roye.

DAGON, DROGON ou DREUX, se trouve qualifié chevalier dans trois chartes de Nicolas Claret, évêque de Cambrai, de 1160, 1162 et 1165. Il souscrit comme témoin une charte de Philippe d'Alsace, comte de Flandres et de Vermandois, en l'étendue duquel dernier comté était comprise la ville de Roye; par laquelle charte ce comte fait une donation à l'abbaye de Valsery en Valois. Ce Dreux, à ce qu'il paraît,

---

[*] M. Colliette, dans son Histoire du Vermandois, parle d'un Thomas de Roye, qui vivait en 1138, comme de l'un des bienfaiteurs de l'abbaye de Saint-Prix. Je ne sais où placer ce nom; cependant ce Thomas de Roye vivait en 1138, car il y a une charte latine, signée de lui, sous cette date, *Actum apud Royam, anno 1138*, par laquelle il donne aux moines de Saint-Prix des biens au village de Dallon.

était co-seigneur de Roye, suivant le cartulaire du chapitre d'Amiens, où l'on voit qu'en 1190, après le décès du comte ci-dessus, le roi Philippe Auguste et Roricon, seigneur, prêtent leur consentement à la donation que fait audit chapitre, Raoul de Saint-Aurin, chevalier, de tout ce qu'il possédait en la terre de Folie.

Il eut plusieurs fils :
RORICON, ROGUES, ROGER ou ROMAIN.
RAOUL.
VERMOND ou OVERMOND.
RORICON ou ROGUES, souscrivit avec ses frères à la charte de la donation de Vircy à Notre-Dame de Paris, par Philippe, comte de Flandres, en 1175. Sa femme est nommée Adéluye de Guise, fille de Guy, Seigneur de Guise et d'Adeluye.

De leur mariage vinrent :
BARTHELEMY.
JEAN.
PIERRE.
ROBERT ou ROGER.
RAOUL *.

---

* Ce Raoul forma la branche des seigneurs de La Ferté.
RAOUL DE ROYE, seigneur de La Ferté en Ponthieu, de Dury et d'Yaucourt, cinquième fils de Rogues et d'Adeluye de Guise, épousa Marie, dame de La Ferté, et en eut :

HISTOIRE

MARIE, dame de Boulers, femme de Jean de Poissy.

ALIX, épouse de Jean de Montgomery, comte de Sées.

PIERRE DE ROYE, dont les armes sont échiquetées d'argent et de sable, au chef frété, avec cette inscription :

> Laus patriæ, flos militiæ, fons nobilitatis,
> Lux generis, probus innumeris signis probitatis
> PETRUS DE ROYA, miles, tumulo jacet isto
> Pro quo dat Christo laudes pia virgo Maria.

Fut père de :

NICOLAS DE ROYE, soixantième évêque de Noyon, mort à Paris, transporté à l'Abbaye de Joyenval, où sa tombe fut élevée avec cette épitaphe :

1°. MATHIEU, premier du nom.

2°. MARIE DE ROYE, mariée, 1° à Aubert de Hangest, seigneur de Genlis ; 2° à Bouchard IV, comte de Vendôme.

MATHIEU DE ROYE, premier du nom, seigneur de La Ferté, épousa Jeanne, dame de Vendeuil, dont :

MATHIEU DE ROYE, deuxième du nom, maréchal de France, allié avec Marguerite de Picquigny, de laquelle il n'eut qu'une fille,

ÉLÉONOR DE ROYE, mariée en 1312, à Jean de Châtillon-sur-Marne, grand-maître de France.

Anno milleno bis centeno duodeno
Ter nono, mundo sublatus, mense secundo,
In medio mensis, Nicolaüs Noviomensis
Præsul obit patrui junctus ad ossa sui.

Il prit toujours le titre de pair de France, et assista en cette qualité à plusieurs jugemens. Il fut l'un des juges de cent vingt-huit hérétiques que l'on appelait *Bulgares,* et qui furent brûlés près de Cambrai.

BARTHELEMY, sire de Roye, eut grande part aux bonnes graces du roi Philippe-Auguste, qui lui donna, en 1199, la forêt de Hérelle, près de Montdidier, et le fit grand-chambrier (chambellan) vers 1210. Ce Seigneur de Roye combattit à la bataille de Bouvines en 1214, et fonda en 1221 l'abbaye de Joyenval, près de Saint-Germain-en-Laye. Il y mourut en 1224, et fut inhumé sous une tombe de cuivre, autour de laquelle on lisait :

Hujus basilicæ fundator Bartholomæus
   De Royà, jacet hîc cui pius esto Deus.
Regis consilium, regis camerius, inter
   Regni majores maximus ille fuit;
Ut tantus fieret meruit discretio, sensus,
   Mores, vita, manus larga, probata fides.

Il avait épousé Preigne ou Perette ou Pétronille de Montfort, fille de Simon III du nom, seigneur de Montfort-l'Amauri et d'Amicie de Beaumont, dont il eut :

JEAN, qui suit.

ALIX, mariée à Jean d'Alençon, puis à Jean de Latignier, seigneur de l'Estang, et enfin à Raoul de Nesle.

AMICIE, abbesse de Prémy à Cambrai.

JEAN, premier du nom, seigneur de Roye, épousa l'héritière de Hangest, dont il eut :

JEAN DE ROYE, seigneur de Hangest et de Davenescurt, source de la Maison de Hangest,

MATHIEU Ier, qui suit :

MATHIEU, premier du nom, sire de Roye, accompagna le roi Saint Louis dans ses voyages d'outre-mer, en 1248 et 1270. Une charte de l'abbaye d'Honnecourt, à laquelle il légua 300 livres de rente, à prendre sur sa terre de Roye, et deux héritages à Villers, lui donne pour femme Mahaud ou Mehaut, et pour fils

JEAN II du nom, seigneur de Roye, que Froissard qualifie *l'un des plus grands seigneurs du royaume*. Le roi Philippe de Valois l'envoya pour recevoir Isabeau, reine d'Angleterre, sa sœur, qui venait le trouver; il lui donna ensuite la garde de la ville de Tournay et de celle de Cambrai, qu'il défendit vaillamment contre les Anglais, en 1338.

Moréri prétend qu'il mourut sans postérité,

en 1350; mais Carpentier et La Morlière disent qu'il épousa une demoiselle de la Maison d'Offemont, dont il eut un fils nommé

JEAN DE ROYE, qui fut grand-prévôt de l'Église de Cambrai, en 1347. Après son décès, suivant Carpentier, son oncle

MATHIEU II DE ROYE, seigneur d'Aunoi et du Plaissier, recueillit la seigneurie de Roye. Celui-ci, que Froissard nomme Grand-Baron de Picardie, fut grand-maître des arbalétriers de France, en 1346 et 1349; servit en Xaintonge dans l'armée royale, jusqu'en 1352; défendit Poitiers contre les Anglais, après la perte de la bataille, le 19 septembre 1356, secourut Rheims en 1359. Il servit sous Hue de Châtillon, sire de Dampierre et de Rolaincourt, grand-maître des Arbalétriers de France et capitaine général pour le Roi en Picardie, en 1372; continua de servir en 1373, et se trouva à la journée de Saint-Sauveur-le-Vicomte, en 1375, avec trois chevaliers-bacheliers et dix-sept écuyers de sa compagnie.

Il avait épousé Jeanne de Cherisy, fille de Jean, sire de Muret et de Buzancy. Il fut père de sept fils et une fille, nommés

JEAN III, qui suit.

GUY, dont les armes étaient *de gueules à la bande d'argent*. Voyez le précis de sa vie au chapitre des grands hommes nés à Roye, ci-après.

MATHIEU, dit *Tristan*, seigneur de Busanci, qui se signala dans les guerres de Hongrie, de Naples et d'Espagne, suivant Moréri; mais je crois qu'il y a erreur, et qu'il faut mettre à sa place un Ier

RAOUL; du-moins c'est l'opinion de Carpentier.

DREUX, dit *Lancelot*, conseiller et chambellan du Roi, maître des eaux et forêts en Languedoc, mort en Hongrie en 1396.

JEAN, seigneur de Caugy, dit le *Baudrain*, gouverneur de Saint-Quentin, en 1399, mort en 1404. Il avait épousé Jeanne de Sains, dame de Laigny-le-Châtaignier; d'où vint Jean de Roye, seigneur de Caugy et de Millancourt, allié avec Marie de Châtillon, et en eut Aubert de Roye, seigneur de Caugy.

RAOUL, abbé de Saint-Pierre de Corbie.

RENAUD. Durant la trève pour la délivrance du roi Jean, il défendit le Pas, en 1360, accompagna, en 1387, le duc Louis de Bourbon, et fut, en 1396, du voyage de Hongrie contre Bajazet. Il avait fondé, en 1312, avec Agnès, sa femme, un hôpital au village de Carlepont, qui fut réuni à l'Hôtel-Dieu de Noyon.

Ce Renaud de Roye, Jean le Meingre dit *le Jeune*, frère du fameux maréchal de Bouciçault, et le sire de Champy, chambellan du Roi, proposèrent, au village d'Inglevert, entre Boulogne et Calais, de livrer pendant trente jours, suivant les règles de la chevalerie, un combat à quiconque se présenterait pour entrer en lice avec eux. Une grande quantité de chevaliers anglais et écossais passèrent la mer. Voici quel fut l'appareil de ce combat.

Les trois chevaliers français avaient suspendu à un orme devant leur tente chacun deux écussons, un pour la guerre, un pour la paix; et les armes des trois chevaliers étaient aussi suspendues à-côté. Il était spécifié que quiconque voudrait se contenter de la simple joûte, ou de l'adresse seule à rompre une lance contre son ennemi, toucherait l'écu de la paix; et que celui qui, au-contraire, demanderait une joûte sanglante, toucherait l'écu de la guerre. Jean de Hollande, frère du roi d'Angleterre, envoya le premier toucher l'écusson de la guerre qui était devant la tente de Boucicault. Ce chevalier parut aussitôt à cheval et armé, précédé de ménestriers et joueurs d'instrumens. Au premier coup de lance que les deux champions se portèrent, le bouclier de Jean de Hollande fut percé; mais il ne fut point blessé. Les trois braves chevaliers firent plusieurs autres joûtes; on vit leurs casques étinceler dans ces chocs violens, des coups terribles qu'ils se portaient. On comptait déjà six de ces joûtes dont ils étaient sortis victorieux. Jean de Hollande en demanda une septième pour l'amour de *sa Dame*. On s'y opposa. On vit pendant quatre jours tout ce que l'Angleterre avait de plus fameux chevaliers venir lutter contre les trois chevaliers français, qui, pour satisfaire à leurs engagemens, restèrent pendant trente jours sous leurs tentes, attendant toujours de nouveaux champions, qui ne se présentèrent plus après le quatrième jour.

BÉATRIX, qui épousa Jean III de Châtillon, vidame de Chalons. Elle joignait à une figure charmante un caractère excellent. Elle fit le bonheur de son époux. Sa mort, arrivée en 1388, occasionna à ce dernier, qui était un homme droit, simple et aimant, des regrets qui tenaient du désespoir.

Le chagrin de Jean de Châlons fut si vif, qu'il vendit sa vidamie de Châlons, et qu'il donna ses terres de Bazoches et de Vausseré à Jean, seigneur de la Boves, et à Gobert, son frère. Après s'être ainsi dépouillé de tout, *il tomba*, dit un ancien auteur, *en tel deuil, qu'il en devint fol*. Il vécut en démence jusqu'en 1406, qu'il mourut.

Béatrix emporta les regrets publics, et fut inhumée dans l'abbaye de Long-Pont (en Valois). On lui fit une épitaphe simple, mais énergique ; la voici :

Cy gist Bientrix de Roye, videmesse
de Chalons, qui fu bele, bonne,
sage et très-dévote.

On ajoute qu'elle trépassa en son châtel de Basoque, le 17 décembre de l'an 1388.

JEAN III du nom, seigneur de Roye, fut l'un des ôtages envoyés en Angleterre pour la délivrance du roi Jean, en 1360. Il y demeura jusqu'en 1374. Il accompagna le duc d'Anjou à la conquête de Guyenne, où il força des premiers la ville de Duras, en 1377 ; ce qui lui fit mériter le prix que ce prince avait promis. Puis ayant accompagné le duc de Bourbon, avec sa bannière, en 1390, aux expéditions que ce prince fit contre les Maures et Sarrasins d'Afrique, il y emporta d'abord le premier honneur avec le seigneur de Longueval. En 1392, il fut un des trois notables chevaliers commis près la personne du roi Charles VI, devenu malade, et fut choisi avec plusieurs autres grands seigneurs du royaume, pour garder la tente de ce monarque, lorsqu'il s'aboucha avec Richard, roi d'Angleterre, entre Ardres et Calais. Quelques auteurs le qualifient de grand-chambellan de France.

Il épousa, en premières nôces, Jeanne, fille de Jean de Béthune, seigneur de Lorin et de Vendeuil, du consentement de laquelle il légua cinq cents livres aux abbayes d'Honnecourt et du Mont-Saint-Martin.

Et en secondes nôces, Aleaume-Marie, châtelaine de Berghes-Saint-Vinox, de laquelle il n'eut point d'enfans. Suivant l'histoire de Guisnes, par Duchesne, il n'épousa Jeanne de Béthune qu'en 1375, au retour de sa prison en Angleterre.

De son premier mariage, il eut

ADE, femme d'Olivier de Mauny, neveu du connétable du Guesclin.

JEANNE, alliée avec Jean de Créquy.

MARIE, femme de Thibaut, seigneur de Rivery.

MATHIEU, qui suit.

MATHIEU, troisième du nom, seigneur de Roye, d'Aunoi en Normandie, du Plessier-de-Roye, Crapeaumesnil, La Potière, Muret, Plessis, Guerbigny, Perray, Premont, Germigny, Romerie, fut l'un des chefs de l'armée que Valleran, comte de Saint-Pol, gouverneur de Picardie, commanda, en 1405, contre les Anglais. Il fut maréchal de France, et fait prisonnier à la bataille d'Azincourt, en 1415. Il conduisit la bataille de Patay en Beauce, gagnée sur les Anglais en 1429.

Il épousa, 1° Marguerite de Guistelles ; 2°, en 1424, Catherine de Montmorency, dame de Beausaut. Du premier lit, il eut :

GUY, seigneur de Roye, de Germigny, de Monchy et du Plessier; créé chevalier, en 1449, à la prise de Ponteau-de-Mer; puis chevalier de la Toison-d'or, par Philippe, duc de Bourgogne. Il avait épousé, vers 1440, Jeanne de Mailly, fille de Jean, sire de Mailly et de Jeanne de Soissons. Il n'en eut pas d'enfans.

MARIE, femme de Pierre d'Orgemont, seigneur de Chantilly-Montjoi.

MARGUERITE, mariée à Valerand de Soissons, prince de Poix, seigneur de Moreuil, gouverneur de Chauny pour le duc de Bourgogne, qui, en 1437, délogea de Lihons deux mille cavaliers qui étaient venus en assaillir le château.

Marguerite de Roye a été inhumée dans l'église des Cordeliers d'Amiens, devant l'autel de la Conception, sous une tombe de marbre noir. Et du second lit :

JEAN IV, seigneur de Roye, chevalier de l'Étoile en 1449, et de la Toison-d'Or en 1461. Il recueillit toutes les terres de la maison de Roye, après la mort de Guy, son frère, et devint par-là le plus riche seigneur du royaume. Il eut un procès avec l'abbaye d'Ourscamps, dont Thibaut de Luxembourg était abbé, au sujet du chef de Sainte Anne. Mathieu de Roye, son père, avait rapporté ce chef de la Hongrie :

il l'avait légué par son testament aux Bernardins d'Ourscamps. Guy de Roye, fils aîné de Mathieu, y avait accédé ; mais, après sa mort, Jean, son héritier, refusa de délivrer le legs. Le Parlement le condamna, en 1480, à exécuter la volonté de Mathieu de Roye.

Ce chef resta plusieurs années à Carlepont, dans le château de l'évêque de Noyon ; on l'apporta enfin solennellement en l'église d'Ourscamps, dans la chapelle sépulcrale des seigneurs de Roye.

Jean IV épousa, 1° Blanche des Brosses, fille d'un maréchal de France ; 2° Marguerite de Brimeu, dont il eut :

MARIE, femme de Philippe, fils naturel de Jean de Bourgogne, comte de Nevers.

ANTOINE, qui suit.

ANTOINE DE ROYE, vicomte de Breteuil, Buzancy, seigneur de Roye, Muret, Guerbigny, Aunoy, Germigny, Nonneuil, La Falise, etc.

Il épousa Catherine de Sarrebruck, comtesse de Roucy, de Montbelliard, fille de Robert de Sarrebruck et de Marie d'Amboise. Il fut tué à la bataille de Marignan, le 13 octobre 1515, laissant un fils nommé

CHARLES, comte de Roye et de Roucy, etc.... qui épousa à Saint-Germain, en présence du

Roi, l'an 1528, Madeleine de Mailly, comtesse de Conty, dame de Talma et Buires, fille de Ferry II de Mailly et de Louise de Montmorency. Il mourut en 1552. Ses enfans furent :

CHARLES DE ROYE, mort à dix-huit ans, sans postérité.

ÉLÉONORE DE ROYE, née le 25 février 1535, mariée, le 22 juin 1551, à Louis de Bourbon, prince de Condé, frère puîné d'Antoine, duc de Vendôme, père d'Henri IV. Par ce mariage, la maison des comtes de Roye s'est trouvée alliée à la Famille royale.

Elle mourut au château de Condé en Brie, le 23 juillet 1564, et fut enterrée dans le tombeau de ses ancêtres, à Muret, en Picardie.

D'Éléonore de Roye et du prince de Condé sortit Henri de Bourbon, prince de Condé, à qui Catherine de la Trémouille donna Henri II, qui, de Marguerite de Montmorency, eut Louis II, dit *le Grand Condé*. Ainsi Éléonore de Roye fut la bisaïeule du *Grand Condé*.

CHARLOTTE, dame de Pierrepont, comtesse de Roucy, mariée, en 1557, à François III, comte de la Rochefoucauld, qui a pris le nom de Roye-la-Rochefoucauld, et qui a été assassiné à Paris, le 24 août 1572. Charlotte est morte en 1569.

De ce mariage vint

CHARLES II du nom, qui mourut en 1605. Il fut marié à Claude de Gontaud, fille d'Armand de Gontaud de Biron, maréchal de France, et de Jeanne d'Ornezan. Ils eurent un fils :

FRANÇOIS, comte de Roye et de Roucy, mort en 1680 *. Il avait épousé Julienne-Catherine de la Tour-d'Auvergne, fille de Henri, duc de Bouillon, Prince de Sedan et de Raucourt, pair et maréchal de France, et d'Elisabeth de Nassau ; de laquelle il avait eu :

FRÉDÉRIC-CHARLES, qui suit.

HENRI, vidame de Laonnois, tué au siège de Mouzon, en 1650.

FRÉDÉRIC-CHARLES, comte de Roye et de Roucy, lieutenant-général des armées du Roi, fut demandé, en 1683, par le roi de Danemark, pour être généralissime de ses armées, qu'il alla commander par permission du roi de France. Il se retira en Angleterre, en 1687, où il est mort aux eaux de Bath, le 19 juin 1690,

---

* En 1630, les terre et seigneurie de Roye furent saisies sur ce François, comte de Roye, et adjugées par arrêt du Parlement de Paris, du 17 août 1630, au profit de Maximilien de Belleforière de Soyécourt. C'est ainsi que le domaine de Roye est sorti de la maison des comtes de Roye. Les seigneurs de Soyécourt prirent alors le titre de *Seigneurs de Roye ;* mais, par la suite, il leur fut défendu de se qualifier ainsi.

après avoir été fait pair d'Irlande par le roi Jacques II. Il avait épousé, en 1656, Isabelle ou Elisabeth, fille de Gui-Aldonse de Durfort, duc de Duras et de l'Orge, et de Charlotte de la Tour-d'Auvergne, sa cousine-germaine.

De ce mariage sont nés :

CHARLOTTE, qui ne se maria point et demeura en Angleterre avec sa mère.

FRANÇOIS, qui suit.

GUI, vidame de Laonnois, tué au siège de Luxembourg, en 1684.

HENRIETTE, qui épousa en Angleterre le comte de Staffort.

CHARLES, comte de Blanzac, lieutenant-général des armées du Roi, gouverneur de Bapaume, qui épousa Henriette d'Allongny, et mourut à Paris, le 4 septembre 1732, âgé de soixante-sept ans.

GUILLAUME, comte de Marthon, pair d'Irlande, sous le nom de milord Lesfart.

LOUIS, chevalier, puis marquis de Roucy, lieutenant-général des galères de France, marié, en 1704, à mademoiselle Du Casse, fille de M. Du Casse, chef-d'escadre des armées navales du Roi.

ISABELLE, } Religieuses à Notre-Dame de
MARIE,   }   Soissons.

BARTHELEMY, chevalier de Roye, capitaine-lieutenant de la compagnie des Gendarmes de Flandres, et brigadier de cavalerie.

ÉLÉONORE-CHRISTINE, mariée, en 1697, à Jérôme Phelypeaux, comte de Pontchartrain, sécrétaire d'État et des commandemens de Sa Majesté.

FRANÇOIS II du nom, comte de Roye, lieutenant-général des armées du Roi, capitaine-lieutenant des Gendarmes écossais, et commandant de la Gendarmerie de France, chevalier de l'Ordre du Saint-Esprit, en 1688; a épousé, en 1689, Catherine-Françoise d'Arpajon, fille de Louis, duc d'Arpajon, etc.

De ce mariage est né

FRÉDÉRIC-JÉROME de Roye-de-la-Rochefoucauld, nommé, en 1729, à l'archevêché de Bourges.

Élu coadjuteur de l'abbaye de Cluny, en 1738, dont il devint abbé titulaire, par la mort du cardinal d'Auvergne, en 1747.

Honoré de la pourpre romaine la même année.

Nommé à l'abbaye de Saint-Vandrille, en 1755, et chargé en même temps du ministère des bénéfices.

Louis XV, qui le regardait moins comme son ministre que comme son ami, éleva le cardinal de la Rochefoucauld, en 1756, à la place de son grand-aumônier. Il n'en jouit pas longtemps ; une fluxion de poitrine l'enleva à l'Église et à la patrie, en 1757.

(DICTIONNAIRE HISTORIQUE, par une Société de gens de Lettres).

On voit, par la généalogie que je viens de présenter, que la Maison des comtes de Roye a été alliée aux Maisons de Guise, de Montgomery, de Montfort-l'Amaury, de Nesle, de Mailly, d'Offémont, de Châtillon, de Créqui, de Guesclin, de Béthune, de Gontaud de Biron, de Coucy, de Montmorency, de Poix, de Roucy, de la Tour-d'Auvergne, de Nassau, de Sarrebruck, de Phelypeaux, de la Rochefoucauld, de Durfort de Duras, etc....., et sur-tout à la Famille royale, par le mariage d'Eléonore de Roye avec le prince de Condé.

Elle devait donc être regardée comme une des premières familles de France.

Depuis que j'ai écrit cette généalogie, j'ai appris qu'il existe encore dans les Pays-Bas des descendans des seigneurs de Roye : c'est M. le comte de Roye, résidant à Namur, qui, en passant par notre ville, a dit qu'il descendait d'un comte de Roye retiré en Espagne dans le quinzième siècle.

CHAPITRE V.

Charte de la commune de Roye, ou lois qui régissaient cette ville dans le douzième siècle et les suivans.

Motifs *principaux qui ont porté nos premiers Rois de la troisième race à concéder et octroyer le privilège de* commune *aux villes de France.*

<small>Dissertation sur l'origine de l'hôtel-de-ville de Paris, §. III, qui se trouve en tête de l'histoire de Paris, par *D. Félibien*, vol. III. f°.</small>

Les ravages des Normands, les courses continuelles des Bretons, et la faiblesse des derniers princes de la race carlovingienne, ne furent pas les seules causes des desordres qui faillirent renverser le royaume, vers la fin de cette seconde race. Les Seigneurs particuliers, profitant de la confusion où cette faiblesse et ces circonstances précipitaient l'État, songèrent à s'agrandir et à parvenir à l'indépendance, au préjudice de l'autorité souveraine. Les factions et les guerres civiles qu'ils excitèrent de toutes parts, jetèrent enfin la France dans une anarchie qui la mit sur le penchant de sa ruine.

Ces Seigneurs, qui étaient ducs ou comtes, c'est-à-dire, suivant l'ancien usage, magistrats et en même temps gouverneurs des principales villes et des territoires qui en dépendaient, se rendirent maîtres absolus de ces gouvernemens, et parvinrent enfin à s'en faire donner l'investiture à titre d'hérédité.

Sous le règne de Philippe Ier, les violences des seigneurs, des gentilshommes et d'une infinité de scélérats qui en empruntaient les noms, étaient portées au dernier point. Il n'y avait nulle sûreté sur les chemins ; le commerce était presque interrompu partout ; on commettait des meurtres jusque dans les villes mêmes, et des assassinats que l'impunité rendait fréquens.

Fin du onzième siècle.

Enfin les grandes terres des seigneurs se réunissant peu-à-peu au domaine, soit pour crime de félonie, soit par le droit de reversion à-défaut d'héritiers mâles, ou par celui de la guerre, nos Rois s'appliquèrent alors à réparer tous ces desordres. A-mesure que leur autorité se rétablit, ils réprimèrent celle de la noblesse, et mirent un frein aux vexations qu'elle exerçait depuis si long-temps contre le peuple. Cette partie de l'État si utile et si nécessaire aux princes, leur parut, comme elle est, en-effet, une ressource infinie dans leurs besoins. Ils résolurent de la tirer de l'oppression, en accordant aux villes des privilèges et des franchises, pour leur servir comme de barrières contre les entreprises des seigneurs.

Ce moyen, qui établissait dans chacune d'elles une sorte de gouvernement populaire, propre à ramener le bon ordre et la discipline, était le remède efficace à la confusion qui durait encore. Il faisait renaître parmi les habitans cette sorte de liberté raisonnable, qui est soumise aux lois, et que les lois protègent toujours, et les mettait par-là en état de fournir plus facilement et plus ponctuellement les secours que des sujets doivent dans l'occasion à leur souverain. C'est peut-être le plus beau trait de politique de nos rois de la troisième race.

Les habitans des villes, de leur côté, pressés par la nécessité d'une juste défense, avaient déja dirigé toutes ces choses vers ce but. Se réunissant en forme de *communes* pour la défense de leur liberté et de leurs biens, et pour le rétablissement du bon ordre, ils s'étaient rédigé certains articles appelés *coutumes*, qu'ils jurèrent entre eux de garder, et auxquels il ne manquait que le sceau de l'autorité souveraine pour produire de bons effets.

Idée générale de droit de commune et des pri- Telles étaient donc les dispositions de ces *communes* naissantes, lorsque nos Rois crurent devoir les autoriser et approuver leurs *coutumes* par des lettres en bonnes formes, qui les contiennent motà-mot. C'est dans ces chartes mêmes qu'on peut prendre l'idée qu'on doit se former de la nature de ces nouveaux établissemens. On y voit en général qu'ils ont eu pour but de mettre les villes en état de mieux défendre leurs propres droits et ceux du prince, sans permettre qu'il leur fût donné aucune atteinte. *Ut tam nostra quàm sua propria jura meliùs possint deffendere, et magis integre custodire.* On voulut autoriser même les particuliers à se prêter un secours mutuel pour la conservation de leurs biens contre les exactions et les levées injustes qu'on faisait sur eux. *Alter alteri rectè secundùm opinionem suam auxiliabitur, et nullatenùs patietur quòd aliquis alicui eorum aliquid auferat, vel ei talliatam faciat, vel quislibet de rebus ejus capiat.* (*Charta communiæ Suession.*) On eut dessein aussi de purger les communes de ces desordres et de ces crimes que le malheur des temps avait rendus si fréquens : *si quis alium intrà villam interfecerit, ubicumque malefactor inventus fuerit, de ipso vindicta accipiatur ; et si domum habuerit, diruatur.* (*Charta Roy.*, art. II, *vide infra*).

Enfin ces chartes renfermaient d'autres dispositions semblables, tant pour le civil que pour le criminel, qui tendent toutes au rétablissement et au maintien de l'ordre.

On ne connaît pas précisément la date de celle

vilèges accordés aux villes.

de Roye ; on sait seulement qu'elle a été donnée par Philippe-Auguste, septième roi de la troisième race, c'est-à-dire, entre l'an 1180 et l'an 1223.

Elle se trouve au F° 99, R°, jusqu'au F° 100, V°, du registre de Philippe-Auguste, conservé dans la bibliothèque du Roi ; elle est aussi imprimée dans le onzième tome des *Ordonnances du Louvre*.

Elle a été délivrée, en 1770, par M. Bejot, garde des manuscrits de cette bibliothèque, signée de lui et certifiée ; vérifiée et traduite littéralement avec notes, en 1787, par M. Maugard, généalogiste de l'Ordre de Saint-Hubert.

J'y ai joint quelques remarques paticulières.

N. B. Les mots entre parenthèses ont été ajoutés pour l'intelligence de la traduction.

TEXTE.

In nomine Domini.

Philippus, Dei gratiâ, Francorum rex, omnibus has litteras inspecturis notum facimus, quòd nos burgensibus de Roïa communiam concessimus, et eis ad laudem et glo-

TRADUCTION.

Au nom du Seigneur.

Philippe, par la grace de Dieu, roi de France, à tous ceux qui ces présentes lettres verront, savoir faisons que nous avons accordé (une) commune aux bourgeois de Roye, et à la louange, gloire

riam et honorem ecclesiæ, sanctorum-que Georgii atque Florentini, et salvo ejusdem jure, et nostro, et hominum hotrorum ad has consuetudines quæ in hâc chartâ scriptæ sunt statuimus et eas firmiter et inconcussè tenendas assecurari fecimus.

1. Cum primùm communia acquisita fuit, omnes communiæ Roïæ Pares, omnes-que Clerici, salvo ordine et jure suo, omnes que milites, salvâ fidelitate nostrâ et jure suo, firmiter juraverunt.

2. Communia itaque, in hunc modum statuta est. Quòd homines communiæ, cum omnibus rebus suis, liberi permaneant; nec nos aliquid, nisì recto ju-

et honneur de l'Église et de Saint-George et de Saint-Florent, et sauf son droit, le nôtre et celui de nos vassaux, nous avons établi les usages détaillés dans cette charte que nous leur avons fait promettre de maintenir dans leur force et vertu.

1. Aussitôt qu'ils eurent obtenu ce privilège, tous les pairs * de la commune de Roye, tous les clercs, sauf leur rang et leurs droits, et tous les chevaliers, sauf la foi qui nous est dûe et leur droit, ont juré (d'observer lesdits usages) inviolablement.

2. La commune a été établie de cette manière. Les hommes de la commune et tous leurs biens, continueront de demeurer libres; et nous ne pourrons faire au-

---

* *Pares*, pairs. On entend par ce mot tous ceux qui sont de mêmes dignité et condition.

46 HISTOIRE

dicio Scabinorum, super eas clamare possimus, nec nos, nec alius super hominem de communiâ *mortuam-manum* clamabimus *.

3. Si quis intraverit communiam, salvo corpore suo, et rebus suis, permaneat, nisi sit de *potestatibus nostris*, aut de placito burgi : nec alieni domino de foris-

cune poursuite contre eux, si ce n'est en jugement devant les échevins. Nous ne pourrons, ni aucun autre, prétendre contre un homme de la commune aucun droit de main-morte **.

3. Si quelqu'un entre dans la commune, sa personne, son argent et ses effets seront en sûreté ; à-moins qu'il ne soit de nos *hommes de corps* *** ou du *plaid* (jurisdiction)

---

* Charte de commune de la ville de Saint-Quentin, de l'an 1595 : *Nequè nos, nequè alius super hominem de communiâ manum-mortuam clamabimus.*

** Raoul de Guines taxa tous ses sujets, sans distinction, à payer à son fisc un denier annuel, quatre autres en se mariant, et autant avant de mourir. Dès qu'un serf était décédé, *on lui coupait la main droite*, qu'on présentait à son seigneur. A ce signal, il s'emparait du peu d'effets qu'il avait amassés ; il s'appropriait ce modique héritage, à-l'exclusion des enfans du mort. C'est ce qu'on nommait le droit de *main-morte.*

*** Pour justifier cette interprétation, M. Maugard cite l'extrait d'un des articles de la charte de Saint-Quentin : *Illi homines nostri liberi, qui non sunt homines nostri de corpore, si venerint in communiam, &c.....* C'est la même chose dite en d'autres termes.

facto respondeat, nisi de suo cavagio ***.

d'un (autre) *bourg**. Il ne pourra être traduit devant aucun seigneur pour forfaiture, mais seulement pour son droit de *chevage***.

4. Si quis teneuram aliquam in pace anno et die tenuerit, deinceps liberè et quietè possideat, nisi aliquis

4. Si quelqu'un a possédé paisiblement une tenure par an et jour, il**** la possédera dorénavant librement et tran-

---

Dom Grenier pense que ces mots : *de potestatibus nostris*, signifient *de la puissance ou de la seigneurie du Roi*.

* *Placitum* signifie aussi un droit dû au seigneur pour rachat de fief, à la mort ou mutation du vassal ; de manière que l'on pourrait rendre *placitum burgi*, par *droit de bourgeoisie*, et l'on aurait toujours le véritable sens de cet article.

** *Cavagium*, synonyme de *capitagium*, chevage, servitude, était une espèce de rente ou somme pécuniaire que les seigneurs avaient droit d'exiger de leurs sujets.

*** Cet article prouve le peu de sûreté, les vols, les assassinats d'alors. La charte de Saint-Quentin en contient un à-peu-près semblable : c'est le huitième.

**** C'est légitimer de bonne heure les fruits de l'usurpation, dans un siècle où tout se décidait par la violence et par les armes. Dans la charte de la commune d'Amiens, cette prescription n'avait lieu que par sept ans.

Saint-Quentin trouve dans sa charte la même disposition que dans celle-ci : c'est le onzième article.

qui extra provinciam egressus fuerit, aut aliquis nondum emancipatus, super hoc clamorem fecerit.

5. Si quis forisfactum fecerit, de quo clamor in præsentiâ majoris et juratorum factus sit; major, recto judicio juratorum super hoc emendationem accipiat talem, quòd domus forisfactoris diruetur, si major voluerit.

6. Et si major redemptionem accipiet de domibus diruendis, hujus redemptionis medietas erit nostra, et alia burgensium. Nos autem nullum bannum facere poterimus super res burgensium, nisi assensu corum.

quillement; à-moins qu'elle ne soit revendiquée par quelqu'un qui était absent, ou qui n'était pas émancipé.

5. Si quelqu'un a commis un crime dont plainte ait été faite devant le maire et les jurés, le maire, de l'avis des jurés, prononcera telle réparation (qu'il jugera convenir au cas, et) pourra faire raser la maison du coupable, s'il le juge à-propos.

6. Si le maire consent au rachat de la maison, la moitié (du prix) nous appartiendra, et l'autre moitié aux bourgeois : mais nous ne pourrons faire aucun ban * touchant les biens des bourgeois, si ce n'est de leur consentement.

---

* *Faire ban, mettre ban; bannum mittere, bannum facere super rem aut personam aliquam*, c'était mettre un héritage, une personne sous sa protection ; de-manière que la protection ainsi accordée ne pouvait être violée qu'il n'en résultât une amende pour le seigneur protecteur, et

7. De forisfacto autem bannorum quos major et jurati fecerint, nos unam medietatem habebimus, et burgenses aliam, salvo vini foro, quod nostrum est, et salvis nostris redditibus.

8. Si de forisfacto bannorum, vel redemptione domorum diruendarum, burgensibus non crediderimus quod ad bonam fidem nobis fuerit, major, cum tribus juratis, jurabit super sanctas reliquias quòd nullis pepercerint in diminutionem nostri commodi, nec indè ultra super eos clamare poterimus.

7. A-l'égard (des amendes) d'infraction de bans mis par les maire et jurés, nous en aurons la moitié, et les bourgeois l'autre (moitié), sauf le droit de *forage* qui nous appartient et nos (autres) revenus.

8. Si nous avons lieu de croire que les bourgeois n'ont pas été de bonne-foi à l'égard des amendes de bans enfreints, et (des sommes payées pour) rachat des maisons, dont la démolition aura été ordonnée ; le maire jurera, sur les saintes reliques, avec trois jurés, que rien n'en a été distrait à notre préjudice ; et (moyennant ce serment) nous ne pourrons rien réclamer contre eux au-delà (de ce qu'ils auront déclaré).

---

des dommages-intérêts pour la personne protégée, ou le propriétaire de la chose protégée.

** Le droit de *forage* est celui qui était dû au seigneur par les sujets vendant vin en détail.

9. Forisfactor autem si domum non habuerit quæ dirui debeat recto judicio juratorum, pro forisfacto comprobato à villâ bannietur, *nec pro hâc justitiâ nobis fiet emendatio.*

9. Si le délinquant n'a point de maison qu'on puisse abattre, il sera banni de la ville, par jugement des jurés, pour (réparation du) délit dont il aura été convaincu, *et il ne nous sera dit aucune amende pour cette condamnation.*

10. Si quis extraneus, sive miles, sive serviens, sive rusticus, forisfactum fecerit, major eum de hoc forisfacto submonere debet; et nisi ad mandatum majoris venerit, major et homines villæ ad diruendam domum ejus exeant. Quòd si sit adeò fortis ut vi burgensium dirui non possit, ad eam diruendam vim et auxilium conferemus;

10. Si un étranger, soit chevalier, soit écuyer, soit habitant de la campagne, commet un forfait (sur le territoire de la commune), le maire doit le faire citer (à son tribunal), pour ce forfait ; et s'il ne comparaît pas au commandement du maire, le maire et les bourgeois de la ville sortiront pour aller démolir sa maison *. Si elle est assez

---

* Dans la charte de la commune d'Amiens, on voit que la commune renversait la maison du coupable, *si elle le pouvait, si poterit communia, prosternet.* Les seigneurs, dont les châteaux étaient bien fortifiés, étaient donc, en quelque sorte, au-dessus de tous jugemens.

excepto hoc quòd foris-factor fuerit de feoda-tis nostris, domus ejus non diruetur, sed ve-tabitur ei villa, donec ad satisfactionem vene-rit, ad arbitrium majo-ris et juratorum.

11. Si quis alium in-trà villam interfecerit, ubicumque malefactor inventus fuerit, de ipso vindicta accipietur ; et si domum habuerit, di-ruetur ; reliqua ejus pe-cunia nostra erit ; et si capi non poterit, à villâ perpetuò bannie-tur.

12. Si quis alium-quem odio habuerit, alicubi prosequatur, et ei insidietur, aut eum interficiat, à villâ ban-nietur in œternum ; et si domum habuerit, di-

forte pour résister aux efforts des bourgeois, nous leur donnerons des forces et se-cours (nécessaires) pour la détruire ; excepté dans le cas où le délinquant serait un de nos vassaux : sa mai-son ne sera pas démolie, mais (l'entrée de) la ville lui sera interdite, jusqu'à ce qu'il ait donné satisfac-tion , à l'arbitrage du maire et des jurés.

11. Si quelqu'un commet un homicide dans la ville, partout où il sera trouvé, il sera puni ; s'il a une maison, elle sera détruite, et le sur-plus de ses biens sera confis qué à notre profit ; et si l'on ne peut le prendre, il sera banni à perpétuité de la ville.

12. Si un bourgeois a pris en haine un autre bourgeois, et le poursuit en quelque lieu, lui dresse des embû-ches, ou le tue, il sera banni de la ville à perpétuité, et

ruetur, et alia bona ejus nostra erunt.

13. Si major et jurati quempiam bannierint, qui post bannum in villam redierit, de eo vindicta, sinè emendatione nobis exhibendà, capiatur.

14. Si super burgensem de forisfacto clamorem fecerimus, nequaquam et per duellum rem faciemus comprobari ; sed burgensis super hoc forisfacto recto stabit judicio scabinorum, eo-que se defendet, nisi quis clamator forisfactum recto judicio eorumdem disrationare possit, et talis sit clamator quis *disrationare* sufficiat.

15. *Serviens* enim noster hominem de communiâ *per vadia*

s'il a une maison, elle sera rasée, et ses autres biens seront confisqués à notre profit.

13. Si quelqu'un, condamné au bannissement par le maire et les jurés, retourne à la ville, il sera puni ; mais il ne nous sera dû aucune amende.

14. Si nous avons porté plainte contre un bourgeois (soupçonné) de délit, nous n'en ferons pas faire la preuve par le duel ; mais ce bourgeois comparaîtra en jugement devant les échevins, à-moins que quelque plaignant n'ait des raisons suffisantes pour *s'opposer à ce qu'ils prennent connaissance* de ce délit, et qualité pour le faire.

15. Car notre sergent ne pourra *appeler par gages de bataille* * un homme de la

---

* En matière criminelle, l'accusateur avait le droit

non poterit *appellare*. Si super burgensem forisfactum nostrum assequi poterimus, burgensis à nobis tantùm *cathenari* * poterit, nec alio vinculo stringi, nec extrà villam duci debet, nec aliquis custodum ab ipso victum accipiet, quamdiù captivus tenebitur, nisi pro *multro*, aut furto captus sit, vel pro raptu, aut proditione, vel homicidio, vel aliquo hujusmodi criminum.

16. Postquam nox erit, nemo de communiâ de *catallo*, vel forisfacto submonebitur.

commune. Si nous sommes dans le cas de poursuivre un bourgeois pour crime, nous pourrions seulement le faire enfermer : il ne doit pas être lié, ni conduit hors de la ville, et il ne fournira point de vivres à ceux qui le garderont, à-moins qu'il n'ait été pris pour *meurtre*, vol, rapt, trahison, homicide, où quelque crime de cette espèce.

16. Lors qu'il sera nuit, aucun de la commune ne pourra être appelé en jugement, soit pour dette **, soit pour crime.

---

d'appeler en duel l'accusé. Le souverain déroge à cet usage général ; il s'interdit d'appeler en duel un bourgeois de Roye accusé de crime par lui : il veut que la preuve soit faite judiciairement. Ainsi, *appellare per vadia*, *appeler par gages de bataille*, signifie appeler en duel.

* *Cathenare* ne veut pas dire ici *enchaîner*, mais *enfermer*. On l'a employé quelquefois pour *claudere*, comme dans ce vers : *Ila est aula Petri qui cœlos clave claudat*.

** *Catallum* signifie ici *capital* d'une somme d'argent due.

17. Si quis suam tenuram tenuerit de quâ vis ei inferatur, major reddet ei aut hæredi suo tenevram, undecumque sit de hæreditate, aut de alio jure; ita ut destitutus restituatur, deinde causa ubi tractari debuerit, tractetur.

18. Quidquid à bigis aut quadrigis accipitur, ad faciendam calceatam detur. A bigâ non ferratâ, obolus accepi debet, et à ferratâ denarius, et si à ferratâ quadrigâ duo denarii, et à non ferratâ unus denarius.

19. Si uxor alicujus burgensis, sinè concessione mariti sui, fidejubere præsumpserit, fidejussio illa stare non debet. Si verò pro viro

17. Si quelqu'un est dépossédé par violence, le maire lui rendra, ou à son héritier, la chose litigieuse, à quelque titre qu'elle soit réclamée, soit d'hérédité ou autre ; de-manière que celui qui aura été dépouillé, soit réintégré, et qu'ensuite la cause soit portée devant le juge qui en doit connaître.

18. Tout ce qui sera perçu sur les charettes à deux roues et les charriots à quatre roues, sera employé à faire une chaussée. Il sera payé pour chaque charette qui ne sera pas ferrée, une obole, et pour chaque charette ferrée, un denier ; pour le char ferré, deux deniers, et pour celui qui ne le sera pas, un denier.

19. Si la femme d'un bourgeois a la témérité de se rendre caution, sans la permission de son mari, ce cautionnement est nul. Mais

suo fidejussionem subierit, quamdiù in mercaturâ vel in peregrinatione morabitur, mulier de eâ re non submonebitur, nisì ipsa mercaturam exerceat.

20. Si majorem, aut homines villæ de re quæ ad nos pertineat, submoneri fecerimus, causa intrà villam Roïæ recto judicio scabinorum finietur, nisì sit aliquis qui feodum à domino suo teneat.

21. Si rusticus extraneus, causâ intrandi communiam, in villam venerit, de quocumque districto sit, quidquid secum adduxerit, salvum erit; et hoc quod districto domini sui remanebit, domini erit, exceptâ hæreditate, si hæreditatem illam, sive hærediter vel ad censum tenuerit.

si elle a cautionné son mari, pendant qu'il était en voyage ou absent pour son commerce, elle ne pourra être appelée en justice pour raison de ce cautionnement, à-moins qu'elle n'exerce le commerce.

20. Si nous faisons appeler en jugement le maire ou les hommes de la ville pour quelque chose qui nous appartienne, la cause sera jugée par les échevins; à-moins que la partie adverse ne tienne un fief d'un autre seigneur.

21. Si un étranger de la campagne vient à la ville pour entrer dans la commune, de quelque juridiction qu'il soit, tout ce qu'il amènera avec lui sera en sûreté; et ce qui restera dans l'étendue de la justice de son seigneur, appartiendra au seigneur, excepté les héritages qui lui seraient échus de succession, ou qu'il tiendrait à cens.

22. Si verò aliquid sub districto alterius habuerit, dominus ejus clamorem non faciet super hoc, et quod secum adduxerit quòcumque voluerit liberè remittet : ipse etiam et res ejus ubicumque (voluerit) morari, liberè poterit.

23. Si quis venale suum in domo suâ vendiderit, et rusticus superveniens vim super hoc faciens asportare voluerit, burgensis eum potest detinere donec catallum suum habuerit ; et si super hoc aliquid forisfactum fecerit, nullam emendationem ipse vel auxiliatores sui facient.

24. Si verò burgensis in aliquâ villâ intrà terram nostram habuerit terram aut aliud, et illuc causâ negociationis ierit, de aliquo submoneri non debet, nisi

22. Mais s'il a quelque chose dans l'étendue de la justice d'un autre (seigneur), celui dont il sera sujet ou homme de corps, ne pourra la réclamer. Il pourra déposer où il voudra ce qu'il aura emmené, et séjourner librement avec ses meubles où il jugera à-propos.

23. Si quelqu'un vend sa marchandise dans sa maison, et qu'un homme de la campagne veuille l'emporter de force, le bourgeois peut l'arrêter jusqu'à ce qu'il en ait reçu le prix ; et si (dans le démêlé qu'il pourra avoir) à ce sujet, il commet quelque délit, ni lui ni ceux qui lui auront prêté main-forte n'en feront aucune satisfaction.

24. Si un bourgeois possède quelque terre ou autre chose dans l'étendue de notre domaine, et qu'il y aille pour ses affaires, il ne pourra y être appelé en justice, si

tantùm de redditu terræ.

ce n'est (pour dette privilégiée) sur le revenu de sa terre.

25. Servientes communiæ et illi qui portas villæ servant, nulli respondeant justitiæ pro catallo, nisi coràm majore et juratis.

25. Les sergens de la commune et ceux qui gardent les portes de la ville, ne doivent répondre en justice (à aucune assignation) pour dette, que devant le maire et les jurés.

26. Servientes clericorum qui in domibus corum ipsis serviunt et de pane ipsorum clericorum vivunt, nulli debent justitiæ respondere pro catallo*, nisi per decanum et ipsos clericos.

26. Les serviteurs des clercs qui servent dans les maisons et y sont nourris, ne peuvent comparaître en justice, pour raison de leur *pécule*, que devant le doyen et le clergé.

27. Burgensis, qui de nostro districto ad alium districtum fugiet, extra illud ad quod fugerit tentus, per justitiam nostram et scabinos prosequetur justitiam.

27. Lors qu'un bourgeois qui de notre territoire se réfugiera dans un autre, sera détenu hors de celui où il se sera réfugié, il demandera justice à nos juges et aux échevins.

---

* *Catallum* signifie ici *pécule*. Car les serviteurs, se sentant encore beaucoup de l'ancien esclavage, ne pouvaient contracter, et parconséquent être traduits en justice, que pour raison de leur *pécule*.

28. Si quis furem cum furto ceperit, justitiario nostro coràm scabinis reddere debet, ita quòd nequaquam burgensis de fure quem ceperit ultra se immisceat ; sed major et jurati furem in pilorico poni jubebunt ; deinde justitiarius noster faciet inde justitiam.

29. Quandiu puer aut juvenis aut adolescens sub tutelâ patris sui, aut matris suæ, aut alicujus hominis moratur, nulli debet domino cavagium, nec alicui debet justitiæ respondere, donec proprium habeat catallum de quo lucretur.

30. Quando major et jurati ad congregandos homines villæ pro negotiis suis, campanam sonare faciunt, si fortè aliquis justitiam vitans simul advenerit, illuc venire et ad do-

28. Si quelqu'un arrête un voleur saisi de son vol, il le remettra entre les mains de notre officier, en-présence des échevins, et ne pourra plus s'en mêler d'avantage en aucune manière ; mais le maire et les jurés feront mettre le voleur au pilori ; ensuite notre officier en fera justice.

29. Tant qu'un enfant, quel que soit son âge, demeure sous la tutelle de son père ou de sa mère, ou de quelqu'autre personne, il ne doit à aucun seigneur le droit de chevage, et ne peut comparaître en justice, jusqu'à ce qu'il ait en propriété un pécule dont il fasse profit.

30. Quand le maire et les jurés font sonner la cloche pour assembler les bourgeois pour (traiter de) leurs affaires, si quelqu'un, qui est dans le cas d'éviter la justice, arrive à l'assemblée, il

mum suam liberè redire poterit.

31. Si nos in villam Roïæ nuncium miserimus mandantes ut homines villæ parati sint ire in expeditionem nostram, quandiu *arma sua quærent*, nulli justitiæ respondebunt.

32. Burgensis de communiâ qui homini intrà villam catallum crediderit, à debitore creditor extra villam exigere non potest.

33. Si homo de communiâ hominem de communiâ per vadia appellaverit, per se ipsum, aut per advocatum qui sit de communiâ respondebit. Nullus ab utrâlibet parte erit advocatus qui non sit de communiâ.

pourra y venir et s'en retourner librement chez lui.

31. Si nous envoyons ordre aux bourgeois de Roye de se tenir prêts à aller à quelque expédition pour notre service, tout le temps qu'ils seront *en quête* *, ils ne comparaîtront devant aucun juge.

32. Lors qu'un bourgeois de la commune aura prêté une somme d'argent à quelqu'un dans la ville, il ne peut poursuivre son débiteur hors de la ville.

33. Lors qu'un bourgeois de la commune sera appelé par gages par un autre bourgeois, il comparaîtra en personne, ou par (le ministère d') un avocat, qui sera de la commune. Nul ne peut être avocat pour l'une ou l'autre des parties, s'il n'est de la commune.

---

* *Aller en quête*, c'était aller chercher son ennemi pour le combattre, ou son ami pour le secourir.

34. Si vavassor aut serviens burgensi catallum debeat, et justitiæ nostræ recto judicio scabinorum stare nolit, major eum debet ad hoc cogere ut infrà quindecim dies talem habeat dominum qui pro catallo burgensis recto judicio stare faciat. Quod nisi fecerit, coràm justitià nostrà et scabinis nostris de eodem catallo prosequetur justitiam,

35. Si homo extraneus qui burgensi catallum debeat, intrà villam venerit; burgensis, sinè forisfacto, eum detinebit, ità quod non tractet turpiter, donec justitiarius noster ad eum veniat et eum detineat: et si extraneus burgensi super hoc vim inferre voluerit, nullum burgensis in hoc aut auxiliatores ejus forisfactum facient.

34. Si un vavasseur ou *écuyer* doit une somme à un bourgeois, et refuse de comparaître en jugement devant les échevins, il sera contraint par le maire à déclarer, dans la quinzaine, quel est son seigneur, et s'il est tel qu'il puisse faire rendre justice aux bourgeois. En cas de refus, le bourgeois demandera justice pour son dû devant notre justice et nos échevins.

35. Si un étranger qui doit de l'argent à un bourgeois, vient à la ville, le bourgeois peut, sans délit, le détenir, sans le traiter indignement, jusqu'à ce que l'officier de notre justice vienne s'en saisir, et si l'étranger veut faire violence au bourgeois, pour lui échapper, le bourgeois et ceux qui lui auront donné secours, ne seront coupables d'aucun délit (pour les mauvais traitemens qu'ils pourront lui faire).

36. Ubicumque burgensis pro catallo à milite habendum acceperit, sinè forisfacto, accipiet : et si miles negaverit, burgensis justitiæ nostræ, recto judicio scabinorum, illud disrationare debet.

37. Ubicumque major et jurati villam firmare voluerint, in cujuscumque sit terra absque forisfacto firmabitur.

38. Nos monetam mutare non possumus nisi assensu majoris et juratorum ; sed si eam, prout necesse sit, sufficientem non viderimus, eam renovare poterimus, et non leviorem quàm anteà fieri permittemus, veteremque cum novà currere faciamus

39. Quicumque venale suum vendiderit, et emptor venditorem

36. Un bourgeois peut, sans délit, pour (se faire payer de) ce qui lui sera dû par un chevalier, prendre partout ce qui lui appartiendra; et si le chevalier le refuse, le bourgeois doit se le faire adjuger devant notre justice, par sentence des échevins.

37. En quelqu'endroit que le maire et les jurés veuillent fortifier la ville, ils pourront faire construire les fortifications sur le terrein d'autrui, sans délit.

38. Nous ne pouvons changer la monnaie que du consentement du maire et des jurés ; mais, si nous trouvons qu'il n'y en ait pas une quantité suffisante et proportionnée aux besoins, nous pourrons en faire faire de nouvelle, sans permettre de la faire plus légère, et l'une et l'autre auront cours.

39. Lorsque quelqu'un aura vendu sa marchandise, si l'acheteur emmène avec

ad solvendum catallum suum secum duxerit, et statim ei solvere noluerit; major venditori, sinè dilatione, solvi faciet catallum, si ante eum clamor venerit.

40. Nullus panifex panem faciet nisi ad obolum.

41. Nullus de communiâ respondere debet personæ christianitatis extra villam ; sed tantùm coràm decano Roïæ et capitulo, burgenses de communiâ respondere debent ; et si aliquis extrà capitulum, sive extrà villam burgenses appellaverit, super hoc eos tuebimur, quandiù qui appellatus justitiam non vetaverit per decanum Roïæ, in capitulo.

42. Si quis *gastellos* vel *flatones*, vel hujus-

lui le vendeur pour lui en payer le prix, et ne le lui délivre pas sur-le-champ, le maire fera payer au vendeur, sans délai, le prix de la chose vendue, s'il lui porte sa plainte.

40. Nul boulanger ne fera du pain qu'à une obole *.

41. Nul de la commune ne doit comparaître devant un juge ecclésiastique hors de la ville ; les bourgeois de la ville ne doivent comparaître que devant le doyen de Roye et le chapitre : et si quelqu'un appelle des bourgeois hors du chapitre ou de la ville, nous les défendrons tant que celui qui aura été appelé ne s'opposera point à ce qu'il soit jugé par le doyen de Roye, dans le chapitre.

42. Si quelqu'un fait des *gâteaux* **, ou des flans, ou

---

* Même disposition dans la charte de Saint-Quentin.
** *Gastellus*, gâteau ; *flatones*, flans. Du Cauge, au

modi, quæ villæ noceant, fecerit, major poterit prohibere nè ampliùs fiant.

43. Hæc est voluntas nostra ut in foro construatur hala, ad vendenda ibi mercimonia. Nos autem medietatem sumptuum ad prædictam halam faciendam et reparandam apponemus et medietatem proventuum percipiemus, et burgenses similiter medietatem apponent et medietatem percipient.

44. Si burgensis operarium conduxerit et mercedem statim sol-

autres choses semblables, qui nuisent à la ville, le maire pourra défendre d'en faire davantage.

43. Nous voulons qu'il soit construit une halle * dans le marché, pour y vendre les denrées. Nous paierons la moitié des frais de construction et d'entretien de ladite halle, et nous percevrons la moitié du produit; les bourgeois percevront l'autre moitié, et seront tenus de la moitié des frais de construction et de réparation.

44. Si un bourgeois loue un ouvrier, et refuse de lui payer sur-le-champ son sa-

---

mot *flatones*, cite cet article de la commune de Roye, pour exemple : il n'y a que le mot *noceant* qui puisse embarrasser. On ne comprendra pas d'abord comment on peut nuire à une ville en faisant de la pâtisserie. En général, tout ce qui est de luxe est nuisible. La pâtisserie n'est pas une chose nécessaire à la vie; elle ne peut qu'augmenter le prix du pain dans une année de disette de grains : c'est alors que c'est une chose nuisible.

* Il n'y a point apparence que cette halle ait été construite.

vere noluerit, major, sinè dilatione, operario mercedem reddi faciet.

45. Burgensis poterit sinè forisfacto manere extra villam à Purificatione beatæ Mariæ usque ad exitum aprilis pro suo martio; et à festo sancti Joannis-Baptistæ usque ad festum sancti Martini pro suo augusto.

46. Si major aliquem submonuerit, liberè poterit qui submonitus est ante majorem venire, et ad domum suam redire.

47. Si burgensis fuerit atemptus de catallo, vel forisfacto quòd nos super eum disrationaverimus *; nec uxor ejus nec vestes quibus induetur super hoc capi poterunt.

laire, le maire le lui fera donner sans délai.

45. Le bourgeois pourra, sans forfaire, demeurer hors de la ville, depuis la fête de la Purification jusqu'à la fin d'avril, pour son mars; et depuis la Saint-Jean-Baptiste jusqu'à la Saint-Martin, pour son août.

46. Si le maire fait citer quelqu'un, il pourra venir devant lui, et s'en retourner à sa maison en sûreté.

47. Si un bourgeois est condamné pour dette, ou pour crime, dont nous aurons fait preuve contre lui, sa femme ni les habillemens dont elle sera vêtue ne pourront être saisis pour cet objet.

---

* *Disrationare* a différentes significations : à chaque endroit où il se trouve employé, on lui a donné celle qui lui est propre. En général il signifie *litigare; causam suam rationibus comprobare; rem aliquam rationibus sibi vindicare; crimen à se amoliri.* (Voyez Du Cange).

48. Burgensis ubiquè submonebitur, nisi sit in templo, aut in atrio. Et si in domo, aut in viâ, aut alibi non inveniatur, in domo in quâ manebit fiet submonitio : quam si audierit vel scierit accedet ; si verò nec audierit nec sciverit primâ die postquam sciverit, accedet et jurabit se non audisse vel scivisse submonitionem, satimque prosequetur justitiam. Servienti nostro tanquam nobis ex omnibus agendis respondebitur.

48. Un bourgeois pourra être assigné partout, excepté dans l'église ou dans le parvis. Si on ne le trouve point dans sa maison, dans la rue ou ailleurs, l'assignation sera donnée en son domicile ; et aussitôt qu'il en aura connaissance, il sera obligé de comparaître. S'il y a un long intervalle entre l'assignation et sa comparution, il jurera qu'il n'a pas été plus tôt informé de l'assignation, et aussitôt il demandera justice. On répondra à notre sergent comme à nous-mêmes sur tout ce qu'il y aura à faire.

49. Si aliquis burgensis, aut uxor ejus, alicui filatrici lanam commiserit filandam, sub mercede, et filatrix filata pignori obligaverit ultra quàm in filando deservient ; major communiæ, pro debitâ tantùm mercede,

49. Si un bourgeois ou sa femme a donné à une fileuse de la laine à filer, moyennant salaire, et que la fileuse mette en gage la laine filée pour plus qu'elle n'a gagné par son travail ; le maire fera rendre la laine filée à celui à qui elle appartiendra,

filata reddi faciet ei cujus extiterit lana.

50. Si quis pannos alicui paratori commiserit ad parandum, non potest parator ponere eos in vadium pro majori pretio quàm merces et ultra quàm mercedes parandi se habeat ; et si plus per invadiationem inde acceperit, major pannos reddi faciat, salvà tamen mercede paratoris.

51. Si major et jurati aliquem bannierint, non poterit redire in villam nisi assensu nostro Et nos possimus reducere bannitum quandocumque voluerimus; et si forte eum reduxerimus, bannitus quadraginta solidos emendationem faciet communiæ, solvet-que catallum si fortè alicui debuerit.

52. Si quis clamorem de forisfacto sibi illato nobis aut servienti nos

en payant seulement le salaire dû.

50. Si quelqu'un donne des draps à parer, le pareur ne pourra les mettre en gage pour une somme plus forte que celle qui lui est dûe pour son salaire ; et s'il reçoit davantage moyennant ce gage, le maire fera rendre les draps, sauf cependant le salaire du pareur.

51. Si le maire et les jurés bannissent quelqu'un, il ne pourra retourner à la ville que de notre consentement. Nous pouvons rappeler un banni quand il nous plaît; et si nous le rappelons, il paiera quarante sols d'amende à la commune, ainsi que les sommes qu'il pourrait devoir.

52. Si quelqu'un se plaint à nous ou à notre sergent d'excès commis sur sa per-

tro fecerit, major et jurati querelam nequaquam super hoc facient, vel movere poterunt, nisi forisfactum apertum fuerit : et si domus ejus ob hoc diruitur et nos ab hominibus villæ aliquid fecerimus, et testibus credere noluerimus; major et tres jurati jurabunt quòd pro clamore quem burgensis nobis aut servienti nostro fecerit, illud damnum non fuerit illatum.

sonne, le maire et les jurés ne pourront, en aucune manière, prendre connaissance de ce délit, à-moins que ce ne soit un délit commis publiquement ; et si la maison est détruite (par jugement rendu par eux), et que nous ne jugions pas à-propos de nous en rapporter au témoignage des hommes de la ville que nous aurons fait entendre, le maire et trois jurés affirmeront par serment que ce dommage (la destruction de la maison) n'aura pas été fait à-cause de la plainte faite par le bourgeois à nous ou à notre sergent.

53. Si super burgensem clamorem fecerimus, nequaquam super eum npliùs quàm sexaginta libras clamabimus, nisi pro multro, vel furto, vel raptu, vel proditione, vel pro aliquo hujusmodi crimine ; et eum super

53. Si nous faisons plaintes contre un bourgeois, nous ne pourrons demander plus de soixante livres, si ce n'est pour meurtre, vol, rapt, trahison ou autre crime de cette espèce ; et nous le laisserons s'en aller moyennant (l'abandon qu'il fera

hoc quod habebit in villâ aut in districto in quo manebit, dimittemus abire, nec alium dabit fidejussorem burgensis donec causa finiatur.

54. Si verò omnes clerici qui non tanquam clericos se habent, sed uxorati, vel mercaturam vel fenebrem pecuniam exercent, si super hoc possunt convici, sint de communiâ, et servitium nostrum faciant tanquam homines de communiâ.

55. Homines autem qui in villâ sunt *occisi* * feodum tenentes, qui ingenuos se faciunt, et milites non sunt, volumus et præcipimus ut de commu-

de) ce qu'il aura dans la ville ou dans le district dans lequel il résidera, et il ne donnera aucune caution jusqu'à ce que la cause soit terminée.

54. S'il y a des clercs qui ne vivent pas selon leur état, mais soient mariés, trafiquent ou prêtent de l'argent à usure, et en soient convaincus, ils seront de la commune (c'est-à-dire, seront déchus de leurs privilèges de cléricature et seront dans la classe des bourgeois), et nous feront service comme les autres hommes de la commune.

55. Quant aux hommes tenant fiefs, qui ont des habitations (ou sont logés) dans la ville, et se disent de condition libre; s'ils ne sont chevaliers, nous voulons et

---

* Il y a *occisi* dans l'original. On trouve *occistrio* et *ocistrio*, *tabernarius*, tavernier. On trouve aussi *ocina*, *mansio cum certâ agri portione*. Ainsi par *occisi*, on peut entendre *domiciliés*, *demeurans*.

niâ sint, vel villam vacuent, nisì feodum de nobis teneant.

ordonnons qu'ils soient de la commune ou qu'ils sortent de la ville; à-moins que leurs fiefs ne relèvent de nous.

56. Si qua vilis aut inhonesta persona aliquem virum probum aut mulierem turpibus conviciis inhonestaverit, liceat alicui probo viro de pace, si supervenerit, illum objurgare et uno aut duobus colaphis eum sinè forisfacto ab importunitate suâ compescere.

56. Si une personne de basse extraction et malhonnête fait une insulte grave à quelqu'honnête homme ou à une femme, il est permis à l'homme de bien qui surviendra, de le réprimander et de réprimer son insolence par un ou deux soufflets **, sans se rendre coupable de délit.

57. Quòd si pro veteri odio eum percussisse criminatus fuerit, si percussus clamorem inde fecerit, percussor super sanctas Reliquias jurabit quòd non pro veteri odio eum percusserit, sed tantùm pro eo ab importunitate suâ compescendo.

57. S'il est accusé de l'avoir frappé pour quelque vieille inimitié, et que celui qui aura été frappé en porte plainte; celui qui aura frappé jurera sur les saintes reliques qu'il ne l'a pas frappé par ce motif, mais seulement pour le châtier.

** Dans la charte de Montdidier, il est dit qu'on pourra donner jusqu'à trois soufflets.

58. Quicumque ad forum nostrum in villam venerit, salvum ire et salvum redire habeat, ita quòd nec ipse, nec res ejus capiantur aut disturbentur, nisi ipse catallum debeat, vel nisi ipse forisfactum pro quo à villâ sit bannitus, vel nisi in præsenti forisfacto fuerit deprehensus.

58. Quiconque ira au marché de Roye, pourra y aller et s'en retourner librement, de-manière que sa personne et ses marchandises ne pourront être arrêtées, si ce n'est pour dette, ou à-moins qu'il n'ait commis quelque crime pour lequel il ait été banni de la ville, ou à-moins qu'il ne soit pris en flagrant délit.

LETTRES DE SUPPRESSION

DE LA COMMUNE DE ROYE,

DONNÉES A PARIS AU MOIS DE JANVIER 1373.

(Tirées du TRÉSOR DES CHARTES, registre 105. Elles sont aussi dans le registre 109, et dans les ORDONNANCES DU LOUVRE, tome 5, page 662).

CHARLES, etc,....., savoir faisons à tous présents et avenirs, que, comme par l'octroy ou ancienne tolérance de nous et de nos prédécesseurs roys de France, les habitans de nostre ville de

Roye en Vermendois, feussent fondés et souffers avoir commune, maire, juréz, eschevins et eschevinage, certains drois et justice, possessions et noblesce, soubz nous et du ressort de nostre prevosté de Roye et du bailliage de Vermendois; en nostre quelle ville toutes voies a toujours eu sièges royaux en prevosté et en bailliage, ville et chastellenie de grant auctorité et renommée, décorée de plusieurs nobles ressors et souverainetéz, marchiez et autres honneurs, et nous avions plusieurs hommes, vassaux, cens, revenus et autres possessions de nostre domaine et grans prouffits et émolumens, tant en justice comme ès aydes ordennez en ladicte chastellenie et ailleurs, avec cent onze livres dix solz parisis de rente sur ladicte commune et les biens d'ycelle, dès sa fondation: laquelle ville par le faict de nos ennemis * qui à leur derreniere chevauciée sont passez par-là, a été et est toute déserte, les maisons et édifices gastéz, ars (brûlés) et détruis avecques les biens des habitans, tellement qu'elle est demourée du tout inhabitée et en ruyne, et les habitans transportéz en plusieurs villes, et tant que à-présent ne y a habitans aucun, ne personne qui y veulle ne entendent plus à demourer ne rédiflier ycelle, tant

---

* Les Anglais, en 1370 et 1373. *Voyez* ci-après.

pour les grans missions (dépenses) qu'il leur conviendrait soustenir aux édiffices refaire ainçois (avant) que ilz peussent estre habitables, et à leurs héritages relever et leur chevance (leurs meubles) avoir, comme pour plusieurs charges en quoi la dicte commune et l'eschevinage estoient tenus tant à nous comme à autres, de rentes et aultres debtes qu'ilz ne pourroient soustenir, ne leur chevance avoir par l'infortune dessus dicte, dont nostre ville demoureroit inutilée, et le nom et siège de la dicte chastellenie abattue à toujours se aucune provision n'y étoit mise. Et pour ce, ces choses venues à nostre congnoissance, ayons d'abondant *fait savoir* * à plusieurs personnes paravant habitans en ladicte ville, tant maire, juréz et eschevins, comme aultres grant foison (grand nombre) qui estoient dispars et retrais (dispersés et retirés) en divers lieux, *leur volenté et entencion*, en les faisant induire de vouloir venir et rédiffier nostre dicte ville de Roye, lesquelsne se y sont voulu consentir, et espécialement *tant comme il y eust commune* (tant qu'il y aurait commune), de laquelle ilz n'entendoient jamais user; mais desiroient ycelle estre abattue, et toute la dicte ville et justice demourer en nostre plain droict et de-

---

* Fait demander quelles étaient leur volonté et intention.

maine, s'il nous plaisoit, si comme nous avons esté de toutes ces choses certiffié suffisamment par nos gens.

Pour quoi nous desirans nostre dicte ville estre rediffiée et habitée et pourvcoir à la chose publique et le droit du demaine de nostre couronne, à quoi nous sommes astrains, garder et conscrver, avons par grant et meure délibération en nostre conseil, pensé en ce l'urgent nécessité et l'évident utilité à ce nous mouvans, et pour la réformation et le bien commun du dict pays, nous suffisamment informé sur ce, de nostre auctorité royale et plaine puissance, abatu et abatons la dicte commune, jurage, eschevinage et tout l'estat d'ycelle avec tout ce qui s'en ensient (ensuit) : et ladicte ville et toute justice et cognoissance, avons mis et appliqué, mettons et appliquons à nostre dict demaine, sans ce que plus doresnavant les habitans quelconques, y soient, puissent ne doient user de commune, maire, juréz, eschevins ne eschevinage, ne d'auctorité de commune, justice, ne autres drois: mais *demourront simples habitans nos subjéz en prevosté sens moyen*, comme avant la dicte créacion ou tolérance de commune, et telz tenuz et réputez, maintenuz et gouvernéz; en octroyant à tous ceulx qui paravant y habitoient et tous aultres, que ilz puissent et leur loise estre (leur soit libre) édiffier et habiter en la dicte ville paisiblement par la dicte manière, sans charge de commune; car ainsi l'avons-nous ordené et ordenons de nostre dicte auctorité et certaine science, et pour ce que ce soit ferme chose et valable à toujours, nous avons fait sceller ces lettres de nostre grant scel : sauf en aultres choses nostre droict, et en toutes l'aultruy.

Donné à Paris, l'an de grace M CCC LXXIII (1373), et de nostre règne le dixieme, au mois de janvier.

Par le Roi, à la relacion du conseil étant en la chambre des Comptes, auquel vous, messeigneurs l'archévesque de Sens, les évesques de Bauvacz et d'Amiens, les comtes de Salebruche et de Brene; et les gens des comptes, maistres Jean d'Achirics, Hue de Roche, Thomas Le Tourneur et plusieurs aultres estiez.

JOHANES.

Je n'ai pu découvrir les Lettres de rétablissement de la commune de la ville de Roye, qui ont été données dans le quatorzième ou quinzième siècle. On voit, dans un fragment du registre du chapitre de l'église de Saint-Florent, au 19 novembre 1477, Albert Guibon, lieutenant du prévost (*locum tenens præpositi*), François Bazin et Pierre Gilles, échevins (*scabini*). Ils délibèrent avec le Chapitre sur les affaires des hôpitaux de Saint-Lazarre et de Saint-Jean-l'Évangéliste, de la ville de Roye.

CHAPITRE VI.

Maires de Roye.

Nos rois de la troisième race ne se bornèrent pas à autoriser l'utile établissement des *communes*, mais ils accordèrent encore aux villes qui en furent gratifiées divers autres privilèges, dont la plupart sont des suites nécessaires du droit de *commune*, et tous des moyens efficaces pour se concilier la fidélité et la reconnaissance des sujets.

Elles eurent la faculté d'élire des officiers pris dans leurs corps, pour gérer les affaires de la *commune*. Les premiers d'entre ces officiers municipaux furent qualifiés de *majores*, *maires* ou *mayeurs*, ou *præpositi*, *prévôts*; leurs assesseurs, *scabini* ou *eschevini*, *échevins*, ou *pares*, *pairs*, et enfin d'autres, *jurati*, *jurés* ou *jurats*, *consultores*, *consulteurs*.

Le nombre de ces officiers n'était pas égal dans chacune des communes, de-même que leurs privilèges n'avaient pas la même étendue : selon qu'elles étaient plus ou moins abondantes en habitans ou chargées d'affaires, elles avaient aussi plus ou moins d'officiers.

<small>Cartul. Philippi-Augusti, p. 1210. Ibid., p. 657.</small>

Celle de Péronne, par exemple, comptait vingt-deux *jurats* ou *jurés*, et un *maire* à leur tête.

Beauvais, Mantes et diverses autres villes connaissaient aussi un premier officier, sous le nom de *maire* ou *mayeur*, et d'autres sous celui de *pairs*, dont le nom n'est pas exprimé dans les chartes de quelques-unes.

La ville de Roye avait son *maire*, des *jurés*, dont je n'ai pu connaître le nombre, et des *échevins*.

<small>Cartul. Comm. Braii, apud cart. Philip.-Aug., p. 1236, item et Peronæ, p. 1209.</small>

Toutes les communes renouvelaient ordinairement leurs officiers chaque année. Ces élections se faisaient ou dans l'octave de Pâques, ou à la fête de Saint-Jean-Baptiste. Jusqu'en 1644, la commune de Roye renouvella les siens chaque année, le 1ᵉʳ octobre (jour de Saint-Remi); par la suite les élections se firent la veille de la Saint-Jean.

Anciennement c'était avec beaucoup de pompe, et toujours en prenant le serment des électeurs, qui juraient de choisir ceux des bourgeois ou habitans les plus gens de bien : *de probioribus e magis legitimis hominibus villæ*, et qu'ils connaissaient être les plus capables de maintenir les droits de la commune.

Par arrêt du conseil-d'état, du 11 septembre 1773, le corps municipal de la ville de Roye fut composé, conformément à l'édit de 1771 et à l'arrêt du Conseil, du 15 juillet 1772, d'un maire, d'un lieutenant-de-maire, deux échevins, deux assesseurs, d'un procureur du Roi de la ville, d'un secrétaire-greffier, d'un trésorier-receveur et d'un contrôleur des octrois et biens patrimoniaux.

Les élections avaient lieu, le 23 juin, par députés des différens corps et classes.

LISTE
DES MAIRES DE ROYE CONNUS.

Années.
- 1222. Raoul le Puthur, fondateur des Cordeliers, mort en 1250.
- 1475. Louis de Beaurcim.
- 1590, 1591, 1592. Christophe Brunel.
- 1593. Pierre Dupré.
- 1594. Adrien Bellot.
- *Lacune.*
- 1636. Pierre Hennicque.
- 1637. Antoine Berthe.
- 1638. Pierre Turpin, écuyer, seigneur de Biarre, procureur du Roi.

HISTOIRE

1639, 1640, 1641. Pierre Hennicque, contrôleur au grenier à sel.

1642. Antoine Berthe.

1643, 1644. Antoine Fraillon, avocat.

1645. Pierre Turpin.

1646. Claude Billecocq, avocat.

1647. Pierre Hennicque.

1648. Nicolas de Chevy, écuyer, conseiller du Roi, etc....

1649, 1650, 1651. Claude Billecocq.

1652. Nicolas Boulanger, avocat en parlement.

1653. Pierre Turpin, annobli pour avoir défendu la ville en 1653.

1654. Pierre Hennicque.

1655. Jacques Roussel, lieutenant-général.

1656. Pierre Turpin.

1657, 1658. Jacques Roussel.

1659. Pierre Hennique.

1660, 1661. Pierre Turpin de Crisé.

1662, 1663. Jacques Roussel.

1664, 1665. Florent Cressonnier.

1666. Louis Laignel.

1667. Florent Cressonnier.

1668. Louis Laignel.

1669, 1679, 1671. Nicolas Boulanger, avocat,

DE ROYE.

1672. Louis Laignel.
1673. François Cabaille, contrôleur au grenier à sel.
1674. Charles Soucanye.
1675. Nicolas Boulanger.
1676. Jean d'Haussy, avocat du Roi.
1677. Gabriel Coignet.
1678. François Cabaille.
1679. Charles Soucanye, prévôt royal.
1680, 1681, 1682. François Bocquet.
1683. Charles Soucanye.
1684, 1685. Louis Turpin.
1686, 1687, 1688. Louis-Antoine Havart, président au grenier à sel.
1689, 1690. Charles Soucanye.
1691. François Cabaille.
1692. Louis-Antoine Havart.
1693. Louis-Pierre Butin, avocat, maire perpétuel.
1705, 1706. *Mairie vacante.*

Édit de décembre 1706. } 1707. Charles Leboucher, maire alternatif, mi-triennal.

1707. Charles-Louis Butin.
1717. Charles Soucanye, maire électif.

1719. Charles Gaudefroy, lieutenant-criminel.
1720, 1721, 1722. Charles-Louis Butin.
1723, 1724. François-Antoine Cabaille, avocat.
1725 jusques 1729. Charles-Claude Gaudefroy.
1730. Charles Debonnaire, médecin.
1731. Marc-Antoine Prevost, avocat du Roi.
1732 jusques 1737. Jean-Pierre Lequeux, conseiller au grenier à sel.
1738, 1739. Philippe Lenglet.
1740 jusques 1747. Pierre-Florent Hennicque, ancien valet-de-chambre du Roi.
1748, 1749, 1750. Jean-Baptiste Graval, avocat.
1751, 1752, 1753. Pierre-Florent Hennicque.
1754. Jean-Baptiste Graval, avocat.
1755, 1756. Jean Bertin.
1757, 1758, 1759. Louis-Charles Billecocq, avocat.
1760 jusques 1764. Louis-Pierre Jobart de Beauvais.
1765, 1766, 1767. Le comte d'Orillac.
1768 jusques 1771. Marc-Florent Prevost, avocat du Roi.

1772 jusques 1782. Louis-Pierre Cathoire.
1783 jusques 1787. Pierre-Florent Masson, avocat.
1788. I edit Cathoire.
1789. Louis-Charles Billecocq.
1790. Félix-Jean-Baptiste Longue-camp.
1791. Louis - Alexandre Lefèbvre d'Hédancourt.
1791. Marc-Florent Prevost.

Vacance pour les administrations municipales.

An 8e. Pierre Du Mesnil, avocat.
An 13e. Nicolas Larabit.
Du 14 avril 1808 et à-présent. } Aimé-Jean-Baptiste Graval, propriétaire.

CHAPITRE VII.

GRANDS-BAILLIS.

B<small>AIL</small>, *baillie* et *garde* sont même chose. Les baillis étaient comptables et juges. Comme comptables, ils exerçaient les mêmes fonctions qu'ont exercées depuis les receveurs-généraux des finances, et qu'exercent à-présent nos receveurs-généraux de départemens. Comme juges, ils devaient éclairer la conduite des prévôts dans l'exercice des jugemens et des recettes : ils avaient donc la garde de la justice.

D'abord les grands-baillis étaient officiers d'armes et de justice tout-à-la-fois ; ils exerçaient la juridiction sédentaire, et conduisaient, comme capitaines des nobles, les troupes de leurs provinces en l'arrière-ban. Ils devaient être gentilshommes.

Depuis l'ordonnance de Charles IX, les grands-baillis étaient de robe-courte ; ils faisaient rendre la justice par leurs lieutenans, et ne s'étaient réservé que le droit de conduire les nobles de leur province au ban et à l'arrière-ban ; droit qu'ils laissèrent, par la suite, tomber en désuétude.

Ainsi le titre de grand-bailli n'était plus qu'un nom honorable.

Quand le grand-bailli s'était fait connaître dans son bailliage, les jugemens s'y intitulaient en son nom ; quand il n'était pas reconnu, l'intitulé des jugemens portaient le nom de son lieutenant.

Il n'y eut d'abord que quatre grands-baillis, à Saint-Quentin, Sens, Mâcon et Saint-Pierre-le-Moustier.

En 1190, Philippe-Auguste en établit dans les principales villes.

Péronne, Roye et Montdidier ayant été réunis à la couronne, Philippe-Auguste les mit sous le gouvernement de Vermandois, et sous la conduite des baillis de cette province, vers 1191.

Quoique le roi Charles VI, en 1420, détacha, en faveur de Baudot de Noyelles, ces trois villes du gouvernement de Vermandois, et les réunit sous un même gouvernement particulier, il paraît qu'elles sont encore restées jusques vers la fin du seizième siècle, sous les baillis du Vermandois, les gardes du scel royal prenant toujours la qualité de gardes du scel royal de la baillie de Vermandois établis à Roye.

Liste des grands-baillis.

        1214. Regnault de Bethisy.
        1227. Guillaume Chastellier.
        1231. Regnault de Bérogne.
        1234. Eudes de Gonesse.
        1236. André de Main ou de Muin.
        1239. André Le Jeune.
        1245. Godemars de Fay.
        1249. Simon Desfossés.
        1250. Ferri de Hangest.
        1253. Pierre Desfontaines.
        1255. Pierre Angelard.
1256.—1258. Mathieu de Beune.
1260.—1265. Geoffroy de Roncherolles.
        1269. Guillaume de Hangest.
1271.—1286. Gautier Bardin.
1287.—1288. Jean de Montigny.
        1289. Pierre de Fontaines.
        1290. Philippe de Beaumanoir.
        1294. Gautier Bardin.
        1298. Guillaume de Hangest.
1302.—1305. Jean de Waissy.
        1306. Pierre ly Jumiaus, ou le Jumelle.

DE ROYE.

- 1312. Firmin Cocquerel.
- 1316.—1319. Jean Bertrand.
- 1319.—1320. Michel de Paris.
- 1322. Pierre de Beaumont.
- Idem. Gallerand de Vaux.
- 1326. Henri de Genoilly, ou Gentilly, Chevalier-le-Roi.
- 1330. Jean Blondel.
- 1336. Fauvel de Wadancourt.
- 1347. Payen de Mailly, seigneur de Brezé.
- 1253. Guillaume Staise.
- 1355. Jean de Vannoise.
- 1356. Guillaume Blondel.
- 1362. Jean, seigneur d'Arentières.
- 1366. Jean, sire de Teintrey.
- 1374. Jean Dubois, seigneur de Faumenchon et Raincheval.
- 1386. Gobert de la Boue, chevalier, seigneur de Lizé et de Savoisy, tué à la bataille d'Azincourt, en 1415.
- 1390. Gui de Honcourt, ou de Héricourt, seigneur de Larding et de Fontaine.
- 1394. Gilles du Plessis-Brion.
- 1400. Gui de Héricourt.
- 1417. Perceval de Gomiecourt.
- 1429. Claude de Mailly, nommé par les Bourguignons.

1430. Colard de Mailly, nommé par les mêmes.
1433. Etienne de Vignoles, dit *La Hire*, gascon.
1440. Jean de la Vieuville, encore sous les Bourguignons.
1451. James Tilly, écossais, qui, par son attachement à Charles VII et par les services importans qu'il lui rendit dans la conquête de la Normandie, mérita cette récompense honorable.
1463. Le seigneur de Mouy.
1474. Gui Pot, chevalier, comte de Saint-Pol, seigneur de Roche-Pot.
1480. Jean de Soissons, seigneur de Moreuil, Poix, etc....
1490. Jean de Soissons, fils du précédent.
1500. François de Proisy, baron de la Boue.
1515. Philippe de Longueval.
1520. Jacques de Longueval, bâtard de Vendôme, seigneur de Bonneval, etc.....

Robert de Bossu, seigneur de Lierreval en Laonnois, tué dans l'église de ce village, le 1er janvier 1570.

CHAPITRE VIII.

En 1420, les villes de Péronne, Roye et Montdidier ayant été séparées du gouvernement général de Picardie, par le roi Charles VI, eurent un gouverneur particulier.

GOUVERNEURS GÉNÉRAUX
DE PÉRONNE, ROYE ET MONTDIDIER.

1421. Hue, ou Luc de Mailly.
1421. Baudhuin, Baudouin, Baude ou Baudot de Noyelle, seigneur de Castau et de Chanterelle, fait prisonnier à la bataille d'Azincourt, en 1415; chevalier de la Toison-d'Or, en 1433; conseiller et chambellan du duc Philippe de Bourgogne; son gouverneur des villes de Péronne, Roye et Montdidier; capitaine de ses troupes au siège de Calais; *qui rendit*, suivant Monstrelet, *de très-notables services à ce prince*

en diverses occasions, et qui vivait encore en 1453, qu'il signa le traité de paix fait entre le duc et les Gantois, ses sujets. Il avait épousé Marie, dame de Hangest et Davenescourt, veuve de Jean, sire de Mailly, tué à la journée de Mons, en 1421.

(Nobiliaire de Picardie, par Haudicquer de Blancourt. *Archives de Saint-Florent de Roye*).

1435—1463. Les comtes d'Étampes, de Nevers et de Rethel furent commis à ce gouvernement par le duc de Bourgogne, depuis 1435 jusqu'en 1463, et se rendirent tous trois à Montdidier, pour régler leurs droits d'après le partage qu'ils en firent.

(Histoire de Montdidier, par le P. Daire, pag. 22.)

1463. Philippe de Crévecœur, seigneur des Querdes et de Lannoy, maréchal de France, fut choisi pour gouverneur des trois villes par le comte de Charolois, et conservé par le Roi, qui le fit son grand-chambellan, en 1492, place qu'il occupa jusqu'en 1494, où il mourut. Il avait fondé, en 1482, les Clarisses de Péronne.

(Le P. Anselme. Colliette, Histoire du Vermandois).

1479. Guillaume de la Biche, chevalier, seigneur de Cléry près de Péronne, Bissy, Anisy-le-Châtel; conseiller, chambellan du roi Louis XI, et président de ses finances.

(Duchesne, Histoire de la Maison de Béthune).

1496. Louis de Hallwin, seigneur de Piennes; conseiller, chambellan du Roi, chevalier de ses ordres; capitaine de cent hommes d'armes de ses ordonnances; capitaine de Montlhéry; gouverneur, lieutenant-général de Picardie; bailly et gouverneur des trois villes, nommé en 1496, mort en 1519.

(Le P. Daire, Histoire de Montdidier).

HISTOIRE

1500. Louis de Roncherolles, baron de Heuqueville et du Pont-Saint-Pierre, chevalier des ordres du Roi, son conseiller et chambellan; marié, en 1500, avec Françoise de Hallwin.

1505. Valerand d'Ongnies.

1507. Alexandre de Tilques, conseiller du Roi et lieutenant du gouvernement de Péronne, fut bailli des trois villes, suivant le P. Daire, et le cartulaire de Saint-Firmin d'Amiens.

1519. Jean Ier, seigneur d'Humières, chevalier des ordres du Roi, gouverneur de Henri II, lieutenant de Roi en Piémont, et gouverneur des trois villes; mort en 1550.

1548. Jean II, son fils, lui succéda, et mourut en 1553.

1554. Louis d'Humières, seigneur de Contay, nommé gouverneur des trois villes, par lettres du 12 juillet 1554.

1560. Jàques, sire d'Humières et de Monchy, marquis d'Ancre, seigneur de Brai et de Roncherolles, chevalier des ordres du Roi, maître des eaux et forêts de Péronne, Roye et Montdidier, gouverneur de ces trois villes, lieutenant-général pour S. M. en Picardie, *seigneur le plus accrédité du pays*, dit Varillas (Histoire de Henri III, pag. 324, liv. 2), lequel, après la bataille de Saint-Quentin, en 1557, au rapport de Belleforest, se jeta dans Péronne pour la défendre contre les ennemis du Roi. Il mourut en 1579. Il était encore gouverneur en 1576, temps auquel il se fit chef de la Ligue en Picardie, pour le soutien de la foi catholique contre les huguenots.

1588. Michel d'Estourmel, seigneur de Templeux, chevalier de l'ordre du roi, paraît en 1575 et 1588. Antoine-Creton d'Estourmel, son fils, en obtint la survivance.

(Histoire de Montdidier, du P. Daire. *Reg. de la ville d'Amiens*).

1590. François de Pas, seigneur de Feuquières, chambellan du roi Henri IV, maréchal des camps et armées du Roi, était gouverneur des trois villes, lors qu'il fut tué à la bataille d'Ivry, le 14 mars 1590.

1594. .... d'Estourmel, fils de Michel.

1600. Louis d'Ongnies, comte de Chaulnes, baron de Brios, chevalier des ordres du roi Henri IV, en 1597; lieutenant-général pour S. M. en Picardie; gouverneur de Péronne, Roye et Montdidier. Mort sans enfans d'Anne d'Humières, son épouse.

1603. Charles, sire de Créquy, prince de Poix, comte de Canaples, depuis duc de Lesdiguières, pair et maréchal ds France, ambassadeur extraordinaire à Rome, lieutenant-général au gouvernement du Dauphiné, et général de l'armée du Roi.

(Le P. Daire, Histoire de Montdidier, pag. 25).

1610. Concino Concini, favori de Marie de Médicis, maréchal d'Encre, sans avoir jamais fait la guerre, acheta, dit-on, ce gouvernement. Etant à Montdidier, en 1615, il eut peur d'un ouvrier qu'il trouva seul, le marteau à la main, dans une salle que le particulier chez lequel il logeait faisait tendre pour le recevoir. Cette émotion donna une mauvaise opinion de ses talens militaires et de sa valeur; et, peu de temps après, le roi Louis XIII lui ordonna d'abandonner cette place. Il finit d'une manière tragique, ayant été tué sur le pont du Louvre à Paris.

Favols, gentilhomme gascon, était son lieutenant.

1616. Bernard Potier, baron de Gesvres, seigneur de Blérancourt, marquis d'Annebaut, comte de Montfort, conseiller-d'état, mort en 1662.

1645. Charles de Monchy, marquis d'Hocquincourt, maréchal de France, grand-prévost de l'hôtel du Roi, gouverneur des trois villes.

Il se distingua au combat de Morange, en 1639; commanda l'arrière-garde à la bataille de Villefranche en Roussillon, en 1642; fut général des armées en Allemagne, en 1646; commanda l'aile gauche à la bataille de Rethel, en 1650; alla en Catalogne, en 1653; y défit les Espagnols; força leurs lignes devant Arras, la nuit du 25 août 1654; voulut livrer Péronne aux Espagnols : mais son fils l'en ayant empêché, il quitta le service de France, et fut tué de cinq coups de mousquets, en voulant reconnaître les lignes de l'armée française à Dunkerque, le 13 juin 1658.

1656. George de Monchy, marquis d'Hocquincourt, chevalier des ordres du Roi, lieutenant-général de ses armées, gouverneur de Péronne, lieutenant-général et bailli-d'épée des trois villes, succéda au précédent dans ce gouvernement. Il mourut en 1689.

Il commandait dans Péronne, lorsque son père voulut livrer

cette place aux Espagnols : il fit tirer le canon sur les troupes que son père conduisait pour se saisir de la ville, et l'obligea de se retirer. Il alla ensuite se jeter aux pieds du Roi à Amiens, et voulut lui remettre le gouvernement de Péronne, dont il se croyait indigne après la défection de son père : mais Sa Majesté refusa sa démission, lui remit les clefs de la ville, qu'il garda jusqu'à sa mort, et le fit chevalier de ses ordres, en 1688.

1689. Charles de Monchy, second du nom, marquis d'Hocquincourt, frère de George, tué le 1er juillet 1689, en Irlande, à la tête de son régiment.

1690. Jean-George de Monchy, marquis d'Hocquincourt, chevalier de Malthe, en 1668, frère du précédent, lui succéda en 1690, et fut tué dans un détachement commandé par le prince d'Enrichemont, auprès de Huy, le 27 août 1692.

1692. Joseph d'Espinay, chevalier, marquis de Lignery, capitaine des gardes du corps, brigadier-général des armées, gouverneur de Roye, lieutenant-général et bailli des trois villes ; fut tué à Nerwinde, le 3 août 1693.

1693. Philippe - Emmanuel - Ferdinand-François de Croy, comte de Solre et de Buren, baron de Molembais et de Beaufort, seigneur de Condé, etc....., grand-veneur héréditaire de Hainaut, chevalier des ordres du Roi, nommé gouverneur des trois villes, au mois de novembre 1693. Il mourut en 1718.

Louis-Auguste d'Albert-d'Ailly, duc de Chaulnes, vidame d'Amiens, succéda au précédent et se démit volontairement,

1718. Claude-Théophile de Béziade, marquis d'Avaray - sur - Loire, lieutenant-général des armées du Roi, chevalier de ses ordres et son ambassadeur en Suisse. Mort en 1745.

La place resta vacante pendant près de dix ans.

Le marquis de Putange.

1759. Antoine-Adolphe de Seiglières de Belleforière de Soyécourt, marquis de Feuquières, seigneur d'Harbonnières, Caix, Morcourt, etc....., mestre-de-camp de cavalerie, chevalier de Saint-Louis, pourvu de l'office de bailli-d'épée des trois villes, sur la démission du marquis de Putange, par provisions du 6 janvier 1759.

CHAPITRE IX.

Gouverneurs - capitaines.

1416. Messire Blanchet du Solier, gouverneur de Nesle, en 1416, où il fut fait prisonnier, ayant payé sa rançon, fut pourvu du gouvernement de Roye, où il fut tué. (Monstrelet, tome 1er, folio 232).

1431. Aubert de Folleville.
Tassart de Herleville lui succéda.

HISTOIRE

1475. Le comte d'Essomme.
Charles de Flavy, seigneur de Rongerolles, était gouverneur de Roye, dans le quinzième siècle.

1513. Athnot de Benas, écuyer, capitaine de la ville de Roye.

(Archives de Saint-Florent).

1544. François Des Bosqueaux, chevalier, seigneur de Roiglise, Chilly, etc., capitaine pour le Roi de la ville et du château de Roye.

1548. Charles de Pas, écuyer, archer d'une compagnie d'ordonnance.

1564—1567. Claude de Hacqueville, chevalier, seigneur d'Avricourt, capitaine de la ville et du château de Roye, comparaît en cette qualité au procès-verbal de la coutume, en 1567.

1581. Charles de Pas, écuyer, gouverneur de Roye.

1582. Claude Devillers, écuyer, seigneur de Roiglise, Chilly et Maucourt.

1586.—1589. Louis de Hacqueville, écuyer, seigneur d'Avricourt, Andechy, etc

DE ROYE.

Au commence-
ment de 1600.
} François de Hacqueville, écuyer, seigneur d'Avricourt, paraît comme capitaine de la ville et du château de Roye.

1589.—1592. Antoine de la Viefville, chevalier, seigneur d'Orviller.

1592. Charles de Lesquevin, écuyer, Seigneur de Baconval, dans son contrat de mariage, du 14 décembre 1592, fait en-présence du prince de Condé, prend la qualité de gouverneur de la ville et du château de Roye.

1594. ...Du Cauller, gouverneur de Roye.

1599.—1612. Jàques de Belloy, chevalier, seigneur d'Amy, Haussu, etc., baron de Raray, Marcuil et Potières, gentilhomme de la chambre du Roi, mestre-de-camp d'infanterie, capitaine de cent chevau-légers, gouverneur de Roye.

(Généalogie manuscrite des de Belloy).

1632. Pierre de Trion, chevalier, seigneur de Dancourt, gouverneur de Creil, capitaine d'une compagnie de gens de pied au régiment de Navarre, écuyer de la petite écurie, gouverneur de Roye.

1636. Albert Woislawsky, gouverneur de Roye.

Le 16 septembre 1636, on baptisa, à Saint-Pierre de Roye, Jean-François et Anne, enfans de messire Adrien Stoplaer et de dame Émerantiane Spawer; le parain du garçon fut messire *Albert Woislawsky, gouverneur de Roye;* la maraine, demoiselle Jaqueline de Bailleu ; et de la fille fut parain messire Jean-François Woislawsky, et la maraine, demoiselle Marie Hannicque.

(Registre de Saint-Pierre).

De la Rivière , père du suivant.
1644. Jacques de la Rivière, chevalier.
1648. René de Carvoisin, seigneur de Deuil, gouverneur de Roye, sur la démission du précédent.
1652. Charles de Monchy d'Hocquincourt acquiert le gouvernement de Roye, de René de Carvoisin, par acte du 16 mai 1652.
1655.—1658. Louis de Bouchart de Milly, seigneur de Ravenel.

Antoine-Gabriel de Monchy, comte d'Hocquincourt.

1692. Joseph d'Espinay, chevalier, marquis de Lignery, etc. capitaine-gouverneur de Roye, lieutenant-général et bailli de Péronne, Montdidier et Roye.

1696. Philippe-Emmanuel-Ferdinand-François de Croy, comte de Solre, lieutenant-général de Péronne, Roye et Montdidier, bailli de ces trois villes, gouverneur de Péronne et Roye.

Entre 1718 et 1725. Le sieur de Sainte Croix.

1725. Boissez, marquis d'Arville, brigadier des armées du Roi, chevalier de S. Louis, mestre-de-camp du régiment de Cambresis, nommé gouverneur de Roye, pour trois ans, par commission du 22 Janvier 1725.

Continué.

1744. Le sieur Jàques de Fauville, chevalier de S. Louis, ancien major du régiment des Cravattes, pourvu de la charge de gouverneur de la ville et du château de Roye, vacante par la mort du marquis d'Arville.

1747. Jean-Nicolas Ferrand, capitaine d'infanterie, prévôt-général de la maréchaussée de Metz, chevalier de S. Louis, nommé capitaine-gouverneur de Roye, par commission donnée à Versailles, le 24 janvier 1747.

CHAPITRE X.

Lieutenans de Roi.

1422. Jean le Moitié, lieutenant du gouverneur de Roye.
1446. Gilles Hennon, licencié ès loix, lieutenant de Roye, pour le Roi et le duc de Bourgogne.
Lacune.
1584.—1589. Louis de Bournonville, seigneur du Quesnoy.
1610. Favols, gentilhomme gascon.
1633. François du Caurel, chevalier, seigneur de Dancourt, capitaine au régiment de Navarre, lieutenant de Roi.

1652. René de Carvoisin, chevalier, seigneur de la Trompe-d'or, gouverneur de Roye, en est le lieutenant en 1652. Dans le même tems François de Vaumorin, seigneur de Dausson, était sergent-major de la ville, par brevet du 13 avril 1652.

1655. Louis de Bouchart de Milly, seigneur de Ravenel, près de Montdidier, capitaine d'une compagnie de Chevaulegers et d'une compagnie de gens de pied.

·1678. Petiteau, garde du corps du Roi, lieutenant de Roi de la ville de Roye.

1710. Michel des Vassol, garde du corps, brigadier de la compagnie du duc de Noailles, chevalier de Saint Louis, nommé lieutenant au gouvernement de Roye, avec pension de 300 fr. et d'un minot de sel, payés par la ville, chaque année, suivant lettres-patentes données à Marly le 29 septembre 1709.

Le marquis de Vauchelles.

1714. Antoine de la Mire, chevalier de S. Louis, seigneur de la Motte-

Hamnecourt, Ermein, Eterpineuil, baron d'Hangest et de Davenescourt, obtint, le 21 janvier 1714, les provisions de la charge de lieutenant de Roi de Péronne, Roye et Montdidier.

Le sieur de Neuvillette, sous-brigadier des gardes du corps dans la compagnie de Charôt, lieutenant au gouvernement de Roye.

1724. Nicolas du Plessier.
1724. Pierre Aubert, sieur de Rosainville, lieutenant pour le Roi de la ville de Roye.
1741. Pierre-Charles Aubert, seigneur des Avesnes, Griviller, etc..... capitaine au régiment de Bourbonnais-infanterie, chevalier de S. Louis, commandant un bataillon de milice du Soissonnais.
1777. Jean-Louis Levacher du Gerrier, capitaine de cavalerie, chevalier de S. Louis.

CHAPITRE XI.

Annales.

(An 806.) On prétend qu'en 806, Helgo, comte de Ponthieu et de Montreuil, laissa à sa fille, entr'autres possessions, les villes de Roye et de Montdidier. Ce sentiment, dit le P. Daire (Histoire de Montdidier, page 13), ne s'accorde point avec la succession des comtes de Montdidier ; mais il n'en est pas de-même relativement aux comtes de Roye.

(1120.) En 1120, Roye était soumis à la domination de Raoul de Vermandois, surnommé le *Premier*, le *Vaillant*, le *Grand*, le *Borgne*. Ce seigneur abonda en sujets et en richesses, et posséda les emplois les plus distingués à la cour de Louis-le-Gros et de Louis-le-Jeune. Sa prudence était exquise, son courage inexprimable ; il l'emportait en toutes choses sur tous les seigneurs de son siècle.

(Colliette, Annales du Vermandois, tome 2, page 175).

(1124.) Il y avait à Roye quinze cents francs-archers pour le service du roi Louis VI, commandés par Pierre Obert, chevalier.

Cette année-là ils allèrent avec ceux de la Picardie et de la Flandre au secours de Louis VI, attaqué par l'empereur Henri VI. Ils signalèrent devant Reims leur zèle et leur courage. Ils tenaient la droite de l'armée.

(1182.) Péronne, Roye et Montdidier étaient possédés par Philippe d'Alsace, comte de Flandre, qui avait épousé Élisabeth de Vermandois. (*Voyez* Guillaume Brito et Gilles de Roye).

Après la mort d'Élisabeth, Philippe d'Alsace voulut conserver ces trois villes, avec les comtés d'Amiens, de Vermandois et de Valois ; mais le roi Philippe-Auguste, qui avait épousé la nièce de ce comte, dont la puissance lui faisait ombrage, lui redemanda les comtés d'Amiens, de Valois et de Vermandois. Le comte refusa. On combattit dans les plaines de Senlis : enfin il y eut une trève ; alors le comte de Flandre cantonna son armée dans les environs de Roye, Montdidier, Péronne et Bapaume. Ils se firent, après l'expiration de la trève, une nouvelle guerre ; et le comte de Flandre fut forcé de restituer à Philippe-Auguste les comtés d'Amiens, de Valois et de Vermandois, en 1184.

Notre ville fut alors réunie à la couronne, avec le Vermandois, etc.

(HISTOIRE DE PICARDIE, par Devérité, tome premier, page 311, *Ann. de Vermandois*).

(1329.) Le 21 janvier, la reine Jeanne de Bourgogne, femme de Philippe-le-Long, roi de France, mourut de poison à Roye (Sainte-Marthe, tome premier, livre 13). Elle allait en Artois prendre possession de cette province, comme héritière de la comtesse Mahaut, sa tante.

Elle fut inhumée à Roye, dans un caveau près du chœur de l'église de Saint-Florent.

Vers 1796, on trouva son cercueil en plomb; il fut ouvert : le squelette n'était pas rompu.

Ce tombeau avait été visité, dix ans avant, par D. Grenier, religieux de Corbie, qui travaillait à l'histoire de Picardie.

(1358.) Le mayeur de Roye assiste à l'assemblée des États tenue à Compiègne.

(1404.) Coucy, Ham, Péronne, Roye et Montdidier prennent le titre de pairie, sous le règne de Charles VI.

(Moréri, article *Pairie*; Colliette, HISTOIRE DU VERMANDOIS, tome premier, page 439).

(1420.) Charles VI détache Péronne, Roye et Montdidier du gouvernement général de Picardie et les réunit sous un même gouverneur ou grand-bailli, qui avait, dans les assemblées, la préséance immédiatement après le gouverneur-général de la Picardie. (*Voyez* ci-devant, chapitre 8, la liste de ces gouverneurs).

(1423.) Pierre de Recourt, écuyer des ordonnances du Roi; Charles et Regnault de Longueval; Jean Blondel; le seigneur de Saint-Simon; Jeannet de Mailly; le seigneur de Maucourt, et autres seigneurs de Picardie s'assemblent à Roye, et conviennent de rentrer dans leur devoir, en abandonnant le parti de Philippe, duc de Bourgogne, qu'ils avaient suivi à la malheureuse bataille de Mons-en-Vimeu, l'an 1421, et reconnaissent le Roi de France, Charles VI, pour leur légitime souverain. Par cet abandon généreux, ils perdaient leurs biens, que l'ennemi saisit et confisqua au profit du roi d'Angleterre.

(Haudicquer de Blancourt, Nobi-
liaire de Picardie, au mot *de Recourt;* Colliette, Histoire de Vermandois, tome 3, page 52 ; Belleforest, *Ann. de France*).

(1430.) Philippe, duc de Bourgogne, rassemble ses troupes à Roye, et les y passe en revue. La garnison de Compiègne, commandée par Renaud de la Fontaine, chevalier, seigneur de La Neufville-aux-Bois, et par le seigneur de Longueval, se présentèrent pour leur livrer bataille ; mais le duc s'étant tenu retranché, ils n'osèrent l'attaquer, et se retirèrent.

(1435.) Pendant les guerres que le quinzième siècle vit naître entre Charles VI, roi de France, et le duc de Bourgogne, les Anglais firent de grands progrès en France, et se rendirent maîtres de plusieurs villes (de Paris même, où ils entrèrent en 1421). Le duc de Bourgogne, mettant un instant ses intérêts à-part, pour songer à ceux de la France, se réunit au dauphin, fils du Roi : mais, peu de temps après, il fut assassiné à Montereau, par ordre de ce même dauphin, qui, par cette action horrible, fut déclaré incapable de succéder à la couronne de France. Dans ces circonstances, Charles VI mourut. Henri VI, fils du roi d'Angleterre, qui avait épousé une fille de France, devant succéder, se fit proclamer roi de France à Paris et à Londres. Le dauphin, de son côté, prenait le nom de Charles VII. Pour conquérir le trône de ses ancêtres, il avait à combattre l'Angleterre et le duc de Bourgogne, qui voulait venger l'assassinat de son père. Durant cette funeste dissension entre deux princes français, les Anglais s'emparaient de nos villes et menaçaient d'envahir tout le territoire. Il fallait que le duc de Bourgogne eût la générosité d'oublier le meurtre de son père, pour se réunir au dauphin contre l'ennemi commun de la nation. Il le fit ; et le 1er juillet 1435, les deux princes conclurent à Arras un traité qui amena l'expulsion entière des Anglais, et qui seul délivra la France du joug de l'étranger.

Mais il fallait un dédommagement ou une garantie au duc de Bourgogne ; aussi, par ce traité, Charles VII lui cède, *en toute propriété de profits, avec les prérogatives, droits et libertés attachés à ces possessions*, la ville et le comté de Boulogne-sur-Mer, Péronne, Roye, Montdidier, le comté de Ponthieu, Doullens, Saint-Riquier, Crévecœur, Saint-Quentin, Corbie, Amiens, avec faculté de rédimer cette aliénation, moyennant la somme de quatre cent mille écus d'or (de ceux dont soixante-quatre faisaient le marc d'or, au poids de la monnaie de Troyes : ce qui revient à six mille deux cent cinquante marcs d'or, qui valent à-présent environ cinq millions).

Le domaine suprême fut cependant réservé au Roi.

On lit, dans un manuscrit de la Bibliothèque royale : *Lettres du Roi, qui veut que Philippe de Bourgogne et la duchesse son épouse jouissent des dons, transports et cessions à eux faits des villes, chastels et chastellenies de Péronne, Roye et Montdidier, jusqu'à ce qu'ils soient payés de cent mille écus......* Autres *Lettres du Roi, par lesquelles il déclare que les patronages et collations des bénéfices des villes et chastellenies de Péronne, Roye et Montdidier, appartiennent au duc Philippe de Bourgogne et à son épouse ; et veut que les foi et hommages, ainsi que les services qui sont dûs à-cause desdits lieux, leur soient faits.*

(Aug. Vir. fol. 316, Du Haillan, page 1122; Histoire d'Amiens, tome premier, page 548 ; Colliette, Histoire de Vermandois, tome 3, page 58; De Vérité, Histoire de Picardie, tome 2, page 65).

(1442.) Le blé valait six sous le setier; en 1449, il se vendait quatre sous.

(1463.) Louis XI vint à Abbeville retirer du duc de Bourgogne les villes de Péronne, Roye, Montdidier et toutes les villes engagées par son père Charles VII, en 1435. Il paie les quatre cent mille écus, prix convenu, et visite ensuite les places qu'il venait d'acquérir. Il vint à Roye; on l'y reçut avec joie, et le peuple cria *Noël* sur son passage, comme on avait fait autrefois à l'entrée du duc de Bourgogne. Quoiqu'il changeât partout les commandans des places, il n'en fit pas de-même pour celui de Péronne, Roye et Montdidier, qui fut maintenu.

(1465.) Par le traité de Conflans, signé en 1465, Louis XI cède de-nouveau au duc de Bourgogne (le comte de Charolois, fils du précédent duc de Bourgogne) les mêmes villes que ci-dessus, avec faculté au Roi de les racheter pour deux mille écus d'or.

(1477.) Mais en 1477, ce duc de Bourgogne étant mort, Louis XI, débarrassé d'un prince si redoutable, le plus puissant vassal de l'Europe, réunit à sa couronne les états du duc et toutes les villes sur la Somme.

Abbeville, fatigué du joug qu'il portait depuis si long-temps, alla au-devant du vainqueur. Saint-Quentin, Montreuil, Roye, Montdidier se rendirent; le gouverneur de Péronne se laissa corrompre. La ville de Boulogne voulut être soumise, et le comté de ce nom fut réuni à la couronne; il relevait du comté d'Artois. Mais Louis XI, plutôt que d'être le vassal de Marie de Boulogne, comtesse d'Artois, sa propre vassale, en fit hommage à la vierge de Boulogne. Il lui présenta un cœur de treize marcs d'or, comme une redevance féodale. Il obligea tous ses successeurs à l'imiter à leur avénement au trône.

(1483.) Aussitôt la mort de Louis XI, assemblée des États-généraux dans la ville de Tours.

Les débats y furent très-vifs ; et le résultat prouve que nous n'avons jamais été heureux dans nos réclamations.

La Picardie se trouva taxée à cinquante-cinq mille livres d'impôts, comme elle payait sous Louis XI. Aussitôt la salle retentit des réclamations que firent nos députés : *Où est l'équité, s'écrient-ils ?...... où est la bonne-foi ? Quoi ! tandis que l'on ôte aux autres provinces les deux tiers des impôts, on nous laisse gémir sous un fardeau accablant ! Comment avons-nous mérité la colère de notre Souverain ? Quel crime a-t-on à nous reprocher ?*

Aucun, répondirent les gens du conseil : *vous êtes de fidèles sujets, d'utiles citoyens ; le Roi vous aime et vous considère : mais écoutez les raisons d'une conduite qui vous paraît si extraordinaire. Comme, sous le dernier règne, votre province était le théâtre de la guerre et le quartier-général des troupes, on apporta la plus grande attention à y maintenir l'abondance, et elle ne fut point imposée dans la même proportion que les autres; car, au-lieu de cinquante mille livres, elle en aurait payé deux cent mille. Les garnisons répandues dans la Picardie, loin de l'appauvrir, y ont attiré l'argent de tout le royaume. Ainsi il ne serait pas juste que vous fussiez traités comme les provinces qui ont souffert sous ce der-*

nier règne et auxquelles le Roi vient de donner un soulagement. Faites attention à la fertilité et à l'étendue de votre territoire....... A la fertilité de notre territoire, répartirent les députés ! Il paraît que vous ne connaissez guère la province dont vous parlez : c'est aujourd'hui la plus petite et la plus misérable du royaume. Vous n'ignorez pas sans-doute qu'on en a séparé le comté de Boulogne, les bailliages d'Amiens et du Vermandois, et la prévôté de Vimeu, pour les annexer à la généralité de Paris ; et qu'aujourd'hui la Picardie proprement dite n'est composée que du comté de Ponthieu et des prévôtés de Péronne, de Roye et de Montdidier, et qu'elle comprend à-peine cent soixante-dix villages. Si l'on veut que nous puissions porter ce fardeau qu'on nous impose, qu'on nous rende donc les terres qu'on nous a enlevées, et alors nous n'aurons plus lieu de nous plaindre.

Ces raisons parurent ébranler le Conseil : il promit aux Picards qu'en échange des terres qu'ils avaient perdues, il unissait à leur province celle de l'Artois. Cette promesse était absolument illusoire : l'Artois avait été déchargé de toute espèce d'impôt pendant cinq ans, par les derniers traités; et celui dont on faisait alors la répartition, ne devait avoir lieu que pendant deux ans. Les députés de Picardie sentirent aisément tout le faux de cette promesse. Ils insistèrent avec tant de force et de vigueur, qu'on leur offrit une diminution de dix mille livres, puis de quinze et ensuite de vingt mille livres. Ils ne s'en contentèrent pas; ils s'écrièrent de-nouveau : mais ne furent plus écoutés.

(1496.) Maladie contagieuse à Roye. Pendant les années 1496, 1497, 1498 et 1499, la ville de Noyon fut attaquée de pareille maladie. Quelques auteurs disent que c'était la peste : mais la peste durer quatre ans !

Cette contagion ne faisait que de se dissiper à Noyon au mois de juillet 1499 ; car ce ne fut que le 30 de ce mois que le Chapitre fit ses actions de graces d'en être délivré.

(1518.) Le 9 décembre, on fait à Roye la procession de la Croisade, et le Chapitre fait présent au sire François de la Hargerie de deux queues de vin, l'un blanc, l'autre clairet, contenant chacune cinq pintes, à deux sous le lot*.

(Archives de Saint-Florent, Compte de 1518).

---

* Autrefois le vin était si rare en Picardie, qu'en donner quelques mesures, c'était faire un cadeau considérable: aussi, dans le treizième siècle, quand un bourgeois d'Amiens se mariait ou mourait, il revenait deux queues de vin à l'Évêque ; et quand l'Évêque allait à l'armée, la

(1545.) Grande disette. On faisait du pain d'avoine. Le setier de bled se vendait cent sous, somme exorbitante pour le temps. Heureusement la récolte qui suivit cette disette fut très-abondante. Le setier de bled ne se vendait plus, à la fin de l'année, que douze sous.

(1567.) On rédige à Péronne, en présence d'environ douze cents députés des trois ordres, la coutume de Péronne, Montdidier et Roye.

(1577.) Par le traité de paix fait entre les catholiques et les protestans, traité qui semblait devoir mettre fin aux guerres de religion, si long-temps prolongées en France, le prince de Condé, qui était du parti des protestans, devait avoir la ville de Péronne pour sa sûreté; on lui avait même promis le gouvernement de Picardie : mais l'un et l'autre lui furent refusés; aussi lit-on que les habitans de Péronne, Roye, Montdidier et Doulens se joignirent, cette même année 1577, pour empêcher le prince de Condé d'entrer en Picardie.

Cette ligue fut jurée et solennellement publiée à Amiens, sur les instances de Jacques d'Humières. Des historiens prétendent qu'elle fut cause de la

---

communauté des tanneurs d'Amiens lui donnait deux paires de *bouchiaux* (peaux de boucs ou de chèvres goudronnées), contenant l'une un muid, et l'autre vingt-quatre setiers de vin. A son entrée dans Amiens, en 1383, le roi Charles V reçut, entre autres présens, quatre tonneaux de vin.

reprise des hostilités entre les catholiques et les protestans.

Voici l'ordre qui fut donné à Montdidier. (15 avril 1577. Registre de la ville de Montdidier).

Est ordonné aux mayeur, son lieutenant, et échevins de Montdidier, de sommer tous les manans et habitans particulièrement de signer et eux enroller en l'association et sainte ligue suivant la volonté de Sa Majesté ; et du refus qu'ils feront de le faire, en faire acte et une liste à part qu'ils feront signer et nous envoyeront promptement. Fait à Montdidier, par nous Jacques d'Humières, chevalier de l'ordre du Roi, conseiller en son privé conseil, gouverneur et lieutenant-général, pour Sa Majesté, de Péronne, Montdidier et Roye.

(1580.) Antoine Hennicque, prévôt de Roye, est député aux États-généraux tenus à Blois, au sujet de la ligue des catholiques contre les huguenots, signée dans Péronne par toute la Picardie. (*Voyez* 1577).

(1591.) Durant les guerres de la Ligue, Henri IV ayant établi le siège de la ville de Noyon, le 24 juillet 1591, Jean de Saulx, vicomte de Tavane, commandant des milices de Picardie, crut qu'il était de son honneur de jeter du secours dans la ville ; il partit de Roye, le soir du 1er août, à la tête de trois cents chevaux et de cinq cents arquebusiers. Il avait marché en grand silence dans la forêt ; mais lors qu'il fut près de Noyon, il rencontra, avant le point du jour, un corps-de-garde d'environ quarante cavaliers commandés par Dargis, jeune-homme d'un grand courage. Ils donnèrent le signal pour avertir les troupes du Roi, qui accoururent. Celles du vicomte prirent tellement l'alarme, qu'elles se débandèrent. Pour lui, il se mit à la queue du dernier bataillon qui se retirait, et ayant été blessé, il fut fait prisonnier avec quelques capitaines. Les paysans assommèrent dans la campagne ceux qui avaient échappé à la défaite.

(Histoire des sièges, prises et reprises de Noyon; durant la Ligue).

(1594.) Les trois villes de Péronne, Roye et Montdidier avaient, à l'exemple d'autres villes et provinces, signé, le 12 juin 1588, une ligue pour soutenir la religion catholique contre les huguenots ; mais Henri IV ayant abjuré les hérésies de Luther et de Calvin dans l'église de Saint-Denis, le 25 juillet 1593, Pierre de Bertin, lieutenant-général de Montdidier, devant qui la ligue des trois villes avait été signée, conçut le dessein de faire rentrer la ville de Montdidier sous l'obéissance du Roi. Ayant éprouvé des difficultés de la part de

M. d'Estourmel, gouverneur des trois villes, il s'associa M. François Gonnet, conseiller au bailliage. Ils envoyèrent à Paris un exprès, nommé Sénéchal, pour informer M. Langlois, échevin, de leur dessein. M. Langlois ayant fait part de leur lettre au Roi, et ayant conduit l'exprès auprès de lui, Sa Majesté écrivit de sa propre main la lettre suivante :

M. Bertin, plusieurs personnes de qualité m'avaient, dès il y a long-temps, donné assurance de l'affection louable que vous portez au bien de mon service ; que si, jusqu'à-présent, le moyen ne vous a été ouvert d'en produire les effets, n'en faites plus de doute, Dieu m'ayant donné assez de pouvoir pour ruiner mes ennemis, je suis heureusement entré en cette place de mon royaume, comme mes sujets ont pu entendre, pour jouir du droit qui m'appartient. Animés de tout votre pouvoir ceux de de-là à la reconnaissance de leur devoir, qui feront sagement de vous croire, et de ma part je leur conserverai toutes les bonnes affections qu'ils ont à espérer de moi ; je suis leur roi et prince naturel, et votre ami HENRI.

A Paris, ce 25 mars 1594.

P. S. Si redoutés quelques choses, avertissés en diligence, et je vous rendrai le plus fort et hors de toute crainte.

Voici celle qu'y joignit M. Langlois :

Monsieur, ce porteur vous assurera de ce qu'il a entendu. Ne craignés rien ; les effets seront conformes aux promesses. Voyés ce que vous desirés, et me le mandés, et il vous sera accordé; et si vous avés besoin de quelqu'un pour vous fortifier, il vous sera envoyé. Faites que j'aie de vos nouvelles. Ce que je vous envoye est de la propre main de Sa Majesté.

Votre serviteur et bien affectionné LANGLOIS.

MM. de Bertin et Gonnet ayant ces lettres, les envoyèrent à M. d'Estourmel.

Quoique l'exprès Sénéchal eût dit à ce dernier ce qu'il avait vu et entendu de la part du Roi, il le retint en prison un jour et une nuit, et le renvoya sans lui remettre les deux lettres.

Cependant M. d'Estourmel, ayant réfléchi, fit une réponse à MM. de Bertin et Gonnet, le 3 avril, par laquelle il cherchait à leur insinuer qu'*ils se repentiraient de leur démarche*, et d'ajouter foi aux artifices de M. Langlois, qu'il leur dépeignait comme un *perfide*, un *infidèle*, capable *d'envelopper les gens de bien en sa déloyauté*.

Cette lettre ne changea rien à la résolution prise par MM. de Bertin et Gonnet, de faire reconnaître le Roi par les habitans de Montdidier. M. d'Estourmel fut obligé de se rendre. En conséquence on dressa les articles d'un traité pour le gouvernement de Péronne, Roye et Montdidier. Il fut présenté au Roi et vu dans son conseil, en sa présence, le 23 avril 1594. Sa Majesté l'accorda presqu'entièrement, par son édit registré dans les registres des ordonnances royales de la cour de Parlement, et dont voici l'extrait, collationné sur l'original, le 17 juillet 1594. *Signé*, Du Tillet.

Que, dans les villes de Péronne, Montdidier et Roye, il ne se fasse aucun exercice que de la religion catholique et romaine.

Accordé.

Que lesdites villes seront conservées en leurs franchises, privilèges, foires et francs-marchés, autorisant et confirmant de-rechef la jouissance et lettres qui en ont été obtenues, et tous les officiers y maintenus et conservés, sans être tenus, s'il plaît à Sa Majesté, de payer aucune finance pour l'obtention desdites lettres.

Accordé, sans payer finance.

Que les officiers pourvus en office ou commission durant les troubles, demeureront, suppliant très-humblement Sa Majesté le vouloir ordonner ainsi, et principalement pour l'état d'avocat et procureur du Roi en ladite ville et gouvernement de Montdidier; et que l'état de substitut, créé en office, demeurera à celui qui en est pourvu.

Le Roi gratifie ceux qui ont obtenu les états du duc de Mayenne, de la provision d'iceux, pourvu que la fonction se fasse, et ayent vaqué ès-dites villes, sans, pour ce, payer finance.

(1596.) Peste ou maladie contagieuse à Roye, suivant acte de notoriété, du 7 août 1630, devant Gabriel Leblanc, notaire. Il porte que la maladie contagieuse *était lors jusqu'en toute la France, et notamment en la ville de Roye.*

(1609.) Sacrilège commis en l'église Saint-Pierre.

(1614.) Jacques de Neufville, lieutenant-général de Roye, assiste, comme député pour le tiers-état de la prévôté de Roye, aux États-généraux tenus à Paris.

(1624.) Peste à Roye. Abraham Lemoisne, chirurgien des pestiférés. Cette peste infestait Amiens et Noyon, en 1623 (Colliette, HISTOIRE DU VERMANDOIS, tome 3, page 343), et Montdidier, en 1624 (le P. Daire, HISTOIRE DE MONTDIDIER, page 85).

(1626.) Illuminés de Roye. Peu de temps après que les illuminés d'Espagne eurent été dissipés (vers l'an 1626. HISTOIRE DE PORT-ROYAL, par Racine), il parut en France de nouveaux hérétiques, qui prirent aussi le nom d'*illuminés*. La Picardie en fut d'abord infectée, parce que ce fut dans cette province que *Pierre Guérin, curé de Saint-George de Roye*, commença à y semer ses hérésies, et on nomma *Guérinets*, ses sectateurs;

mais quelques nouveaux spirituels, qui étaient de la même province, et qu'on appelait *illuminés*, s'étant joints à eux, les noms et les sectes se confondirent et se répandirent depuis dans la Flandre, sous le nom seul d'*illuminés*. Ils furent découverts en 1634. Le roi Louis XIII, plein de zèle pour la religion, voulut qu'on procédât contre eux avec toute la sévérité imaginable. Les juges de Roye et de Montdidier furent commis pour en informer, et les prisons furent remplies de ces hérétiques; ce qui causa tant d'épouvante aux chefs du parti, qu'ils se cachèrent. Mais on publia un arrêt du conseil-d'état, qui ordonnait de faire une exacte recherche, et l'on poussa cette affaire si vivement, que cette malheureuse secte fut entièrement détruite en 1635.

Entre autres extravagances, ils croyaient que Dieu avait révélé à frère *Antoine Bucquet* une pratique de foi et de vie suréminente, inconnue et inusitée dans toute la chrétienté. Qu'avec cette méthode, on pouvait, en peu de temps, parvenir au même dégré de perfection et de gloire que les Saints et la bienheureuse Vierge, qui n'avait eu qu'une vertu commune; et qu'on arrivait à une telle union, que toutes nos actions étaient déifiées. Qu'étant parvenus à cette union, il fallait laisser agir Dieu seul en nous, sans produire aucun acte. Que tous les docteurs de l'Église n'avaient jamais sçu ce que c'était que dévotion. Que Saint Pierre était un bon-homme, et que Saint Paul avait à-peine entendu parler de dévotion. Que toute l'Église était dans les ténèbres et dans l'ignorance de la vraie pratique du *Credo*. Qu'il était libre de faire tout ce que dictait la conscience. Que Dieu n'aimait rien que lui-même. Qu'il fallait que, dans dix ans, leur doctrine fût reçue de tout le monde, et qu'alors on n'aurait plus besoin de prêtres, de religieux et de curés, etc....

Deux fameuses religieuses de Montdidier, qui faisaient partie de cette secte, furent introduites à Maubuisson, par un des visiteurs, pour y enseigner, disait ce dernier, les secrets de la plus sublime raison. La mère, Marie-des-Anges, qui était lors abbesse de ce couvent, fit observer de près ces deux filles ; et s'étant trouvé que, sous un jargon de pur amour et d'anéantissement, elles cachaient toutes les illusions et toutes les horreurs que l'Église condamna depuis dans Molinos, elles furent enfermées très-étroitement, par ordre de la Cour.

(Sponde, Anno Christi 1623, num. 7; Gauthier, Chron., xvii. siècle, chap. 28 ; Vittorio Siri, Memoriè reconditè ; Moréri, Diction. hist., art. *Illuminés;* Racine, Hist. de Port-Royal).

(1635.) 16 février. Lettres de grâce accordées, par Sa Majesté, à François Hélion, soldat du régiment du marquis de Brezé, condamné, par les officiers de ce régiment, à être pendu. Ces lettres de grâce furent données sur le vû des procès-verbaux et certificats du prévôt du régiment et des religieux Minimes qui assistèrent Hélion au supplice, le 23 janvier précédent, et des chirurgiens et officiers de santé de la ville de Roye, constatant que ledit Hélion a été miraculeusement garanti de la mort par l'invocation du Saint-Nom de Jésus, de la Sainte-Vierge, et le mérite des prières de Sainte Anne, à laquelle il s'était particulièrement recommandé : en-sorte que les cordes dont il était attaché se rompirent d'elles-mêmes contre toute apparence humaine.

(Registre extraordinaire du Bailliage).

(1636.) Contagion à Roye.

D'après la tradition, cette peste, qui s'étendait dans toute la Picardie, aurait été causée par une dyssenterie considérable et générale, qui aurait corrompu l'air. Cette dyssenterie elle-même fut produite par les mauvais fruits dont le peuple se nourrissait, à-cause de la famine qui existait alors.

A Amiens il y eut jusqu'à quatorze cents morts en une semaine.

A Noyon on compta près de trois mille personnes enlevées par ce fléau, qui dura plus de deux ans dans cette même ville.

Les registres de Saint-Pierre de Roye disaient qu'il mourut dans cette paroisse cinq cent douze personnes cette année-là. Dans les mois d'octobre et de novembre il y a eu jusqu'à onze enterremens par jour.

Cinquante personnes du faubourg de Saint-George furent victimes de cette contagion.

(1660.) Le dernier jour de février, publication à Roye de la paix entre la France et l'Espagne.

Suivant les ordres du Roi, cette publication eut lieu au son des trompettes, tambours, fifres et violons, par tous les carrefours de la ville, et à l'issue d'une procession générale.

Il y eut aussi feu de joie.

(REGISTRES AUX DÉLIBÉRATIONS de la Municipalité).

(1668.) Le 8 juillet, la jeunesse de Roye, jointe à la garde bourgeoise, se mit sous les armes, pour aller au-devant de Louis XIV, qui passait par Roye pour retourner à Compiègne.

(Même Registre).

Cette même année 1668, peste à Roye.

DE ROYE.

Cette peste a fait l'objet d'un Mémoire que j'ai adressé, en 1807, à l'Académie d'Amiens. Voici ce Mémoire :

Messieurs,

Lorsque j'eus l'honneur d'assister à votre séance du 16 août dernier, un des membres de l'Académie lut un mémoire sur la question de savoir si la peste avait régné dans Amiens en 1668.

Cet ouvrage m'a fait naître l'idée de la même question pour la ville de Roye. J'ai recueilli tous les renseignemens qu'il m'a été possible de me procurer sur cet objet ; je prends la liberté de vous les communiquer.

Les sources où j'ai puisé portent le caractère d'une si grande authenticité, qu'on ne pourrait, je crois, élever le moindre doute sur la vérité des faits que je vais vous présenter.

Je trouve d'abord dans un registre des audiences du bailliage de Roye, un acte de notoriété, datée du vendredi 13 avril 1668, qui fait défense aux habitans de Roye d'aller, envoyer ou avoir commerce avec les habitans de la ville de *Soissons* et du bourg de *Moreuil*, *infectés d'une maladie contagieuse*.

Une ordonnance du même bailliage, du vendredi 27 avril 1668, porte ce qui suit :

« Il sera fait et posé un corps-de-garde dans
» chaque faubourg de cette ville, savoir : un au

» faubourg Saint-Gilles, vis-à-vis de l'église, qui
» sera composé de dix hommes; desquels en sera
» pris trois pour poser trois sentinelles aux trois
» avenues dudit faubourg.

» Le second pour le faubourg de Thoule, com-
» posé de pareil nombre d'habitans, aussi proche
» de l'église dudit faubourg.

» Et le troisième, composé de cinq personnes
» seulement pour le faubourg Saint-Pierre.

» Lesquelles sentinelles seront relevées d'heure
» en heure par l'ordre du caporal (qui sera pré-
» posé et nommé par le corps-de-ville) de chacun
» corps-de-garde ; laquelle garde se fera indistinc-
» tement par toutes sortes de personnes, soit ec-
» clésiastiques, privilégiées, exemptes ou non-
» exemptes, soit en personne, soit par des gens
» capables et raisonnables, à peine de trente sous
» d'amende pour la première fois, de soixante sous
» pour la seconde, et de dix livres pour la troi-
» sieme. Lesquelles sentinelles, ainsi posées, ne
» laisseront entrer personne en cette ville et fau-
» bourgs, qu'il n'ait un billet de santé, etc. »

Malgré ces précautions, la ville de Roye fut attaquée, sur la fin du mois d'avril 1668, d'une peste
qui dura au-moins six mois.

Si l'on en croit les manuscrits d'un ancien lieutenant-particulier au bailliage de Roye, ce fut un

messager de Roye à Amiens qui apporta, de cette dernière ville, le germe de la maladie *.

Un nommé Charles Cordier, dont la maison était située sur la place, près de l'église de Saint-Florent, en fut attaqué un des premiers. On forma sur-le-champ un conseil, composé des médecins et chirurgiens de la ville. Les membres de ce conseil se transportèrent chez Cordier, et constatèrent qu'il était attaqué *d'une tumeur sur l'épaule, appelée* charbon malin, *provenant d'un transport d'humeur atrabilaire et mélancolique* (ce sont les termes du rapport qu'ils dressèrent, et dont extrait fut consigné dans le registre que j'ai cité plus haut).

Cette peste se répandit en très-peu de temps dans toute la ville.

On établit alors des tentes ou baraques pour recevoir et soigner les pestiférés. Elles étaient placées hors de l'enceinte de la ville, à l'ouest, du côté de la porte d'Amiens, au-delà du faubourg Saint-Médard-de-Thoule. (Un champ qui est au haut de ce faubourg, porte encore, de nos jours, le nom de *Champ-des-pestiférés.*)

Ceci se prouve par les deux actes que je vais transcrire.

---

* Il périt à Amiens près de trente mille personnes. La peste y dura huit mois.

HISTOIRE

(Registre des affaires communes de la ville de Roye, F° 100, V°, depuis 1643 jusqu'en 1703).

Du vingtième jour d'octobre 1668, sur ce que Toussaint Olivier, portier et valet-de-ville de cette ville de Roye, vient de décéder de la maladie contagieuse, et que, pour le bien du public, il était besoin de pourvoir d'undit valet-de-ville en sa place, pour fermer et ouvrir ponctuellement la porte d'Amiens, du côté de laquelle sont les malades pestiférés, a été résolu que, André Gioly serait pourvu de ladite charge de valet-de-ville et de portier de ladite porte d'Amiens, aux mêmes droits, gages et émolumens que ledit feu Olivier en jouissait et ses prédécesseurs.

Signé, LAIGNEL, mayeur, et les échevins de ce temps.

Et le trente-unième jour d'octobre 1688, sur ce que la compagnie a été avertie que André Gioly, nommé pour valet-de-ville et portier de la porte d'Amiens de cette ville, est présentement logé aux baraques des malades pestiférés, à-cause de la maladie contagieuse dont il est attaqué, et que, par ce moyen, il ne peut rendre présentement aucun service qui presse pour la garde exacte de ladite porte, du côté de laquelle les malades pestiférés sont mêlés auxdites baraques, parce qu'il ne peut facilement parler et se faire entendre à-cause qu'il semble être attaqué d'une paralysie à sa langue; Nous, mayeur et échevins assemblés........ avons nommé et nommons........

Signé, LAIGNEL, mayeur, et les échevins.

Au commencement du mois de mai précédent, Charles Devillers, chirurgien de Roye, s'était engagé à soigner les pestiférés, moyennant soixante-quinze livres par mois, et franchise pour lui et sa femme, pendant leur vie, de tailles, logemens de guerre, subsides et autres charges. Ce chirurgien fut victime de ses soins et périt de la peste, le 24 juin.

(Registre aux batêmes, mariages et sépultures de la paroisse Saint-Pierre de Roye, déposé aux archives de la municipalité).

Ce 24 juin 1668, est décédé aux tentes Charles Devillers, maître chirurgien, et est enterré dans le jardin tenant à la maison de Pierre Caron, au faubourg de Thoule, selon que j'ai ouï dire.

Signé, LEBLANC, curé.

Louis Garde, chirurgien, mourut aussi aux tentes.

Le P. Phillebert Bizot, religieux augustin, d'Amiens, administrateur des sacremens aux pestiférés, décéda le 2 septembre.

Dans le registre aux décès de la paroisse Saint-Pierre, se trouve un très-grand nombre d'actes mortuaires à la fin desquels le curé du temps a écrit le mot *peste*, ou les mots *mort de la peste*.

Ce 13 août, est décédé Nicolas Bourbion, habitant de La Neufville, près de Ressons, parfumeur et fossoyeur, à-cause de la peste........

Ce 30 octobre, est décédé aux baraques.......

Ce dernier octobre est décédé de peste dans les baraques........

A cette époque, la peste semble ne plus exercer ses ravages ; car le curé, jusque-là très-exact à dire quand les individus sont morts *de la peste*, cesse entièrement d'attribuer à cette cause les décès dont il dresse les actes par la suite : cependant j'ai cité plus haut un acte qui prouverait qu'elle était encore dans toute son activité au 31 octobre ; je ne saurais préciser l'époque où elle a cessé entièrement.

Durant la peste, M. Charles Leblanc, chanoine de Saint-Florent, portant le saint viatique à plusieurs pestiférés, s'approcha d'un soldat inconnu de patrie et de religion, pour lui présenter l'hostie dans une cuiller ; ce soldat prit la cuiller et la jeta avec l'hostie dans les champs.

Enfin la peste cessa tout-à-fait ; et, le 27 janvier 1669, l'évêque d'Amiens vint à Roye, pour rendre grâce à Dieu, par une procession solennelle, de ce que la ville était délivrée de ce fléau.

C'est une chose déplorable de voir combien les contagions étaient fréquentes dans les siècles passés : doit-on les attribuer au défaut des lumières en médecin, enécessaires pour prévenir ces contagions ou du-moins en arrêter les progrès ?...... C'est ce que je ne saurais décider. Quant aux causes qui les produisaient, je serais assez de l'opinion d'un historien de notre province, qui trouve une de ces causes dans la malpropreté des rues. La plupart des rues, en-effet, n'étaient point pavées, même au seizième siècle ; aucun alignement n'existait ; on se servait dans les villes de hautes échasses pour franchir les boues. Toutes les maisons étaient en bois : on exigeait seulement que les saillies de ces maisons n'avançassent pas plus de deux pieds et demi sur rue, et qu'un homme à cheval pût passer dessous librement.

(1673.) Le 4 mai, Louis XIV et la reine passent à Roye, et logent chez M. Antoine Dreue.

(1674.) Suivant un acte de la prévôté, la viande se vendait à Roye, savoir : le bœuf, deux sous la livre ; le mouton, trois sous, et le veau, deux sous six deniers.

En l'année 1673, le blé ne valait à Roye que quarante sous le setier ; en 1674, il monta à trois livres cinq sous dix deniers.

Voici ce qui peut donner une idée du prix des denrées en Picardie dans les siècles passés. En 1316, le marc d'argent était à cinquante-quatre sous : un sou devait alors valoir quatre-vingt-treize centimes d'à-présent. On lit dans des comptes de l'abbaye de Long-pont, en Valois, que, vers ce temps, on ne payait que seize sous pour sept cents harengs, trente sous pour dix veaux, quatre sous pour une livre de canelle ou une livre de poivre, vingt-huit livres pour quarante-sept pourceaux, vingt-deux sous pour soixante agneaux, cinquante sous pour un taureau. En évaluant le sou d'alors à quatrevingt-treize centimes de notre monnaie actuelle, il résulte du compte ci-dessus, que, vers l'an 1300, le cent de harengs valait deux francs douze centimes d'à-présent ; un veau deux francs soixante-dix-neuf centimes ; une livre de canelle ou de poivre trois francs soixante-douze centimes; un cochon cinq francs soixante-sept centimes ; un agneau trente-quatre centimes ; un taureau quarante-six francs cinquante centimes.

D'après le même calcul, l'ouvrier qui gagne aujourd'hui vingt sous, ne gagnait, en 1300, que douze deniers de notre monnaie actuelle.

Voyons maintenant le prix des immeubles ici dans les siècles passés : en voici quelques exemples que je pourrais multiplier.

Du 11 mai 1505, devant Dupré, clerc, tabellion à Roye, et Carton, garde du scel royal de la baillie de Vermandois, à Roye, vente d'un journal (45 ares d'à-présent) de terre, terroir d'Erches, moyennant dix livres huit sous.

Du 28 juillet 1505, vente de trois journaux environ de terre, terroir d'Erches, moyennant trente et un francs et demi tournois.

Du 12 novembre 1505, vente de cinq quartiers de terre, terroir d'Andechy, moyennant huit livres seize sous le journal.

Du 8 mai 1518, vente d'une maison, lieux et pourprix, contenant quatre petits louages ou demeures, séant à Roye, en la rue Maître Bernard, moyennant cent livres tournois, et cent sous tournois pour vin et courtage.

Ces détails peuvent paraître minutieux ; mais ils ne sont pas indifférens : ils prouvent qu'il existe toujours une balance nécessaire pour le peuple, entre le prix de la main-d'œuvre et celui des denrées. Les vacillations de cette balance font les temps heureux ou malheureux.

(1676.) Le 21 juillet, le peuple de Roye courut sur les remparts et aux portes de la ville, parce que le bruit s'était répandu que les ennemis avaient passé la Somme et qu'ils étaient entrés en Picardie.

On donna sur-le-champ l'ordre de prendre les armes.

Le 23, M. Turpin, procureur du Roi, se rendit à la porte de Saint-Pierre, pour y donner ses ordres.

M. Havart, échevin, à la porte d'Amiens.

M. Quétin, échevin, à celle de Paris.

Toutes ces précautions devinrent inutiles; l'ennemi ne se présenta point. Il n'en fut pas de-même de Nesle ; car un procès-verbal qui était dans les archives de ladite ville, constate que, le 27 mai 1676, les Bourguignons firent une descente en Picardie et mirent le feu dans tous les bourgs et villages où ils passèrent. Athies, Beaulieu, Béthancourt , etc....., furent pillés et brûlés, et la ville de Nesle taxée à la contribution de onze cents pistoles d'or. Comme elle ne put les payer comptant, elle donna pour ôtages le doyen de sa collégiale, appelé Du Rozoy, et le lieutenant-général de la ville, nommé Le Duc. Ce ne fut qu'au bout de six mois que la contribution fut acquittée, et que ces ôtages revinrent dans leurs foyers.

(1698.) Incendie du *Moulin-Bayard*. Ce moulin avait été construit pendant les guerres pour moudre le bled des habitans qui n'étaient pas en sûreté en sortant de la ville.

Il était sur le rempart qu'on nomme *des Religieuses*, attenant à l'Éperon royal.

(1708.) Le 31 juillet. Sur la nouvelle que les ennemis de l'État faisaient des courses aux environs d'Arras et de Doulens, le comte de Solre, gouverneur de Roye, ordonna de monter la garde aux trois portes de la ville. Les habitans furent appelés sur-le-champ pour travailler à raccommoder trois brèches qui étaient aux murailles de la ville.

(1709.) Le 14 janvier, jour le plus froid de tout le siècle précédent, est mort un grand nombre de personnes à Roye et dans les villages voisins : il paraît que la misère était très-grande.

(1744.) Le 3 mai, Louis XV passe à Roye pour aller à son armée de Flandre.

(1746.) Le 6 septembre, Louis XV, revenant de Flandre, et le Dauphin, couchent à Roye, chez M. Aubert de la Merrye, chanoine.

Le Roi fut attendu à la porte de Saint-Pierre, par M. Aubert, lieutenant-de-Roi, à la tête du corps de ville. On planta une avenue d'arbres; deux arcs de triomphe furent dressés; les rues furent sablées; les clefs de la ville furent présentées au Roi.

Sa Majesté entra au son de toutes les cloches, d'une décharge de fauconneaux et de boîtes, et aux acclamations de *vive le Roi*.

Monseigneur l'évêque d'Amiens, le chapitre de Saint-Florent, les officiers du bailliage et le corps de ville eurent l'honneur de complimenter le Roi.

Toute la ville (les clochers même) furent illuminés.

Sa Majesté partit le lendemain, après avoir entendu la Messe à Saint-Florent.

(1775.) Au mois de mai, émeute populaire à Roye, à l'occasion du bled.

(1776.) La construction de l'hôtel-de-ville actuel est achevée.

(1815.) Séjour de Sa Majesté Louis XVIII à Roye, du 30 juin au 3 juillet, époque de son rétablissement sur le trône de France.

On savait à Roye que Louis XVIII devait y passer ; mais on n'était pas instruit du jour précis ni de l'heure de son arrivée. Le 30 juin, vers le soir, on eut la certitude que le Roi n'était plus éloigné. La joie de voir le descendant du grand Henri se peignit sur toutes les figures ; on se félicitait d'obtenir une si douce faveur. Cependant le Roi approchait, et par un mouvement spontané, tout fut prêt, en une heure, pour le recevoir le plus dignement possible. Toutes les autorités constituées, la garde urbaine réorganisée à-l'instant pour cette heureuse circonstance ; la gendarmerie, un grand nombre de dames vêtues très-élégamment et couvertes de lys, allèrent, au milieu de toute la population, attendre le Roi hors de la ville, tandis que le drapeau blanc flottait à toutes les fenêtres, et qu'une illumination générale se préparait.

A dix heures et demie du soir, le Roi arriva, précédé de Monsieur, comte d'Artois, et accompagné de monseigneur le duc de Berri. La mairie, par l'organe de M. Graval, maire, eut l'honneur de le complimenter et de lui remettre les clefs de la ville et les biscuits renommés de Roye. Les dames lui firent ensuite un compliment. Le Roi agréa ces tributs de respect et d'amour avec cette grace, cette affabilité si familières aux Bourbons. La voiture du Roi fut à-l'instant dételée et traînée par le peuple......; les dames avaient sollicité la faveur d'y prendre part.

Ainsi conduit, au milieu des plus vives et des plus franches acclamations, aux cris continuellement répétés de *Vive le bon Roi! vivent les Bourbons!* le Roi passa devant l'Église paroissiale. M. le Curé, à la tête de tout le clergé et de plusieurs ecclésiastiques des environs, l'attendait au portail : il eut l'honneur de le complimenter.

Le Roi descendit au logement qui lui était destiné, chez M. Leclercq, propriétaire. La garde urbaine obtint alors de Sa Majesté la permission de lui donner une garde d'honneur pendant son séjour *.

Le 2 juillet, la mairie fut de-nouveau admise à présenter ses hommages au Roi, qui lui dit : *Que les bons sentimens des Royens lui étaient connus depuis long-temps, et qu'il en trouvait une nouvelle preuve dans la réception qu'ils lui faisaient.*

Après le dîner, le Roi parut à la fenêtre, et fut salué par une acclamation unanime de *Vive le*

---

* L'auteur de cette Histoire, officier de la garde urbaine, a été admis à l'honneur de présenter à Sa Majesté son ouvrage imprimé sur l'Origine de la Langue picarde et sur les Voies romaines.

Roi! Quoique la ville fût remplie de troupes étrangères, le sentiment de l'amour l'emportait sur toutes choses particulières, et tous les Royens venaient à chaque instant pour jouir de la vue du monarque rendu à leurs vœux : c'était une vraie fête de famille.

Le 3 juillet, les dames de Roye firent célébrer une grand'messe d'actions de graces. Ce jour-là, aussitôt après le dîner du Roi, une allégresse extrême se manifesta. Le Roi attendait un courier... Ce courier vint apporter la nouvelle de la reddition de Paris au Roi. On vit alors des yeux verser des larmes de joie. Mais si cette nouvelle causa aux Royens un plaisir bien vif, d'un autre côté elle vint mettre un terme au bonheur qu'ils éprouvaient depuis trois jours..... Sa Majesté devait partir dans la nuit.

Messieurs les maire et adjoints se préparèrent à conduire le Roi ; la garde urbaine se mit sous les armes, et ne cessa, jusqu'à l'instant du départ, de faire retentir l'air des cris de *Vive le Roi!* mêlés à des chants improvisés pour la circonstance.

Sa Majesté fut conduite jusqu'aux dernières maisons de la ville; et le surlendemain la garde urbaine fit célébrer une messe suivie d'un *Te Deum*, en actions de graces du retour de Louis XVIII, et de son séjour à Roye.

CHAPITRE XII.

Sièges, prises, reprises et incendies de Roye.

NOTES GÉNÉRALES
SUR LES FORTIFICATIONS DE LA VILLE.
TOURS.

Sept tours flanquent encore actuellement la ville de Roye ; savoir : au sud-ouest, sur le rempart, deux en briques, dans deux angles d'un quarré; une troisième tour qui était dans le troisième angle, a été démolie, il y a quelques années, pour établir une communication entre la promenade du rempart et celle de l'ancien jeu d'arc; une quatrième tour, qui existait, en 1600, a été abattue.

Ces tours offrent les traces de plusieurs coups de canon. On a trouvé des boulets dans l'une d'elles qui porte le nom de *Tour Lupart*[*].

---

[*] Il y avait autrefois dans le château de Péronne une tour appelée *Lupart*, du nom de Lupart de Péronne, vi-

Au nord, une en briques. Elle est dans le jeu de paume. Au-dessous sont des souterrains qui conduisent à la rue Saint-Pierre.

Au sud, trois en grès et une en briques, appuyées contre le jardin des anciens Minimes. Ce côté est le plus fortifié. Les trois premières sont intactes et baignées à leur pied par la rivière d'Avre. La quatrième a reçu quelques boulets.

BASTION.

Il existait autrefois un bastion à l'ouest, hors de la porte d'Amiens. Il séparait la ville d'avec le faubourg Saint-Médard-de-Thoule. Il a été démoli en 1751, et son fossé applani, pour bâtir des maisons à-l'entour de l'emplacement sur lequel il était posé.

MURAILLES.

Des murailles en briques et en grès ceignent toute la ville ; mais elles ne sauraient résister un instant aux attaques d'un ennemi.

Celles de l'est sont presque entièrement détruites; celles du nord le sont à-moitié; celles de l'ouest le sont aux deux tiers, et celles du sud tombent de vétusté en plusieurs endroits. Elles ne s'offrent plus que sous l'aspect d'anciennes fortifications ruinées.

---

vant au treizième siècle, seigneur de Boucly, Hamel, Bellenglise, frère de Jean III, châtelain de Péronne. C'est peut-être de-là qu'est venu le nom de la Tour Lupart de Roye.

DE ROYE.

Elles remontent, je crois, au quatorzième siècle; car, en 1355, la ville de Beauvais fut fermée de murailles, et toutes les autres villes de la Picardie, dit M. De Vérité (*Essai sur l'histoire générale de Picardie*), furent, à cette époque, ou réparées ou mieux fortifiées. C'étaient les habitans qui travaillaient à ces fortifications.

FOSSÉS.

Roye est entouré de fossés.

Par contrat du 27 janvier 1767, et arrêt du conseil, le Roi les a aliénés au profit du maire et des échevins, ainsi que les murs, les remparts et le droit de voierie qui lui appartenait dans la banlieue, à-cause de son château de Roye, moyennant une redevance annuelle envers le domaine.

Ces fossés ont été donnés à bail emphytéotique à divers particuliers, qui les ont cultivés en jardins.

Depuis ils ont été vendus.

PORTES.

Nous avons trois portes.

Celle de *Paris*, au sud; celle d'*Amiens*, à l'ouest, et celle de *Saint-Pierre*, au Nord. Cette dernière était encore, en 1498, au bout de la rue Haute-Saint-Pierre, ou de l'Hôpital-Bernard (à-présent rue du Presbytère) et passait sur le cimetière actuel.

Dans les dernières guerres de Louis XIV, ces trois portes avaient chacune un pont-levis; elles étaient en fer. Elles ont été enlevées et remplacées par celles en bois qui existent maintenant.

SIÈGES, PRISES, REPRISES ET INCENDIES.

(An 932.). Première prise connue.

L'historien Flodoard, qui vivait dans le dixième siècle, dit, dans sa *Chronique,* que Roye était un poste fortifié, appartenant au comte de Vermandois, qui fut pris par Hugues-le-Blanc, duc de France et de Bourgogne, comte de Paris, en 932, pendant les guerres que les comtes de Vermandois eurent avec les Rois de France : *Hugo munitionem nomine Raugam, tradentibus eam Heriberti custodibus, sinè difficultate cepit:* (Hugues prit, sans résistance, une ville fortifiée, nommée Roye, que lui livrèrent les troupes qu'y avait mises Herbert).

Cet Herbert était un comte de Vermandois, arrière-petit-fils de Bernard, roi d'Italie, et fils de Herbert Ier, qui fut tué en 902. Herbert II, dont il s'agit, se distingua par son courage ; ce fut lui qui fit Charles-le-Simple prisonnier à Saint-Quentin, et qui l'envoya à Péronne. Il mourut en 943.

Le mot *munitionem* qu'emploie Flodoard, et qui signifie, littéralement traduit, une *fortification,* un *rempart,* prouve que Roye était alors une ville en état de soutenir un siège, et appuie mon assertion sur l'étendue de notre ville. (*Voyez* le troisième chapitre de ce livre).

(Colliette, Histoire du Vermandois, tome premier, page 447).

Depuis l'an 932 jusqu'en 1370, il s'écoule quatre cent trente-huit ans. Les ténèbres couvrent cette époque de mon histoire : il est cependant à présumer que notre ville ne jouit pas d'un repos constant durant cet espace; mais aucun écrivain ne m'a fourni de matériaux pour remplir cette lacune.

(1370.) Le quatorzième siècle vit naître une lutte sanglante qui pouvait causer la perte de la première branche des Valois. Les villes de la Picardie furent saccagées, ses campagnes dévastées par un ennemi sans pitié ; et le sang des Français coula dans la bataille mémorable de Crécy, en 1346, où plus de trente mille Français furent tués, et dont les suites nous furent encore plus funestes que l'action n'avait été sanglante.

Belleforest rapporte que Robert Knoles, commandant anglais, courut, en 1369, à la tête de douze mille hommes, toute la Picardie et le Parisis, qu'il dévasta.

Ce même Knoles livra aux Flamands la ville de Roye, qui fut réduite en cendres, dit un historien.

(1373.) Les Anglais, commandés par le duc de Lencastre, fils du roi d'Angleterre, ayant ravagé la Picardie et plusieurs autres provinces de France, en 1373, vinrent vers la ville de Roye, au mois de juillet ; ils la détruisirent au-point qu'elle était inhabitée, et qu'il ne restait presque plus de maisons.

Belleforest (Annales de France, tome premier, page 271,) dit à ce sujet : *Ils descendirent à Calais, avec un grand nombre de gens d'arme et d'archers; tuèrent et chevauchèrent vers Hesdin, Dourlens, Corbie, où ils passèrent la rivière de Somme, et allèrent à Roye, et là séjournèrent six jours dans la ville; et, pour ce qu'ils ne purent prendre l'église, qui était forte, ils brûlèrent la ville à leur partement.*

Ce fait se prouve par des lettres du Roi Charles V, datées de Paris, 1373, par lesquelles il abolit la commune, jurage et échevinage, et tout l'état de la ville de Roye, et l'applique à son domaine. (*Voyez* ces lettres à la suite de la charte de la commune de Roye ; *voyez* aussi le recueil des chartes, par Dupuis, et le trésor des chartes de la Sainte-Chapelle, volume troisième, n° 185, f° 110).

J'ai lu encore ce fait dans un manuscrit, qui porte les mots : *Escrist en l'année* 1577.

(1406.) Les villes de Roye, Nesle et Ham, qui tenaient le parti du duc d'Orléans, frère de Charles VI, Roi de France, furent pillées et saccagées par le duc de Bourgogne, oncle du Roi, jaloux de ce que le duc d'Orléans gouvernait le royaume tandis que Charles VI était fou.

(Sainte Marthe, GALLIA CHRISTIANA, C. 1019).

(1411.). Le quinzième siècle offre le déchirant spectacle de la discorde qui divisait ces deux maisons d'Orléans et de Bourgogne. On ne se décidait pas impunément pour le parti des Aurélianistes ou des Bourguignons. La Picardie, attachée à celui des premiers, suivait le plus juste : mais elle n'en fut, pour cette raison, que plus maltraitée par les derniers. Les armées ennemies vinrent se camper dans cette province, avec le dessein ou de se l'attacher ou de la subjuguer. L'armée du duc d'Orléans se posa, en 1411, devant Chauny ; celle du duc de Bourgogne vint se présenter devant la ville de Ham. La garnison et les habitans abandonnèrent la place ; les Bourguignons y entrèrent bientôt, et brûlèrent la ville, l'abbaye, les églises, avec les bourgeois qui s'y étaient cachés.

Les habitans de Nesle, effrayés de ces ravages, envoyèrent les clefs de leur ville au duc de Bourgogne. Il les reçut à-condition qu'ils abattraient une partie des murs et les portes de la ville. Il en fut de-même de Chauny et de Roye. Il alla ensuite à Montdidier, dont il s'empara, et qu'il feignit d'abandonner. Pierre Dequennes, sieur de Gannes, partisan du duc d'Orléans, y entra presqu'aussitôt, et y mit garnison. Mais le duc de Bourgogne revint sur ses pas, établit son camp près des fourches patibulaires (ce qu'on nomme encore à-présent *le Champ-des-Bourguignons*), reprit la ville et la brûla presqu'entièrement.

(Continuateur de la CHRONIQUE DE FLANDRE; Monstrelet; Du Haillan; Lefebvre, HIST. DE CHARLES VI, page 14; Villaret, HIST. DE FRANCE, tome treizième, page 165; Colliette, HIST. DU VERMANDOIS, tome troisième, page 36; HIST. DU VALOIS, tome 2, page 420; ESSAI SUR L'HISTOIRE DE PICARDIE, tome 2, page 39; le P. DAIRE, HIST. DE MONT-DIDIER).

(1413.) Les villes de Noyon, de Roye et de Compiègne furent, pendant cette année, et même durant l'hiver qui suivit, jusqu'à la seconde fête de Pâques 1414, remplies de garnisons du duc de Bourgogne, qui les y plaça pour se maintenir ces villes, harceler les lieux voisins, et se mettre en état d'ouvrir plus aisément la campagne au printemps suivant.

(HISTOIRE DU VALOIS, tome deuxième, page 420; Colliette, HIST. DE VERMANDOIS, tome troisième, page 37).

(1418.) Roye se rend au Roi (Charles VI) et au duc de Bourgogne, ainsi que Noyon, Chauny et Corbeil, par l'entremise de Jean de Hangest, seigneur de Genlis.

(1419.) Cinq cents hommes de la garnison de Compiègne, commandés par Jean Desquesnes dit *Carados*, seigneur de Saresviller près de Montdidier, et Charles de Flavy, gouverneur de Compiègne, surprirent la ville de Roye, en 1419.

Jean de Luxembourg en fit le siège pour le duc de Bourgogne ; mais il ne put la reprendre qu'au bout de six semaines. La garnison sortit avec armes et bagages, sous le sauf-conduit de Luxembourg : mais, à quelques lieues de la ville, elle fut attaquée par un corps de troupes anglaises, qui fit un grand nombre de prisonniers, qu'il massacra presque entièrement.

(1439.) Extrait des archives du chapitre de S.-Florent, de Roye :

Or est ainsy que déffunt Aulbert de Folleville à son vivant estoit un très-notable et vaillant escuyer côe chascun scet, lequel à l'ayde de Dieu et par son entremise et gñd vaillance regaigna et reconquesta la ville de Roye contre Lahyre, Amadot, Polon, Blanchefort et Ponchon le Bourguignon et plusieurs aultres capitaines et gens de guerre, jusqu'au nombre de vj à viij ct, combatans, lesquels avoient mis dans la ville de leurs gens à l'eure de j^e eure après minuyt, jusqu'au nombre de xxxvj à xl hômes cuidans p̃dre ladicte ville de Roye et jcelle et leurs habitans destruire, car p^õ lors ils estoient les ennemis de Monsr le duc de Bõgongne, etc.... etc.....

Ce passage prouve que, du temps d'Aubert de Folleville, gouverneur de Roye, qui vivait encore en 1431, cette ville fut prise sur Philippe, duc de Bourgogne, et que cet Aubert la reprit.

J'aurais voulu que cet extrait, que j'ai transcrit tel qu'il a été rédigé en 1439, m'eût indiqué l'année précise de la prise et de la reprise de notre ville..... Je n'ai pu trouver d'autres renseignemens à ce sujet ; mais je crois que c'est en 1430. Compiègne fut assiégé cette année-là par le duc de Bourgogne.

(1441.) Charles VII, roi de France, attaque et prend la ville de Roye sur les Anglais, qui s'en étaient emparés.

Guillaume Dalmas, gentilhomme de Rouergue, écuyer du comte de la Marche, monta le premier sur la brèche, et reçut la permission, lui et tous ses descendans, de porter dans ses armes une couronne murale, comme une récompense dûe à une action dont Charles VII voulait éterniser la mémoire.

(Traité du Blason, par Dupuy-Demportes, tome premier, p. 111).

(1465.) Le comte de Charolois, en guerre avec Louis XI, passa la somme à Bray. Le comte de Nevers et le maréchal de Gammaches, craignant un siège, s'étaient jetés dans Péronne avec deux mille hommes. Ils en sortirent bientôt pour inquiéter une armée qui ne trouvait presque point d'obstacle sur sa route. Nesle, Beaulieu*, Roye, Montdidier, Pont-Sainte-Maxence ouvrirent leurs portes à la première sommation, ou ne firent qu'une légère défense. Le comte de Charolois entrait dans ces villes comme son père (le duc de Bourgogne) y était entré, en promettant d'abolir les impôts, en les abolissant quelquefois, et toujours sous le prétexte spécieux de procurer le plus grand bien de l'État, tout en faisant néanmoins le malheur des villes prises.

(De Vérité, Hist. de Picardie, tome 2, page 74).

(1470.) En 1470, Louis XI ayant confié la garde des frontières de Picardie au connétable de Saint Pôl et au comte de Dammartin, le duc de Bourgogne (dont la France et l'Angleterre voulaient

---

* Beaulieu est un village situé près de la route de Roye à Noyon.

Ses fossés et deux tours qui existaient encore il y a peu d'années, prouvent que c'était jadis un lieu fortifié. Il avait le grand avantage d'être entouré de forêts.

abattre la puissance) s'avança vers la Picardie, à la tête de 500 chevaux, en attendant le reste de son armée. Il vint pour mettre le siège devant Saint-Quentin, et sçut en arrivant que le connétable y était entré avec une garnison française. Il alla ensuite pour prendre Roye, mais le comte de Dammartin s'en était emparé pour le Roi, en corrompant le sire de Poix, commandant de la garnison.

Cette même année Louis XI prit Saint-Quentin, Abbeville, Amiens, Montdidier, Nesle, Noyon et Roye.

(Belleforet, ANNAL. DE FRANCE, f° 400, V° abrégé de l'HISTOIRE DE FRANCE du P. HÉNAULT, tome 1ᵉʳ, page 380, année 1470, HIST. DE PICARDIE, par de Vérité, tome 2, page 83).

(1472.) En 1472, Charles le téméraire, duc de Bourgogne, à la tête de 80,000 hommes, passa la Somme et vint sommer Nesle de se rendre; il dressa lui-même les articles de la capitulation. La garnison se disposait à sortir sans armes ni bagage, lorsque les bourgeois, irrités de n'avoir pas été compris dans le traité, ouvrirent les portes à l'ennemi. On a peine à concevoir une action si imprudente ; c'était exposer leurs personnes et leurs biens à la fureur des soldats.

La ville fut ravagée, ainsi que devait l'être une place où les troupes entraient comme d'assaut.

Les maisons furent forcées et pillées ; et si ces malheureux bourgeois avaient vraiment eux-mêmes ouvert leurs portes, au lieu d'attendre l'effet d'une capitulation, ils ne tardèrent pas à s'en repentir, en voyant égorger sous leurs yeux leurs femmes et leurs enfans ; en tombant eux-mêmes sous les coups des soldats. Les églises ne furent point un asile contre la fureur des assassins, car le duc entra à cheval dans celle de Notre-Dame, qui était pleine de cadavres, et dit-là : *de par S. Georges! j'ai des bons bouchers!* Le Petit, gouverneur, et quelques prisonniers échappés au massacre général eurent le poing coupé et furent envoyés en cet état à Louis XI, ou furent pendus. Le duc de Bourgogne fit ensuite mettre le feu à la ville, en disant avec froideur : *tel fruit porte l'arbre de la guerre.* Cette affreuse journée, qui est mentionnée dans des procès-verbaux authentiques, dura depuis huit heures du matin jusque dans la nuit, au mois de juin 1472.

Après s'être aussi emparé de Montdidier et de Corbie, le duc vint mettre le siège devant Roye, qui n'avait point d'armes, et qui tenait le parti du Roi contre les Bourguignons. Le comte d'Essomme en était gouverneur. Charles de Rubempré et le seigneur de Mouy s'étaient jetés dans cette faible place, avec 400 francs-archers et 200 hommes d'armes ; mais les soldats et bourgeois, qui craignaient les cruautés du duc, et qui étaient épouvantés par l'exemple de Nesle, rendirent la ville dès qu'ils le virent s'approcher.

Il n'y fut pas plus tôt entré, qu'il la dévasta, brûla les églises, et rendit déserts les villages voisins.

Le duc n'osa point attaquer le comte de Dammartin, qui s'était jeté dans Compiègne. Mais il se transporta devant Beauvais, en fit le siége, et ne put l'emporter, à-cause de la belle défense des habitans.

(Belleforêt, ANN. ET CHRON. DE FRANCE, tome 1ᵉʳ, 401;
— Sainte Marthe, CHRON. DE SAINT LOUIS, tome 1ᵉʳ livre 14, p. 653; Garnier, HIST. DE FRANCE, tome 18, p. 11; HIST. DE PICARDIE, tome 2, page 87).

(1475.) En 1475 Louis XI s'avança vers la ville de Roye, pour la reprendre sur le duc de Bourgogne, dont l'armée était alors près de Liège. Le comte d'Essomme, gouverneur, crut d'abord devoir se rendre; mais ayant appris que le Roi voulait maltraiter les habitans parce qu'ils s'étaient rendus au duc de Bourgogne, en 1472, il se détermina, sur l'avis de Jean Carton, lieutenant-général, et de Louis de Beaureim, maire, à soutenir un siège. On arma donc les royens, qui firent une sortie si vigoureuse, qu'ils tuèrent environ 500 assiégeans;

ce qui obligea Louis XI à recevoir la ville à capitulation. On dit qu'elle fut réduite en cendres malgré la capitulation ; mais ce fait n'est pas certain.

(L'enlèvement de la Châsse de S. Florent, tragédie, par M. Lesquievin, chanoine).

Quelques écrivains disent que, la même année, Louis XI prit Abbeville, Ham, Bohain, S.-Quentin, Péronne, Montreuil, Montdidier, Bray-sur-Somme, Corbie, qui se défendit trois jours, mais qui fut réduite en cendres quoiqu'elle ait capitulé, et le fort du Tronquoy, qui servait comme de boulevard, à-cause de son château important (toute la garnison en fut tuée ou pendue, excepté le nommé Molin de Canlers).

(1523.) Sous le règne de François Ier, l'armée combinée d'Angleterre et des Pays-Bas*, com-

---

* On ne concevrait pas cette alliance entre le Roi d'Angleterre et Charles-Quint, si l'on n'en trouvait la cause dans cette astucieuse politique qui fait si souvent mépriser toute justice.

Très-peu de tems avant cette union des deux puissances contre nous, François Ier, prince franc et sincère, vivait dans une sorte de familiarité avec le Roi d'Angleterre, entre Guines et Ardres où ces Rois avaient ouvert une conférence si connue sous le nom de *Camp du drap d'or*. François devait compter sur un ami : cependant Charles-Quint

mandée par les ducs de Suffolk et de Norfolk, et par le comte de Burc, forte de 5 à 6,000 cavaliers et de 25 à 30,000 hommes d'infanterie, passa la Somme à Bray, qu'elle prit d'assaut, ainsi que Lihons et Montdidier.

Au mois de Décembre, elle dirigea sa marche sur la ville de Roye, où il n'y avait pas de garnison; elle s'en empara et la brûla, ainsi que presque tous les villages voisins *.

Mais peu après, François Ier ayant fait avancer le duc de Vendôme avec ce qu'il put rassembler

---

attaque, et le Roi d'Angleterre se met de son parti, parce qu'il pouvait, par cette alliance, recouvrer les domaines que ses ancêtres avaient eus en France, tandis qu'il n'avait rien à gagner en Allemagne en se rangeant avec François Ier. C'est ainsi que l'ambition rompt, sans peine, les nœuds sacrés de l'amitié.

* En 1771, M. Goret, receveur de la ville, faisaint creuser dans sa maison sur la place, la terre s'enfonça sous l'ouvrier, ce qui fit présumer qu'un puits avait existé en cet endroit. On fit des fouilles, et l'on trouva des gros charbons, des ossemens d'animaux, un bois de cerf, un grand mortier en fonte, avec son pilon, et beaucoup de vases en terre, très-legers.

Toutes ces choses doivent être regardées comme les décombres résultant d'un incendie : la date de 1523 se trouvant sur l'une des murailles, il est vraisemblable que cette maison aura été brûlée en 1523, et reconstruite la même année, après le siège de la ville.

de troupes, les Anglais furent chassés de toutes les places qu'ils avaient prises, et repoussés de toute la Picardie.

(Villaret, Hist. de France;
Terrier d'Avricourt, Andechy,
1530, f° 57.)

(1536.) En 1536, le prince Jean de Nassau, si célèbre sous le nom de prince d'Orange, et Adrien de Croy, chambellan de l'empereur Charles-Quint, gouverneur de Lille, entrèrent en Picardie à la tête de 30,000 hommes Allemands, Bourguignons et Flamands. Ils prirent Guise d'assaut; assiégèrent Péronne, qui fut secourue à-tems * ;

---

* Le maréchal de la Mark, duc de Bouillon, instruit que le prince d'Orange en voulait à Péronne, s'était jeté dans cette ville avec de bons officiers et quelques troupes, mais en petite quantité. Le siège fut effectivement formé et la ville furieusement pressée. Le bourgeois devint soldat et la défense égale à l'attaque. Un grand nombre de maisons fut réduit en cendres par les feux que l'ennemi fit pleuvoir dans la ville : mais le courage resta inébranlable. Le siège avait duré un mois entier ; et la ville avait essuyé trois assauts. Cependant on ne voulait point se rendre, et les femmes combattaient avec les soldats. Une d'elles, Marie Fouré, arracha à un officier l'étendard qu'il arborait sur le rempart, lui en cassa la tête, le renversa dans le fossé, et courut l'arborer elle-même sur la grande-place en criant *victoire !* Elle rendit par-là le

s'emparèrent de Bray-sur-Somme ; se présentèrent devant S.-Riquier, dont ils ne purent se rendre maîtres, car les femmes combattirent avec les hommes, obligèrent les Impériaux à lever le siége, et remportèrent, pour trophées, deux étendards et quelques pièces de canon.

---

courage aux bourgeois et aux soldats, tous exténués de fatigue, et tous déterminés néanmoins à s'ensevelir sous les ruines de la ville. Le prince d'Orange en était instruit, aussi-bien que des ordres qu'avaient reçus les ducs de Guise et de Vendôme, de faire marcher leurs armées vers Péronne ; il en leva le siége le 11 Septembre 1536, à minuit.

En récompense de cette belle défense, François Ier donna au maire, Furci Morel, le droit de porter, pendant sa mairie, une croix d'or émaillée, avec, d'un côté, la Pucelle portant une épée nue, et de l'autre ces mots *Fides et Virtus.*

Il permit à la ville de prendre pour armes le P. couronné, au milieu de trois fleurs de lys, et la glorieuse devise : *Urbs nescia vinci.*

On faisait tous les ans une procession solennelle d'actions de graces.

(HISTOIRE DE S.-QUENTIN, par Hordret, p. 59.
Le P. Fénier, Minime, a fait imprimer, in-12, en 1682, l'Histoire de ce siége mémorable).

Ils brûlèrent Chauny, Noyon, Nesle et Roye.

(De Vérité, Histoire de Picardie, tome 2, p. 146. *Hist. de la Maison de Mailly*, 1767).

(1552.) Au mois d'Octobre 1552, l'armée espagnole de l'empereur Charles-Quint, commandée par le comte de Rœux, indignée de ce que La Fère, qui appartenait au duc de Vendôme, et qu'elle croyait prendre, lui eût résisté, vint décharger sa colère sur Roye, Chauny et Noyon.

Ces trois villes furent brûlées, aussi-bien que Nesle, la maison de chasse de Folembray, qu'avait fait bâtir François Ier, et sept à huit villages *.

Un acte capitulaire du 11 Mars 1583 constate que l'église de S.-Florent fut brûlée en 1552, et qu'on rétablit à-neuf le chœur, la flèche, la voûte et le comble; ce qui coûta cinq mille écus.

(1636.) Les Impériaux et les Espagnols, que conduisaient le prince Thomas de Savoie de Piccolomini, Jean de Vertz et Jean de Nassau s'empa-

---

* Et sept à huit cents villages dont la plupart appartenaient au duc de Vendôme, disent M. de Vérité, dans son essai sur l'Histoire de Picardie, tome 2, p. 176, et Colliette, Hist. du Vermandois, tome 3, p. 185.

Il y a sans doute erreur, sept à huit cents villages, ce nombre est prodigieux !

rèrent de La Capelle et du Catelet ; ils s'avancèrent vers la Somme, descendirent cette rivière, et vinrent camper sur les hauteurs de Bray sur Somme. L'armée française était arrivée sur la rive opposée. L'ennemi tenta vainement de forcer le pont de Capy; il fit une fausse attaque à Sailly, et passa à Cerisy, malgré la vigoureuse résistance du régiment de Piémont. Les Français, obligés de se replier sur Noyon, pour couvrir la capitale, abandonnèrent à leurs propres forces les places de la Somme. Alors les ennemis marchèrent sur Roye.

Un acte de Baptême (Registre de Saint-Pierre) porte que, le 8 Août 1636, en attendant un convoi pour lequel il fallait sortir de Roye, la ville fut prise.

Albert Woislawski en était gouverneur.

Les ennemis brûlèrent la ville et les faubourgs, au-point que les habitans furent obligés de se réfugier dans les villes voisines.

La plus grande partie des minutes des notaires, des papiers du Bailliage et des praticiens, des registres des cures fut brûlée, jetée dans les rues, ou emportée.

Il paraît que la ville fut livrée par trahison ; car, dans des lettres de commission, datées de Roye le 30 Septembre 1636, signées de Louis XIII, et données à Gilles Charmolue, écuyer, pour remplir les places de lieutenant-général et de prévôt-royal de Roye ; il est dit : Que c'est en remplacement de

Charles de Broyes et d'Antoine Vasset, qui *avaient remis la ville entre les mains des ennemis de l'État, en 1636, et qui, par haute trahison et perfidie, avaient mérité d'être punis suivant la rigueur des Ordonnances.*

L'armée du Roi, commandée par le duc d'Orléans, la reprit le 18 Septembre 1636. Elle resta campée, pendant quatre jours, aux villages d'Amy et de Verpillières. Le Roi et la Reine y vinrent en personne. On lit, dans de vieux manuscrits, qu'ils logèrent à l'hôtel du *Chevalet*, rue de Paris.

Beaucoup de personnes de Roye furent tuées en cette occasion.

Guerre de la Fronde.

(1653.) L'armée espagnole, commandée par le Grand Condé, entra inopinément en Picardie, au mois d'Août 1653 : Chaulnes et Nesle lui ouvrirent leurs portes.

Elle s'avança du côté de Noyon, par la forêt de Bouveresse, à une demi-lieue du village de Roiglise, dont les habitans furent surpris, et n'eurent le tems de sauver que leurs personnes.

Jaques Parmentier, receveur de Roiglise, qui s'était retranché dans le château, fut fait prisonnier ; ce château et les maisons du village furent entièrement pillés, le 4 août.

L'armée ennemie vint sur-le-champ battre la ville de Roye de douze pièces de canon. Les Royens, ayant à leur tête Pierre Turpin *, maire, se mirent sous les armes. Tous les bourgeois, pleins de zèle pour le salut de leur ville, devinrent soldats; ils tuèrent plusieurs ennemis, firent quelques prisonniers ; mais finirent par se rendre, à-cause des grandes brèches faites aux murailles.

Après ce siège, les ennemis ravagèrent tout le pays **. Ils brûlèrent le presbytère de S.-George, l'église de Beuvraignes et celle de Damery.

Ils firent prisonniers plusieurs seigneurs.

Voici ce qu'écrivait, à cette époque, un curé de Beuvraignes, nommé Vilain :

Le dimanche 3 Août 1653, à une heure après midi, vinrent à Beuvraignes 5 à 600 cavaliers allemands de l'armée du prince de Condé, qui ont investi le village et pris prisonniers le Sieur curé et le Sr de la Feuille, écuyer du Sr marquis de Soyécourt ; et, pour se racheter et délivrer le village, ils ont payé cinquante-cinq pistoles d'or;

---

* Anobli ,,*en considération de ce qu'il avait vaillamment défendu la ville de Roye :* Ce sont les termes de ses lettres de noblesse, datées de Soissons au mois d'octobre 1653.

** On lit sur l'une des murailles de l'église d'Amy, l'inscription suivante gravée sur une pierre :

Le 5 août 1653, le prince de Condé siégea Roye, l'emporta, et ravagea les habitans d'Ami dans les bois de Haussu.

et, à la faveur de la nuit, ajoute le curé, *nous nous sommes jetés partie dans la ville de Roye, d'autres, à Montdidier et ailleurs. Et le lundi, étant dans Roye, ledit seigneur prince l'est venu investir avec son armée de 25,000 hommes, et la prit le lendemain, après avoir fait brèche et fait tirer 400 volées de canon. Pendant ce siège, et le lundi 4 août, sept à huit coquins s'étant retirés dans l'église (de Beuvraignes), et y ayant fait résistance, cela fut cause que lad. église fut brûlée et réduite en cendres avec quinze maisons. Cette surprise a coûté au-moins au village vingt-cinq mille écus, sans la perte qu'ont faite les habitans qui s'étaient réfugiés dans Roye, de tous leurs chevaux, qui ont été emmenés par l'ennemi en sortant de Roye, et de plusieurs autres effets.*

Louis XIV, instruit des desordres causés à la ville de Roye pendant ce siège, ordonna, le 20 septembre 1654: Qu'à-l'avenir toutes les troupes, tant à cheval qu'à-pied, françaises et étrangères, qui passeraient par Roye, logeraient dans les faubourgs; ce qui fut exécuté pendant plusieurs années.

Voici comme ce siège est raconté dans *l'Histoire de la Monarchie Française, sous le règne de Louis XIV,* anonyme, Paris 1662, t. 2. p. 214.

» Le prince de Condé ne croyait pas que les
» affaires de la Guyenne dussent être sitôt ter-
» minées ; il se figurait qu'elles donneraient le
» branle au reste de la France, et que cela por-
» terait les peuples à de nouvelles révoltes. Son
» dessein était cependant de faire quelque progrès
» de son côté. Ayant ramassé toutes les troupes
» espagnoles qu'on disait monter à 25,000 hom-
» mes, il se jeta dans la Picardie ; et, après avoir
» campé quelque-tems à Fonsomme, il passa la
» rivière de Somme par la chaussée de Saint-
» Simon. S'étant porté au village d'Olezy, à une
» lieue de Ham, il en fit approcher quelques
» troupes qui furent repoussées par la cavalerie
» qui s'était retirée dans la place. Le Prince ju-
» geant que la défense y serait longue, résolut
» d'attaquer Roye, ville moins forte, et qui étant
» assez avancée, épouvanterait beaucoup par sa
» prise. Il l'envoya investir par les Lorrains, com-
» mandés par le Chevalier de Guise, et la fit som-
» mer de se rendre ; mais il eut pour réponse que
» la noblesse du pays qui s'y était réfugiée, et
» tous les bourgeois, étaient disposés à se défendre
» autant qu'il leur serait possible. Il renvoya leur
» dire qu'ils ne savaient pas peut-être qu'il fût-là
» en personne ; à quoi ils répartirent qu'ils le
» savaient très-bien, et qu'il était accompagné
» d'une puissante armée ; mais que cette considé-

» ration ne les pouvait faire résoudre à aucune
» chose contraire à la fidélité qu'ils devaient au
» Roi. Cette réponse ne fut pas sitôt ouïe, qu'on
» voulut mettre le feu aux faubourgs, ce que les
» habitans voulant empêcher, ils furent long-tems
» à escarmoucher. Deux batteries furent dressées,
» qui firent des grandes brêches : les habitans les
» rebouchèrent aussitôt avec des tonneaux pleins
» de terre, des bûches et des arbres entiers, et
» ils firent encore des tranchées au-delà. Les enne-
» mis, lassés d'une telle résistance, ne voulurent
» pas qu'une si mauvaise place les arrêtât d'avan-
» tage. Ils redoublèrent les batteries ; ils com-
» blèrent le fossé de fascines, et furent près de
» renverser toutes les défenses, et de prendre la
» ville d'assaut. Les assiégés, se voyant en cette
» extrémité, demandèrent à capituler. Le prince
» ne voulut recevoir qu'à discrétion la noblesse
» réfugiée, et promit aux habitans qu'il ne serait
» fait aucun tort ni à leurs personnes, ni à leurs
» biens ; car encore qu'il portât ses armes contre
» la France, il ne pouvait pas s'empêcher d'avoir
» le cœur français. Il ne prétendait pas les ruiner
» absolument ; mais il avait avec lui des espagnols
» qui cherchaient leurs commodités, en s'appro-
» priant les biens d'autrui : ils envoyèrent plusieurs
» chariots dans Roye, pour enlever tout ce qui
» s'y trouvait de blé, de vin, et d'autres munitions,

» et ils voulurent mettre à rançon tous les gen-
» tilhommes et les bourgeois. Pour ce qui était
» des villages, ce prince ne put empêcher que ses
» gens n'y pillassent jusqu'aux églises, et qu'ils
» n'y commissent tous les excès qui se peuvent
» inventer dans la fureur de la guerre. Ils se reti-
» rèrent après, comme n'étant venus que pour
» une simple proie. »

Journal de ce qui s'est passé à Roye lors de l'invasion de la France par les armées alliées d'Angleterre, de Russie, d'Allemagne, de Prusse, de Suède, etc...... en 1814.

Le 14 février, la ville de Soissons avait été prise d'assaut.

Le 25, vers midi, un exprès arrive de Chaulnes à Roye; il annonce qu'une forte colonne ennemie a passé la Somme à Bray, et se dirige sur Roye. Alarme générale. A une heure l'avant-garde paraît, se range sur la place et s'empare des trois portes. Peu après 1200 hommes de cavalerie légère arrivent ici. Le commandant, prenant le titre de général, demande 1,200 rations de chevaux, pain, vin, viande, eau-de-vie, caffé et sucre. Le tout est promis. La troupe sort par la porte de Paris, va se camper hors de la ville, et place des védettes à une demi-lieue autour de la ville. Le commandant se loge chez le meûnier Boitel. On porte au camp les rations et les vivres demandés.

Vers quatre heures un officier se présente à l'hôtel-de-ville : il demande, sous peine d'incendie général, 200 fusils, et 5,000 cartouches, toute la poudre qui peut se trouver dans la ville, des bottes, du drap : le drap est fourni ; le reste impossible. On donne du bois pour le bivouac, et des guides éclaireurs. A dix heures du soir la troupe décampe et prend la route de Noyon.

Ils avaient distribué abondamment une proclamation signée Geismar, colonel des gardes russes, etc....... Ils s'y annonçaient comme l'avant-garde du troisième corps d'armée d'Allemagne.

On ne saurait dire de quoi se composait cette troupe. Les chevaux étaient petits, en mauvais état, sans selles, plusieurs sans brides ; les cavaliers qu'on appelait ici *Cosaques*, paraissaient de diverses nations, tous différemment habillés et coëfés, tous armés d'une lance d'environ huit pieds : quelques-uns avaient des fusils en bandoulière ; beaucoup n'avaient pas de bottes.

Dans la ville, aucun desordre général ; mais des vols partiels.

Dans la nuit du 25 au 26 la troupe arrive à Noyon ; le 26 à Chauny ; le 27 à Lafère.

Le lundi 28, à dix heures du soir, on dit à Roye que 1400 hommes allaient arriver. Alarme générale. On ne se couche point. Cette troupe n'arrive pas.

Le mardi premier mars, nouvelles craintes. On dit que les ponts de Péronne sont coupés ; que la troupe va paraître.

Le mercredi 2, 33 cosaques, venant de Noyon, se présentent aux portes de Roye, mais n'osent entrer.

Plusieurs Royens quittent la ville.

Le Dimanche 6, vers quatre heures du soir, une patrouille de 20 cosaques, venue de Noyon, se présente aux portes de la ville. Quatre cosaques seulement s'avancent. Ils s'informent, comme ils l'avaient fait plusieurs fois précédemment, s'il y a des troupes à Amiens ou dans nos environs ; puis ils retournent à Noyon.

Les postes aux lettres sont désorganisées.

Le lundi 14, à onze heures du soir, un piquet de cavalerie Prussienne entre à Roye ; il annonce que le lendemain 3,000 Prussiens arriveront : il faut disposer vivres et logemens.

Mardi 15, on prépare toutes choses : les vivres sont en abondance ; mais personne ne vient.

La grande route de Paris en Flandres est interceptée : le télégraphe de Boulogne est détruit,

Vendredi 18, à midi, une colonne d'environ 800 hommes de cavalerie légère, venant de Saint-Quentin et de Ham, arrive à Roye avec un canon et deux caissons. C'étaient les mêmes hommes que le 25 février et le même commandant, le baron Geismar.

Ils détachent 12 hommes qui vont détruire le télégraphe de Parviller, et font apporter à Roye les papiers, registres et instrumens nécessaires à ce télégraphe. Ces papiers et registres sont brûlés; les instrumens emportés.

Ces 800 hommes bivouaquent pendant la nuit, à-côté de leurs chevaux toujours sellés et bridés, dans la plus grande rue de la ville : ils avaient pourtant des billets de logemens.

Plusieurs habitans sont vexés, frappés et volés. Le baron de Geismar fait une réquisition de 200,000 livres de farine ; 150,000 livres de pain ; 100 bêtes à corne ; 18,000 livres de foin ; d'avoine ; 5,000 bouteilles d'eau-de-vie ; 1,200 bouteilles de vin, et du sel.

La troupe distribue une proclamation de Louis XVIII aux Français, signée Louis, datée de Buckingham, le premier janvier 1814.

Le 19, à huit heures du matin, la troupe décampe et se dirige sur Montdidier.

Le même jour 19, on répartit la réquisition demandée.

Dimanche 20, à sept heures du soir, arrivent 12 prussiens commandés par un maréchal-des-logis: ils faisaient partie de la troupe de Noyon, et venaient de Nesle, d'où ils emmenaient le maire: ils demandent que celui de Roye aille avec eux à Noyon; mais le maire est incommodé, et M. Masson de Saint-Mard, premier adjoint, le supplée; il part; il est gardé comme ôtage. Ils avaient laissé trois lettres non-cachetées pour les maires de Corbie, Harbonnières et Lihons: c'était l'ordre à chacun d'eux de se rendre à Noyon le lendemain.

Le 21, on entend huit coups de canon dans la direction de Montdidier; fausse alarme: le baron de Geismar était parrain à Montdidier: c'était réjouissance.

Le jeudi 24, un exprès envoyé à Montdidier rapporte qu'en sortant de cette ville il a entendu une vive canonnade dans la direction d'Amiens. A minuit la troupe, qui était à Montdidier depuis huit jours, arrive ici. Elle reprend son premier bivouac: cette troupe se compose de cosaques, prussiens et saxons: c'est toujours Geismar qui la commande. Elle avait été attaquée dans les environs de Montdidier par quelques cuirassiers envoyés d'Amiens et par des habitans: il y a eu des hommes tués de part et d'autre: les cosaques ont ramené et enterré ici un des leurs.

Le vendredi 25, un détachement de cosaques est allé incendier le village de Bouchoir : il y a eu quelques tués et blessés. Le baron de Geismar fait publier à Roye que l'on eût à profiter de l'exemple de Bouchoir; que si l'on se permettait quelque violence envers sa troupe, le feu serait mis aux quatre coins de la ville.

Le Dimanche 27, la troupe se dirige sur Montdidier : on craint pour cette ville et pour les villages, à-cause de l'affaire du 24.

Le 30, 8 prussiens venant de Noyon, font une réquisition de drap noir, de cuir et de tabac.

Le premier avril, on apprend que les alliés cernent Paris.

Entrée à Paris des Empereurs d'Autriche, de Russie, et du Roi de Prusse.

Le 3, M. Masson, adjoint, arrive de Noyon, où il est toujours en ôtage : il est envoyé pour faire chanter le *Te Deum* à Roye. Ce *Te Deum* est chanté le 5. Ce même jour les notables se réunissent pour rédiger une adresse au Roi Louis XVIII.

Le 8, MM. Du Mesnil et Masson de Saint-Mard vont en députation porter un acte d'adhésion et une adresse pour Louis XVIII : ils sont d'autant mieux reçus, que les gouvernans provisoires leur disent que la ville de Roye est la première du royaume qui remplisse ce devoir.

HISTOIRE DE ROYE.

Une garnison prussienne occupe Roye jusqu'au mois de mai.

(1815). Du 27 juin 1815 jusqu'à la fin de janvier 1816, passage par Roye pour Paris, et retour de l'armée anglaise commandée par le duc de Wellington.

FIN DU LIVRE PREMIER.

LIVRE IIème.

ANCIEN BAILLIAGE.
CANTON ACTUEL.

CHAPITRE PREMIER.

§. Ier.

Noms des ville, bourgs, villages, hameaux, fiefs, fermes et lieux qui ressortissaient des gouvernement, bailliage et prévôté de Roye, avec quelques notes historiques.

ABBAYE-AUX-BOIS. Paroisse d'Ognoles, n'est plus qu'une ferme.

(Voyez à l'article *Ognoles*, ci-après).

AMY. Village, qui est à-présent dans le département de l'Oise. Il existait en 1308.

AMY-LE-PETIT.

ANDECHY. (Canton de Montdidier). Jadis Andecy. 539 habitans.

Ce village suit la mesure agraire de Roye.

(Voyez ci-après au mot *Roye*).

ARMANCOURT, en latin *Hamencuria*, *Hecmencuria*, dans les Chartes.

Les noms de lieux terminés en *court*, ont pris cette terminaison du mot picard *courti, jardin*: Je ne sais pourquoi Colliette (histoire du Vermandois) la fait venir de *Curtis*.

Ainsi *Armancourt*; c'est comme si l'on disait *Jardin d'Armand*. *

76 habitans.

Mesure agraire de Roye. (Voyez ci-après, article *Roye*).

AVRICOURT. Village du département de l'Oise, actuellement.

La rivière d'Avre y prend sa source.

Jadis s'appelait Deviscourt, Devicourt et Avaucourt.

---

* Lorsque les noms des villes et villages viennent de vieux mots français, on doit croire que l'origine de ces mêmes lieux ne remonte pas plus haut que le onzième siècle, où l'on commença à parler cette langue. Quand ils dérivent de quelques mots latins, l'origine en est peut-être de même date, et même d'une antiquité plus reculée, parce qu'alors on parlait latin en France. Quand on ne peut pas en découvrir la racine par les mots dont on les exprime, soit en latin, soit en français, c'est que l'origine s'en perd dans les tems où le celtique et le premier gaulois étaient en usage.

Curés d'Avricourt.

Les registres ne commencent qu'à 1671.
1671. Tourbier.
1696. Herville.
1702. Claude Fixoye, chapelain de S.-Florent de Roye.
1718. Charles-Antoine Wilmant.
1737. Jean-Julien Coullaux de S.-Jean.
1739. Douchet.
1743. Guilluy.
1762. Poly.
1767. Baudremont, d'abord curé d'Écuvilly.
1783. Jongleux.
1816.

ARVILLER, (Canton de Moreuil). Les noms de lieux terminés en *viller*, prennent cette terminaison du substantif latin *villa*, ferme, métairie, grange, terre.

1017 habitans. Ce village suit la mesure agraire de Montdidier. Journal, 100 verges. Verge 22 pieds locaux ; pied, 11 pouces ; verge au pied-de-roi, 20 pieds 2 pouces ; longueur de la verge au pied-de-roi, 242 pouces, *ou* 6 mètres 55 centimètres. Une verge carrée vaut 42 mètres 90 centimètres ; le journal 42 ares 90 centiares. Un are vaut 2 verges $\frac{11}{100}$. Un hectare 2 journaux 33 verges.

BALATRE, *Bala*, en celtique, *village :* de-là Balatre.

2 11 habitans.

Curés de Balatre.

1666. Adrien Leheurteur.
1667. Legrand.
1730. Bégain.
1770. Gronier.
1772. De Vic.
1816. Pas de Succursale.

BALENY, hameau de la paroisse de Candor ; actuellement du département de l'Oise.

En latin *Balniacum, Balligniacum.*

BAYENCOURT.

BELVAL, dans les Chartes *Bella Vallis ;* — hameau.

Les noms de lieu terminés en *val* prennent cette terminaison du latin *vallis*, vallée.

BERLIÈRE (la), actuellement du département de l'Oise.

En latin *Berleria.*

BEUVRAIGNES, (et les Loges), autrefois Buvraines, Buvraingnes ; Buvraine en 1475,

Il est parlé de ce village dans des actes de l'an 1049.

C'est le plus fort village du canton de Roye, par sa population et son étendue. Il a 1,162 habitans, et compte 295 feux.

On voyait, il y a peu tems, au milieu de la place de ce village, de très-gros grès: J'en parlerai plus loin.

On croit qu'il y a eu une abbaye dans Beuvraignes, parce qu'une des rues de cette commune porte le nom de *rue de l'abbaye*.

En 1709 une maladie putride, qui a duré plusieurs mois, jointe au froid excessif de cette année et à la misère, a enlevé quantité de personnes. Ce village suit la mesure agraire de Roye.

(Voyez ci-après, au mot *Roye*).

Curés de Beuvraignes.

1637. Pierre Vilain.
1695. Florent Morlet.
1742. *idem.*
1752. Lhommond.
1761. Hocquet.
1771. Vincent.
1816. Gavet.

BERNAT, fief vers Parviller.
BERTIN, fief près de la Berlière.
BIARRE, jadis Biarh. * 148 habitans. Ce village

---

* Ce village qui ne compte plus que 33 feux, en comptait 70 avant l'an 1473. L'église actuelle a été rebâtie en 1220.

Il y avait un couvent à l'ouest du village : les religieux qui l'occupaient se sont retirés à Noyon en 1473. Vers ce

suit les mesures agraires de Roye et Nesle (voyez à ces deux mots).

Curés de Biarre.

Les Registres ne commencent qu'en 1675.
1675. F. L. Sachy.
1690. Leheurteur.
1692. Le Borgne.
1695. Claude Carbonnier.
1722. Michaux.
1726. Depille.
1728. Vielle.

BILLANCOURT, existait en 1482. 358 habitans. Ce village suit la mesure agraire de Nesle. (Voyez ci-après au mot *Nesle*).

Curés de Billancourt.

1806. Lemerchier.
1811. Belanger.
       Dechilly.
1816. Pingeot.

BLANJEAN, fief à Fouquescourt.
BOCQUET (le), hameau de la paroisse d'Ognoles.
BOIS DES GAMBARTS, fief vers Rethonviller.
BOUCHOIR (canton de Rosières). Pour la partie vers Roye, séparée par le chemin de Montdi-

---

tems le château, l'église, le presbytère, le couvent, le village même furent la proie des flammes.

dier à Péronne, appelé *le chemin de la prévôté.*

739 habitans. Ce village suit les mesures agraires de Roye et Montdidier. (Voyez aux mots *Roye* et *Arviller*).

BOULOGNE-LA-GRASSE, pour tout ce qui dépendait de l'Abbaye de Corbie et le fief Gramer.

Actuellement du département de l'Oise.

En latin, *Bononia crassa.* Ce village suit la mesure agraire de Roye (voyez ci-après ce mot), et une autre mesure que voici : mine 90 verges ; verge 22 pieds de 11 pouces ou 20 pieds 2 pouces de-roi, qui font 6 mètres 551 millimètres.

La mine vaut 38 ares 623 milliares.

BOURBON, fief à Popincourt.

BOURMONT, hameau, fief entre Bayencourt et la Neufville.

BRACQUEMONT, en latin *Braccii* ou *Brachii mons;* fief où il y avait manoir qui subsistait encore en 1583.

BUS, (canton de Montdidier). Village. 365 habitans. Ce village suit la mesure agraire de Roye. (Voyez ci-après, au mot *Roye*).

Curés de Bus.

1806. Péchin.

1816. Cagniard.

BUS, fief du Bus.

CANNY, village actuellement du département de l'Oise.

En latin *Caniacum*, *Cantium*, *Cannisium*, *Cannetum*.

1816. Coudun, Curé.

CARRÉPUIDS, autrefois Carempuis : Correpuit en 1475.

Etymologie : *Correi puteus*, le *puits de Corrée*.

Corrée, *Correus*, homme de la nation des Bellovaques (de Beauvais même), vivait l'an de Rome 701, 51 ans avant J.-C.

Lorsque J. César fit la conquête des Gaules, ce Corrée refusa de se rendre et de fournir aux Romains un contingent d'hommes. Il se mit, avec l'Artésien Comius, à la tête d'une partie des habitans de la Gaule Belgique, et livra à César plusieurs combats dans lesquels il fit preuve d'une bravoure sans égale. Il fut enfin tué en combattant près de Beauvais, dans un lieu qu'on nomme encore Mont-César (*Mons Cæsaris*) ; et l'on reconnaît l'endroit où les camps étaient établis. Il suffit que Corrée ait passé à Carrépuits et qu'il s'y soit rafraîchi, pour que ce village ait pris ce nom.

Quelques personnes donnent pour étymologie au mot *Carrépuids*, les mots *quadratus puteus*, puits carré ; parce que, disent-elles, les reliques de S. Florent furent portées de Roye à ce village, et cachées dans un puits qui était quarré. A-la-vérité il y a dans ce village un puits de forme carrée, avec des souterrains; mais les reliques de S. Florent n'entrèrent jamais ni dans ce village, ni dans ce puits : on les cacha, en 1475, dans un champ voisin du chemin qui conduit de Roye à Nesle.

Ce village compte 483 habitans.

La famille des Cavillier, de Carrépuids, brille, depuis long-tems, dans l'art de fondre les cloches.

Le 2 Août 1748, les Srs Florentin Cavillier, père et fils, ont fondu à Amiens, dans la cour du palais épiscopal, la grosse cloche du beffroi actuel de cette ville.

Cette cloche, bénite le 20 du même mois, par M. De la Mothe, lors évêque, se nomme *Marie-Firmine*.

Son poids est d'environ 11,000 kilogrammes (22 milliers). Son diamètre est de 2 mètres 382 millimètres (7 pieds 4 pouces et demi), et sa hauteur d'un mètre 759 millimètres (5 pieds 5p).

Ce village suit la mesure agraire de Roye. (Voyez ci-après au mot *Roye*).

Curés de Carrépuids.

1623. Antoine Belette, inhumé aux Cordeliers de Roye, où était son épitaphe.

1636. Florent Dreue, tué, le 6 Août de lad. année par les ennemis, sur le chemin de Laucourt.

1668. Camier *ou* Cannier.
. . . Delaporte.
1694. Jean Vignon, mort en 1694.
1695. Hilaire Mercier, mort en 1731.
1733. Douchet.
1740. De S.-Jon *ou* S.-Jean.
1751. Camus.
1816. Dufresnoy.

CHAMPIEN ET WAUCOURT, jadis Champieng. 525 habitans, le hameau de Waucourt compris.

Ce village suit la mesure agraire de Roye. (Voyez ci-après au mot *Roye*).

1816. Dufayot De Maisonneuve, curé.

CHAMPIEN (Petit.)

CHATEAUFORT, fief et château : existait en 1482.

CHAVATTE (la), (canton de Rosières). 122 habitans. Ce village suit la mesure agraire de Roye. (Voyez ci-après au mot *Roye*).

CHESSOY (le), hameau. On y apperçoit encore une élévation circulaire, que j'ai examinée; elle est le reste d'un fort qui existait autrefois dans cet endroit.

Il dominait sur plusieurs villages et même sur la ville de Roye.

On a trouvé, dans un bois voisin, plusieurs petits vases antiques, en cuivre.

DE ROYE.

Le domaine du Chessoy appartenait anciennement à la Maison de Condé.

CHILLY, canton de Rosières. 395 habitans

La mesure agraire en usage dans ce village, est celle de Péronne.

Le journal a 100 verges; — la verge, 22 pieds; — le pied, 10 pouces 9 lignes; ce qui fait 236 pouces 6 lignes de Paris, *ou* 6 mètres 4 décimètres, pour la verge.

Le journal contient 40 ares 98 centiares.

CLERMONT, fief dans la banlieue.

CONCHY-LES-POTS, village qui est actuellement du département de l'Oise; en latin *Concilium; Conchiacum*.

Il y a poste-aux-chevaux.

Il suit la mesure agraire de Roye. (Voyez au mot *Roye.*).

En 1433, il s'appelait *la Poterie*, à-cause des ouvrages de terre qui s'y fabriquaient.

On y fait un grand commerce de fromages.

COURTEVAL, fief dépendant de La Berlière.

CRAPEAUMESNIL. Tous les noms de lieux terminés en *mesnil*, ont pris cette terminaison du latin *mansile*, manoir. Ainsi, Crapeaumesnil signifie *Maison du crapeau*.

En 1609, la grande route de Roye à Paris passait à Crapeaumesnil (Acte devant Lagoul, le jeune, notaire à Roye, du 29 Août 1609).

Ce village suit la mesure agraire de Roye. (Voyez au mot *Roye*).

Il est à-présent du Département de l'Oise.

Curés de Crapeaumesnil.

1679. Pierre Suret.
1699. Warmé.
1746. Verrier *ou* Wriez.
1747. Frère.
1754. Le Tellier.
1766. Langlet.
1816. *Id.*

CRÉMERY. 103 habitans.

Ce village suit la mesure agraire de Nesle. (Voyez au mot *Nesle*).

CRESSY. 303 habitans.

Ce village suit la mesure agraire de Nesle. (Voyez au mot *Nesle*). La seigneurie de ce village appartenait, en 1308, au Marquis de Nesle.

Curé en 1816, M. Larue.

CURCHY. 190 habitans. Ce village suit la mesure agraire de Nesle. (Voyez au mot *Nesle*).

Dans le douzième siècle, Curchy était le chef-lieu d'une des neuf *Décanies* du Vermandois. Son église était une de celles qu'on appelait alors *plebes*, et avait un baptistaire. Ce privilège ne se trouvait pas dans les églises sans *décanie*, que l'on nommait *minores tituli*. Le doyen de

Curchy, par cela même que son église avait un baptistaire, administrait le baptême, ce qui n'était permis qu'aux églises destinées à cela, et non-pas à toutes les paroisses, comme on fait à-présent.

Curés de Curchy.

1667. Pierre Thomas.
1692. Pierre de Roye.
1740. Serpette.
1763. Gasselin.
1779. Gerard.
1806 — 1811, *idem.*
1812. Belanger.
1815. Boury.

DAMERY, (et la ferme des Murs). Existait en 1440. 417 habitans. Ce village suit la mesure agraire de Roye. (Voyez au mot *Roye*).

Curés de Damery.

1599. Jean Coublet.
  Lacune.
1816. Muraine.

DANCOURT, jadis Dampcourt. 161 habitans. Ce village suit la mesure agraire de Roye. (Voyez au mot *Roye*).

DES-AVÈNES, fief sur Laucourt et S.-Aurin.

EPINEUSE (l'), fief.

ERCHES, (canton de Montdidier). 368 habitans.
Ce village suit la mesure agraire de Roye.
(Voyez au mot *Roye*).

1816. Devillers, curé.

ETALONS, existait en 1440. 287 habitans. Ce village suit la mesure agraire de Nesle. (Voyez au mot *Nesle*).

Curés d'Étalons.

1667. Ponchon.

1668. De Paris, chapelain du château de Nesle.

1671. Driencourt, chanoine de Nesle, desservant Étalons.

1673. Louis Du Rosoy, chanoine de Nesle, desservant *id*.

1680. François De Morsy.

1688. Le même.

1693. Pierre De Roye.

1704. Éloy.

1714. Guilbert.

1729. Malafait.

1731. Caumartin.

1739. Hadengue.

1743. Boute.

1746. Besse.

1755. Gaüin, desservant, puis curé.

1776. Charles Frère.

1785. Amand.

FALVERT, fief et moulin entre S.-Mard et S.-Aurin.

FESCAMPS, autrefois Feschamps; en latin *Fiscammum*, canton de Montdidier.

362 habitans. Ce village suit la mesure agraire de Montdidier, appelée *Mine*. (Voyez au mot *Boulogne-la-Grasse*).

Curés de Fécamps.

1667. Guillaume Coudun.
1681. Lenormant, desservant.
1681. Piat, curé.
1688. Donvault.
1691. Robert Groust.
. . . Louis Mallet.
1750. Jacques Masson.
1780. Cagnard.
1806. *Id.*

FOLIE (la).

FONCHES. 249 habitans. — Poste-aux-chevaux.

Il y avait anciennement à Fonches une *Maladrerie*: Des biens y étaient affectés. Cette *Maladrerie* a cessé de subsister vers l'an 1630 ou 1634. Ces biens sont passés à l'Hôtel-Dieu de Ham, à la charge de recevoir et soigner les malades indigens de Fonches et de Fonchette, et sous d'autres obligations, notamment d'une rente annuelle de 150 livres à payer au curé du village de Punchy, pour l'acquit de deux messes, chaque semaine, en la chapelle Sainte-Catherine, de Fonchette.

Ce village a une mesure agraire particulière; la voici:

Journal, 100 verges. — Verges, 21 pieds. — Pied, 10 pouces 4 lignes.

Verge, au pied-de-roi, 18 pieds 1 pouce, ou 5 mètres 874 millimètres.

Une verge carrée vaut 34 mètres 502 millim.
Un arc vaut 2 verges $\frac{898}{1000}$.
Un hectare vaut 2 journaux 89 verges $\frac{8}{10}$.
Le journal, 34 ares 50 centiares.

Curés de Fonches.

Les registres des Baptêmes, Mariages et Sépultures ne commencent qu'en 1671.

Les registres des Mariages, depuis 1672, jusqu'en 1679, sont écrits en latin.

1671. Claude Gamet.
1684, — 1689. Claude Martinot.
1693. Devaux.
1694. Louis Masse, de Noyon.
1731. Nicolas Dehaussy.
1742. Éloi Poulle, pendant plus de 48 ans.
1806. Boury.
1816. . . . .

FONCHETTE. 76 habitans.

Ce village suit la mesure agraire de Fonches.

DE ROYE.

FOUQUESCOURT, (canton de Rosières). 493 h.
Ce village suit la mesure agraire de Roye. (Voir ci-après ce mot).

Le 16 Décembre 1777, mourut, dans ce village, Marie-Catherine Cagnard, âgée de près de cent ans.

Curés de Fouquescourt.

1674. Bucaille.
1679. Pierre Gueroult.
1710. Charles Monnache.
1727. Du Poisselle.
1739. Caignard.
1772. Bourbier.
1806.—1816. Cuvillier.

FRAMICOURT, fief au territoire de Goyencourt.
FRANSART, (canton de Rosières). 265 habitans.
Ce village suit la mesure agraire de Roye. (Voir ce mot).

Curés de Fransart.

1702. Warconsin.
1717. Jean De Parviller.
1724. Jean Péchon.
1806. Boulye.

FRESNIÈRES. Comme qui dirait *lieu planté de frênes*.

Ce village suit la mesure agraire de Roye. (Voyez ce mot).

FRESNOY-LEZ-ROYE. *Fresneum, Fraxinodum.* Même étymologie. 557 habitans.

Ce village suit la mesure agraire de Roye. (Voyez ce mot).

Curés de Fresnoy.

1676. Jean Bourse.
1727. Serpette.
1729. Masse.
1735. De Chamignon.
1737. Étienne de Bruncamp.
1748. Brunel.
1754. Bélanger.
1780. *Idem.*
1806. Delaporte.
1816. Senidre.

FROIDMONT, hameau de la paroisse de Quiquery. *Frigidus mons*, montagne froide.

GOYENCOURT, jadis Goysencourt. 363 habitans. Ce village suit la mesure agraire de Roye. (Voyez ce mot).

Un nommé Desruelles, de Goyencourt, qui vivait vers la fin du règne de Louis XIV, a été le meilleur maître d'escrime de France.

Curés de Goyencourt.

1696. François Pinguet, prieur-curé.
1806, 1816. Decaix.
1817. Hubaut.

DE ROYE.

GRANGE, fief et ferme dans la banlieue.

GRIVILLER, (canton de Montdidier). 144 habitans. Ce village suit la mesure agraire de Roye. (Voyez ce mot).

GRUNY. 463 habitans. Ce village suit la mesure agraire de Roye. (Voyez ce mot).

Curés de Gruny.

- 1667. Le Doulx.
- 1671. Pierre Douvry.
- 1674. Fourment.
- 1679. Pinet.
- 1683. Tourier.
- 1727. Le Roy.
- 1763. Paillot.
- 1806. Jongleux.
- 1806—1814. Hennequin.

GURY.

HALLU, (canton de Rosières). Existait en 1482. 276 habitans. Ce village suit la mesure agraire de Péronne. (Voyez au mot *Chilly*).

Curés de Hallu.

- 17... Grandhomme.
- 1710. Hareux.
- ..... Merlu.
- 1806, 1808. Senidre.

HATTENCOURT. 509 habitans. Ce village suit la mesure agraire de Roye. (Voyez ce mot).

Curés d'Hattencourt.

176. Antoine Veret, mort en 1767.
1806. Desachy.
1816. Camus.

HAUSSU, fief et ferme de la paroisse de Crapeaumesnil. Existait en 1451.

MATS (haut et bas,) hameau, fief.

HERLYE et HERLIEUX, 277 habitans. Ce village suit la mesure agraire de Nesle. (V. *Nesle*).

HINVILLER.

LANDEVOISIN (cant. de Nesle). 194 habitans.

Ce village suit la mesure agraire de Nesle. (Voyez ce mot).

Dès 1308 ce village subsistait, et il faisait partie des seigneuries possédées par le marquis de Nesle. Les maires de Landevoisin, Bouchoir, Septfours et Beugny étaient tenus, de toute antiquité, et par leurs fiefs, dénombremens et reliefs, d'assister, tous les ans, sauf légitime empêchement, dans la ville de Nesle, à l'appréciation de tous les blés, avoines; pains, chapons, oisons, poules et poulets de cens, qui se faisait dans la grande salle du château, par le bailli ou par le lieutenant-général, sur le rapport des mesureurs, boulangers, cabaretiers et cuisiniers; sinon, leurs fiefs étaient déclarés ouverts et saisis, et iceux maires condamnés à une amende.

LARGILIÈRE, fief à Fouquescourt.
LAUCOURT, 254 habitans. Ce village suit la mesure agraire de Roye. (Voir ce mot).

Curés de Laucourt.

Louis Billecocq, mort en 1691.
Nicolas Coulon.
1806. Périn, mort en 1815.
1817. De Chilly.

LEURYE, fief à Beuvraignes.
LICOURT - LEZ - CRESSY.
LIANCOURT - FOSSE, en latin *Liencuria*. 542 habitans.

Ce village suit la mesure agraire de Nesle. (Voir ce mot).

Curés de Liancourt-Fosse.

16.. Sébastien Robelin, curé de Liancourt et chanoine de Nesle, mort en 1613. Il fut abbé commendataire du monastère du Mont-Saint-Quentin, près de Péronne.
1811. Delarouzée.
1816. Cartel.

LONGUEVAL, fief près de Rethonviller.
MAIRERIE (la), fief à Mareuil.
MANICOURT, 79 habitans. Ce village suit la mesure agraire de Ham, que voici :

Setier, 60 verges.
Verge, 25 pieds de 11 pouces 9 lignes, *ou*

24 pieds 5 pouces 9 lignes au pied-de-roi, qui font 7 mètres 95 centimètres.

Un setier vaut 33 ares 23 centiares.

Ce village existait en 1545 : il était alors au nombre des seigneuries du marquis de Nesle.

MARCHÉ-ALLOUARDE *ou* ALLEWARDE.

129 habitans. Ce village suit la mesure agraire de Nesle. (Voir ce mot).

Dès 1545, la seigneurie de ce village appartenait au marquis de Nesle.

MAREUIL (département de l'Oise).

MARGNY-AUX-CERISES, (départ. de l'Oise).

Curés de Margny.

1667. Malart.
1776. Soyer.
1816. . . .

MARQUIVILLER (canton de Montdidier), jadis Marcaisvillers et Marquesviller. 309 hab. Ce village a une mesure agraire particulière, que voici :

Journal, 105 verges.

Verge, 22 pieds de 11 pouces, *ou* 20 pieds 2 pouces-de-roi, qui font 6 mètres 55 centim.

Le journal vaut 45 ares 46 centiares.

MAUBUISSON, fief.

MAUCOURT (canton de Rosières), comme si l'on disait *mauvais jardin, mauvais terroir.*

550 habitans. Ce village suit la mesure agraire de Péronne. (Voir au mot *Chilly*).

MÉZIÈRES-LEZ-BUS, *Mazerice, Macerice*, fief et château.

MONTEL (le), dépendance de Roiglise. Hameau où il n'y a plus qu'une habitation. On croit qu'il est très ancien, et qu'il était considérable autrefois. Il avait son église.

Dès 1545, la seigneurie du Montel appartenait au marquis de Nesle.

MONT-S.-CLAUDE, ferme de la paroisse de Marcuil.

MORLEMONT, proche Nesle.

Curés de Saint-Léonard et de Morlemont.

1667. Ponchon.
1695. Nicolas Bellot.
1700. Lesquevin.
1708. Duhamel.
1721. Guilbert.
1734. Daniel Duhamel.
1742. Charles Hadengue.
1760. Le Roy.

MOTTE-HAVET (la), fief, hameau de la paroisse de Marcuil.

MOTTE (la), fief à Beuvraignes.

MOTTE (la), fief à Marquivillier.

NESLE, Ville. Pour le faubourg S.-Léonard, et ce qui est en-deçà de la rivière d'Ingon, qui séparait le bailliage de Roye de celui de Saint-Quentin, à-l'exception de Morlemont, qui était du bailliage de Roye, quoique situé au-delà de lad. rivière. 1,658 habitans.

Mesure agraire particulière.

Journal, 100 verges. Verge, 28 p. locaux. Pied local, 10 pouces 8 lignes.

Longueur de la verge au pied-de-roi, 24 p. 10 pouces 8 lignes, *ou* 8 mètres 85 millimètres.

La verge carrée vaut 65 mètres 33 centim.

Le journal, 65 ares 33 centiares. Un are, 1 verge $\frac{53}{100}$. Un hectare, 153 verges.

LA NEUFVILLE-SUR-RESSONS.

LA NEUFVILLE-LEZ-BEUVRAIGNES, fief.

OMANCOURT. 37 habitans. Ce village suit la mesure agraire de Nesle. (Voir ce mot).

Dès 1545, la seigneurie d'Omancourt appartenait au marquis de Nesle.

OGNOLES, OGNOLLES, jadis **ONNYOLLES,** (département de l'Oise).

PRÉCIS HISTORIQUE

SUR L'ABBAYE-AUX-BOIS, PRÈS D'OGNOLES.

Cette abbaye fut fondée par Jean, châtelain de Nesle et de Bruges, et Eustachie de St-Pol, sa femme, par une charte du 22 avril 1202, dans un lieu appelé *Batis*, paroisse d'Ognoles : ce fut pour des Bernardines, ordre de Cîteaux. Cette abbaye prit, en différens tems, le nom d'*Abbaye-aux-Bois*, de *Franche-Abbaye-aux-Bois*, d'*Abbaye-aux-Bois-aux-Nonains*, de *Notre-Dame-aux-Bois* (Abbatia-in-Bosco). Les religieuses de l'ordre de S.-Bernard y restèrent environ 550 ans ; les ravages des guerres les forcèrent plusieurs fois d'abandonner leur couvent, pour se retirer à Chaulnes, puis à Compiègne, où elles restèrent environ trois ans. La reine Anne d'Autriche leur procura un établissement à Paris. Le 7 mars 1654, elles achetèrent une maison, au faubourg S.-Germain, appelée des *Dix-Vertus*, des créanciers des religieuses de l'Annonciation, moyennant 126,000 l. Le 15 février 1657, le Parlement ratifia cette acquisition. Louis XIV leur accorda l'exemption de leur franc-salé. L'amour de leur première retraite les y rappelait toujours ; elles y revinrent en 1659 ; mais, tandis qu'elles s'occupaient à rétablir leurs anciens bâtimens, le feu les consuma; elles furent obligées de retourner dans leur hospice de Paris. Elles y transportèrent le titre de leur abbaye, avec la permission du Pape. Le Roi confirma le tout par ses lettres-patentes datées du camp devant Lille, en août 1667. Le seigneur de Nesle y consentit, sous la condition de construire une chapelle dans le lieu de l'ancienne abbaye, et d'y entretenir un prêtre pour y dire la messe; et tout fut homologué au Parlement, le 4 août 1668.

Une petite chapelle fut construite; mais il n'y avait pas de prêtre destiné à y célébrer la messe.

Il n'existe plus au lieu de cette ancienne abbaye, qu'une ferme appelée l'*Abbaye-aux-Bois;* On y voit encore des vestiges de l'ancien enclos.

La première abbesse de ce monastère fut Agnès, qui acheta, en 1207, partie des dîmes des villages d'Écuvilly et de Sermaise. La seconde fut Alix de Grand-Pré, parente des fondateurs. La troisième fut Blanche de Varennes, sœur d'Éléonore de Varennes, proche Beaulieu. La quatrième fut Agnès II, dite *De Morans*. . . . Nicole Rufine transigea avec le chapitre de Nesle, en 1480.

(Gallia Christiana, tome 7, Col. 906.
Colliette, Hist. du Verm. t. 2, p. 456).

PARVILLER (canton de Rosières), *Patris villa*, la ferme, la métairie, la maison de campagne du père. 448 habitans. Ce village suit la mesure agraire de Roye. (Voyez au mot *Roye*).

Curés de Parviller.

1706. Coulon.
1738. Nicolas Delarouzée.
1774. Antoine-François Delarouzée.
1816. Trogneux.

PETIT-OURSCAMPS, *Ursi-Campus*, le Champ de l'Ours, fief et château de la paroisse d'Avricourt.

PLAISANCE, fief et hameau dépendant de Riquebourg.

PLANCY, fief à Roye.

PONT-L'ÉTRIER, (département de l'Oise).

POPINCOURT, Popaincourt; jadis Poupincourt. Suivant quelques personnes, *à potu et cibo modico*; à-cause de la pauvreté de ce village.

Ce village a donné son nom à deux présidens au Parlement. 81 habitans. Il suit la mesure agraire de Roye. (Voir ce mot).

Curés de Popincourt.

1668. Maximilien Patart.
1746. Maximilien Vilain.
1775. Périn.
1816. *Id.*

POTIÈRES, POTERIES, POTELETTES (les). *Poteriæ*, (fief dépendant d'Amy).

PUNCHY (canton de Rosières). 242 habitans. Ce village suit la mesure agraire de Péronne. (Voyez *Chilly*).

QUESNOY (le), (canton de Rosières). Lieu planté de chênes. On aurait dû dire *le Chénoi* ; ceci vient de ce qu'en picard on change *che* en *que*; *attaqué* pour *attaché* ; *quéne* pour *chêne*.

(Voyez mon ouvrage imprimé sur l'origine de la langue picarde, couronné par l'Académie d'Amiens). 274 habitans. Ce village suit la mesure agraire de Roye. (Voyez ce mot.)

QUIQUERY, (canton de Nesle).

RESSONS-SUR-LE-MATZ, (Oise). *Ressonium*, *Resonum*, *Rexonium*, Bourg.

Mesure agraire. Mine, 90 verges. — Verge, 24 pieds. — pied, 11 pouces.

Mine, 45 ares 96 centiares $\frac{1}{2}$.

J'ai lu dans l'histoire de Beauvais, par Louvet, p. 299, un fait concernant quelqu'un de Ressons ; je vais le copier textuellement, pour le plaisir de quelques lecteurs, et je m'abstiendrai de toute réflexion à ce sujet.

» Environ ce tems (l'an 632), S. Amand étant
» venu en Beauvaisis, pour annoncer la parole de
» Dieu, trouva en un bourg nommé *Ressons*,
» pres de la rivière d'Oronne, à-présent appelée
» *Eronde* ou *Aronde*, une femme aveugle, la-
» quelle des long-tems avait perdu la vue ; et en-

» trant en sa maison, s'enquit d'elle d'où prove-
» nait cet aveuglement et la cause d'icelui. Elle lui
» répondit: Qu'elle n'estimait autre chose en être
» la cause, sinon parce qu'elle adorait les idoles,
» et qu'elle ajoutait foi aux augures, lui démon-
» trant le lieu où elle avait accoutumé d'adorer
» son idole, qui était un arbre dédié au diable.
» Alors le saint personnage lui dit: *Je ne m'émer-*
» *veille pas maintenant pourquoi tu es devenue*
» *aveugle; mais j'admire la clémence de Dieu,*
» *pourquoi il te soutient si long-tems sur la*
» *terre; vu qu'au-lieu d'adorer ton Dieu, qui t'a*
» *créé et sauvé, tu adores les diables et idoles*
» *muets, qui ne se peuvent ni à autrui aider; il*
» *faut maintenant que tu prennes ta coignée, et*
» *viennes couper ce malheureux arbre, qui a été*
» *la cause que tu as perdu la lumière de ton corps*
» *et le salut de ton ame, parce qu'en ce faisant,*
» *et croyant fermement en Dieu, j'espère que tu*
» *recouvreras ta pristine lumière.* Cette femme
» étant conduite à cet arbre par sa fille, elle s'ef-
» força de le couper; mais le saint prélat l'appelant
» à soi, après avoir invoqué le nom de Dieu, et
» lui ayant fait sur les yeux le signe de la croix,
» lui rendit sa première santé et la vue. Puis après
» la catéchisa et l'endoctrina comment doréna-
» vant elle se devait comporter pour acquérir le
» royaume des cieux. (*Ex Erchengisilo vene-*

» *rabili, atque fideli presbytero contempora-*
» *neo).* »

RETHONVILLERS. 487 habitans. Ce village suit la mesure agraire de Nesle. (Voir ce mot).

Le 5 Mars 1742, est mort Jean Taupin, chirurgien à Rethonvillers, âgé de plus de 100 ans.

Prieurs-Curés de Rethonvillers.

1721. Marc-Antoine Turpin, chanoine-régulier de la réforme de Prémontré, prieur-curé pendant 51 ans, mort le 10 mars 1776, à 87 ans.

1773. Pennier, résignataire du précédent.

1806, 1816. Fromont, curé.

RIQUEBOURG, (département de l'Oise).

ROIGLISE, 290 habitans. Ce village suit la mesure agraire de Roye. (Voyez ce mot).

Notes historiques.

Roiglise existait en 1153 : car, par acte de cette année, Baudoin II, évêque de Noyon, confirma, en-faveur des chanoines de sa cathédrale, les autels de Roieglise, de Rouï et d'Oignoles, qui venaient de Lambert, évêque du même siège.

(ANNALES DE NOYON, p. 816. HIST. DU VERM. par Colliette, t. 2. p. 292).

En 1236, Jean de Nesle, dit *le Bon*, était seigneur de Roieglise.

DE ROYE.

En 1709, le château de Roiglise subsistait encore ; puisque l'on voit, dans les registres de cette paroisse : *le 3 décembre 1709, décès de la femme du jardinier du château de Roiglise.*

En 1781, le nommé Hangeois, receveur de Roiglise, fut incendié. Bestiaux, meubles, tout fut la proie des flammes, à-l'exception de 2,000 l. qu'il avait des deniers royaux. Cet honnête-homme eut le courage d'aller les prendre au milieu du feu, pour les porter, le lendemain, au directeur des Aides. Celui-ci, frappé de cette action, en écrivit aux régisseurs. M. Necker, informé du fait, en rendit compte au Roi, et écrivit de sa main à Hangeois : » *Sa Majesté ayant été instruite des dé-*
» *tails de votre malheur ; et, touchée de votre*
» *probité, vous fait remise des 2,000 livres*
» *que vous avez versées dans la caisse des*
» *Aides* ».

(Almanach littéraire, 1782).

Curés de Roiglise.

1636. Le Tellier.
1694. Guillain De la Rouzée.
1780. Mort de Denis Longuet.
1782. Leleu.
1806, 1816, Leturcq.

ROUVROY, ou mieux ROUVEROY (canton de Rosières); de *Rouve* (*Rivus*) et de *Roi*,

(id est *Rivulus*), Comme si de petits ruisseaux se réunissaient à Rouvroy pour joindre une rivière, (*rivi*, *rivuli*). 882 habitans.

Ce village suit la mesure agraire de Roye.

ROYE, Ville, dont on écrit la présente Histoire.

Mesure agraire de Roye.

Journal, 100 verges.

Verge, 20 pieds 8 pouces-de-roi, qui font 248 pouces, *ou* 6 mètres 713 millimètres.

Le journal vaut 45 ares 6 centiares.

L'are vaut 2 verges $\frac{219}{1000}$.

L'hectare vaut 2 journaux 21 verges $\frac{2}{10}$.

ROYE-SUR-LE-MATZ (département de l'Oise).

Ce Village suit la mesure agraire de Roye.

Curés de Roye-sur-le-Matz.

1690. Morlet.
1691. Christophe Marelau.
1697. Jean Marelau.
1728. Fournier.
1735. Lejeune.
1816 . . . . .

SAINT-GEORGES, faubourg de Roye.

Il y a des jardins formés dans les prairies. La terre en est fangeuse, sèche; elle brûle avec flamme et fumée bleuâtre, et donne des cendres terreuses qui ont une odeur de soufre. Les propriétaires de ces prairies les ont fait sonder, à-cause de la tourbe qu'ils espéraient en extraire; mais les frais de cette exploitation seraient plus considérables que le produit.

Au treizième siècle, il y avait un moulin-à-eau derrière S.-Georges, comme il paraît par un dénombrement des biens qui appartenaient à cette époque aux seigneurs de Roye.

Un autre moulin-à-eau existait aussi sur l'abreuvoir qui est au-bas du rempart de la Charité, sur le chemin qui conduit à S.-Georges.

Ces moulins ne subsistent plus.

Ceci prouve qu'alors la rivière d'Avre était plus considérable qu'elle ne l'est maintenant.

SAINT-MARD-LEZ-ROYE *ou* SAINT-MARD-LEZ-TRUYOT, village où il y a des eaux minérales, dont je parlerai ci-après. 173 habitans.

Ce village suit la mesure agraire de Roye. (Voyez ce mot).

Curés de Saint-Mard,

AYANT AUTREFOIS LE TITRE DE PRIEURS.

1701. Charles Du Canda.
1751. Mort de Raimond Pecon, prieur-curé.
1773 — 1816. Paulinier.

SALLE-DE-PONTHIEU, fief à Roye.
SAISSEVAL, fief près de Dancourt.

SEPT-FOURS *ou* SEFFOURS, hameau de la paroisse de Rethonvillers. Appartenait dès 1545 au marquis de Nesle. (Voyez *Landevoisin*).

SÉGUIN, fief.

SEMPUY, SEMPY *ou* CEMPUY, fief dépendant de Carrépuids, et qui s'étendait jusqu'à la porte S.-Pierre, de Roye.

SOLENTES, (département de l'Oise). Ce village suit la mesure agraire de Roye. (Voyez ce mot).

Il existait en 1308, comme le constate la donation d'un fief à Solentes, faite par les seigneurs de Nesle à la Chartreuse de Noyon.

En 1545, il faisait partie des seigneuries du marquis de Nesle.

Curés de Solentes.

1683. Potier.
1688. Leturcq.
1709. Cleuet.
1710. Pierre Leturcq.
1739. Poizeaux.
1749. Meniolle.
1756. Poizeaux.
1816. . . .

TILLOLOY, comme si l'on disait *lieu planté de Tilleuls*; effectivement autrefois ce village abondait en tilleuls. 555 habitans.

Ce village suit la mesure agraire de Roye. (Voyez ce mot).

Une maladie épidémique, qui faisait de terribles ravages, affligea Tilloloy, vers l'année 1773. (Registre de la municipalité de Roye).

TILLOY, fief et hameau de la paroisse de Rethonvillers.

TRONQUOY (la), fief à Crapeaumesnil, appartenant aux religieux de la Charité de Roye, et provenant de l'ordre des Templiers.

VALFAY, fief et hameau près de Riquebourg.

VALFLEURY, *Vallis florida*, hameau près de Gury.

VAUX, fief dépendant d'Amy.

VERPILLIÈRES, 224 habitans. Ce village suit la mesure agraire de Roye. (Voyez ce mot).

Il existait en 1308, comme le prouve la donation faite par le seigneur de Nesle à la Chartreuse de Noyon, d'un fief à Verpillières.

VERT (le), fief à Amy.

VILLERS-LEZ-ROYE, *Villaris ad Royam*.

305 habitans. Ce village suit la mesure agraire de Roye. (Voyez ce mot).

Curés de Villers.

1667. Choquet.
1678. Tourbier.
1713. De Rouvroy.
1756. Veret.
1816. Maumené.

VILLERS-AUX-BOIS, ferme dans la banlieue.
WAILLY, hameau entre Cressy et Omancourt.
WAUCOURT, fief et hameau de la paroisse de Rethonvillers, dépendant maintenant de Champien.

Lors de la rédaction de la Coutume de Péronne, Montdidier et Roye, en 1567, les lieux suivans n'étaient point du ressort du bailliage de Roye :

Arviller, Bayencourt, Berlière (la), Fonches, Hinviller, Landevoisin, Licourt-lez-Cressy, Manicourt, Nesle (partie de), Pont-l'Étrier, Quiquery.

§. IIe.

Communes, Annexes et Dépendances du canton actuel de Roye.

Population du canton : 15,184 ames.
Juge-de-paix : M. Lefebvre d'Hédancourt.
Suppléans : MM. Bertin et Grégoire d'Essigny.
Greffier : M. Plinguier.

Armancourt.
Aurin (S.-Aurin), 130 habitans. C'était autrefois un prieuré dont était prieur, en 1641, Antoine De Belloy, de l'ancienne famille des De Belloy, seigneurs d'Amy. Ce fut lui qui

DE ROYE.

donna, à l'abbaye de Saint-Denis une partie considérable du crâne de S. Éloi, qu'il tenait de M. De Belloy, grand sénéchal de Picardie.

Balatre.
Beuvraignes.
Biarre.
Billancourt.
Breuil. 145 habitans.
Carrépuids.
Champien et Waucourt.
Crémery.
Cressy.
Curchy.
Damery.
Dancourt.
Drélincourt. 38 habitans.
Ercheu, Lanoy, Bessancourt, et Ramecourt. Ercheu, en latin *Arceïum*, dans les vieilles chartes. 1,010 habitans.

Mesure agraire particulière.
Journal, 100 verges.
Verge, 27 pieds.
Pied, 10 pouces 8 lignes.
Journal, 60 ares 78 centiares.

Il est parlé de ce village dans une bulle du Pape Jean XV, pour la cathédrale de Noyon, de l'an 977.

En 1297, Jean d'Ercheu (ainsi nommé à-cause du village d'Ercheu où il était né) était doyen de la cathédrale de Noyon.

(Annales de Noyon, p. 964; *Gallia Christiana*, t. 9, Col. 1034).

En 1309, il obtint du Roi la permission de bâtir un hôpital au village d'Ercheu, lieu de sa naissance.

Il mourut en 1316.

(Colliette, Hist. du Vermandois, tome 2, pages 717, 737, 743).

Étalons.
Fonches.
Fonchette.
Fresnoy.
Goyencourt.
Gruny.
Hattencourt.
Herlic et Herlieux.
Laucourt.
Léchelle et Diancourt. 138 habitans.
Liancourt-Fosse.
Manicourt.
Marché-Allewarde.
Moyencourt. 376 habitans.
Omancourt.

Popincourt.
Rethonvillers, Tilloy et Septfours.
Roiglise et le Montel.
ROYE.
Saint-Mard-lez-Roye.
Tilloloy.
Verpillières.
Villers-lez-Roye.

PRÉCIS HISTORIQUE
SUR LES CORDELIERS DE MOYENCOURT.

Il y avait, en 1502, à Moyencourt, un couvent de Cordeliers.

Cet établissement n'avait pas été concerté avec le chapitre de Noyon, d'où il dépendait. Le légat du Pape, consulté seul par la dame de Moyencourt, fondatrice, avait expédié ses bulles en-faveur des Cordeliers, qui se logèrent aussitôt dans leur nouvel hospice.

Il fut décidé par le chapitre de Noyon d'empêcher l'entérinement des bulles ; cela eut lieu en 1503 : le supérieur des Cordeliers vint à soumission. Il fit excuse pour ses sujets, et en leur nom, de la témérité qu'ils avaient eue de s'introduire dans le couvent de Moyencourt sans le gré de ceux qu'ils devaient en prévenir. On ne voulut les recevoir qu'autant que les pères délogeraient et rétabliraient les choses dans leur premier état. Cette rigueur contrariait les Cordeliers : ils ne trouvèrent point de meilleur parti que d'employer la protection de Charles de Hangest, évêque de Noyon, auprès de ses chanoines. Ce prélat était extraordinairement obligeant : il envoya Pierre Alard au chapitre assemblé, le prier de se désister de ses poursuites, et d'accorder la paix aux nouveaux hôtes. Le poids d'une recommandation si respectable fit son effet auprès des chanoines. Il lui répondirent qu'ils passeraient par où il voudrait : mais que la convenance exigeait que les pères ne sollicitassent leur rétablissement, qu'après avoir vidé le couvent et remis les choses sur l'ancien pied. Il ne paraît pas que ce sévère avis ait été suivi à la lettre. Charles de Hangest joignait infiniment de bonté à l'ardeur d'obliger : il fit la paix des Cordeliers avec les chanoines. Le 13 avril 1507, le gardien de ces pères se présenta au chapitre ; reconnut les droits de la compagnie, et en requit enfin le consentement qu'elle lui accorda, sous l'obligation d'un cierge d'une livre que le couvent lui paierait, chaque année, pour marque de sa dépendance.

Cette maison, bâtie dans un emplacement très-vaste pour y loger un grand nombre de pères, était réduite naguères à deux ou trois sujets : on la supprima pour cette raison en 1768, et on l'incorpora à leur couvent de Noyon.

(Colliette, Histoire du Vermandois, tome 3, page 142).

FAIT HISTORIQUE

Concernant Moyencourt, copié sur un ancien manuscrit communiqué à l'auteur de la présente Histoire.

Un gentilhomme de Picardie, nommé Valerand Mussart, lequel s'était acquis un honorable renom durant les derniers troubles de France, s'oublia tant au milieu de la paix et du repos, que de tuer un gentilhomme, son voisin. La veuve vint se jetter aux pieds du Roi, vêtue de deuil et les larmes aux yeux, et lui demanda justice de la mort de son mari; le Roi Henri IV, capital ennemi des homicides, enjoignit au prévôt de son hôtel, de l'appréhender et se saisir de sa personne. Mais lui, bien averti de ce, se retira soudain dedans le château de Moyencourt. Le prévôt envoya devant La Morliere, son lieutenant, qui le fit sommer de venir trouver le Roi. Ce qu'il refusa de faire, et dit qu'il ne sortirait de sa place si premièrement il ne voyait sa grace et sa rémission scellée du grand sceau, ou que le sieur de Créquy ou le comte de Sault, son frère, lui donnassent assurance qu'il n'aurait point de mal.

Sur cette réponse, La Morlière, qui jugea bien dès-lors que c'était perdre bien du temps de le penser avoir autrement que par la force, manda la garnison des plus prochaines villes, pour lui prêter main-forte en l'exécution de la volonté du Roi. Les garnisons vinrent, et se résolurent de donner l'assaut à la place. Mussart, qui s'en apperçut, tira sur eux quelques coups d'arquebuse. Mais, pour éviter perte d'hommes, ils firent lors venir deux pétards de Noyon, avant l'application desquels La Morlière envoya pardevers lui le curé de Moyencourt, afin de lui remontrer le peu de sujet qu'il avait de se perdre de la façon ; que les rois avaient les mains longues, et que c'était tenter l'impossible, que de penser se sauver par résistance; d'avantage, qu'en perdant le corps, il y engageait une plus noble partie, qui était l'ame; et que, comme son pasteur, il était tenu de lui remettre devant les yeux toutes ces considérations. A quoi Mussart répondit tout-simplement : Qu'il avait pris la résolution de n'en faire autre chose.

La Morlière néanmoins ne se contenta ; mais, ayant appris de la vie de Coriolanus, capitaine romain, Qu'étant question d'amollir la haine et le mal qu'il voulut à sa propre ville, ni le Sénat qui représentait la Justice, ni les Vestales, ni les Aruspices et les Prêtres n'avaient tous pu servir que d'huiles pour attiser les feux de son courroux ; mais qu'une seule larme de sa mère les avait entièrement éteints ; il s'avisa, pour ne pas perdre ce desespéré, d'envoyer encore pardevers lui la mère d'une certaine concubine (*Jeanne Presto*, d'une famille de Roye), qui ne l'avait pas abandonné. Je laisse à l'imagination humaine de se représenter les remontrances que leur put faire, à tous deux, cette pauvre mère affligée ; laquelle toutefois ne rapporta rien autre chose que le regret d'avoir mis au monde une créature si peu soigneuse de son salut.

Finalement donc, La Morlière voyant que le délai ne servait de rien qu'à retarder l'effet de sa commission, lui dit, pour la dernière fois : Qu'il eût à lui déclarer sa résolution ; et protesta que son pouvoir ne s'étendait qu'à l'amener à Paris, où il trouverait la Majesté du Roi plus clémente et plus douce qu'il ne se la figurait rigoureuse et sévère ; Que, pensant qu'il lui dût obéir, il avait toujours différé de le forcer ; mais qu'à son grand regret, il s'y voyait contraint par son obstination ; Qu'il s'avisât enfin de lui dire sa dernière intention ; Que, sitôt qu'il serait retiré, il exécuterait sa charge et sa commission.

Dès-lors ce misérable fit un honteux et déplorable dessein d'anticiper sa mort ; et pour cet effet, répondit à La Morlière : Qu'il persistait en sa première résolution, et que ses ennemis n'auraient l'honneur de triompher de son corps, ni ses amis la honte et le deshonneur de le voir entre les mains d'un bourreau ; le priant au-surplus de vouloir recevoir sa fille et son laquais ; ce que lui étant accordé, il les dévala l'un après l'autre, par une fenêtre du château. Sa concubine supplia sa mère aussi de prier Dieu pour eux ; et puis referma la fenêtre.

On reconnut bien à leur face et à leur discours qu'ils avaient une mauvaise intention. Ils se retirèrent en la salle du donjon, dans laquelle ils avaient fait un amas de bois sec, de paille et d'autres choses combustibles, y mirent le feu aussitôt qu'ils entendirent le coup du pétard apposé contre la porte du château ; et, prenant chacun un pistolet en la main, se le délâchèrent l'un contre l'autre, et tombèrent roides morts sur le plancher.

La Morlière, entré par l'effort du pétard, fit éteindre soudain les flammes, et vit les deux corps que l'amour n'avait pu séparer, encore unis et conjoints ensemble après la mort.

Le lieutenant en fut marri, et le Roi même en eut une extrême fâcherie, parce que, s'il eût été pris vif, il eût exigé une justice plus exemplaire d'une obstinée résistance, et un supplice qui eût bourrelé les méchans d'une frayeur honteuse, et travaillé les bons d'une impitoyable horreur.

Il fut créé des curateurs aux corps demi-brûlés, afin de faire leur procès. Les parens en appelèrent au Grand-Conseil, alléguant pour raison : Que l'intempérie des assiégeans et le feu des pétards leur avaient pu causer cette mort ; ou, ce qui était plus vraisemblable, que les soldats les avaient eux-mêmes tués. Mais le Conseil déclara, par arrêt : que tout ce qu'avait fait le lieutenant du Prévôt-de-l'Hôtel avait été bien fait et selon le dû de sa charge.

NOTICE HISTORIQUE

SUR DES TOMBEAUX ROMAINS DÉCOUVERTS DANS LE VILLAGE DE *ROIGLISE*.

Très peu distant de Roye, Roiglise est situé au nord-est de cette ville. Des bois et des campagnes fertiles l'environnent. Le nom qu'il porte aujourd'hui n'est pas fort ancien. C'était autrefois *Roye Église*, parce que ce qui forme actuellement ce village, était jadis, suivant l'opinion commune, un faubourg de notre ville, et qu'il y avait en ce lieu une église dépendante de Roye. On aura changé *Roye Église* en *Roiglise*, tel qu'on l'écrit et qu'on le prononce maintenant, par une de ces abréviations fréquentes dans le patois picard; peut-être à-cause de la rencontre desagréable des voyelles.

Roiglise n'est pas un village considérable; sa population actuelle est de 290 individus; peut-être était-elle, dans des tems reculés, un peu plus importante. Il y avait à Roiglise un château qui ne subsiste plus. Une partie de l'emplacement sur lequel il se trouvait, a retenu le nom de *château bleu*. C'est un terrain sinueux où l'on trouve fréquemment des pièces de bois pourri, et des fragmens de briques.

Au centre de Roiglise, dans un espace d'environ deux hectares, où l'église et quelques maisons sont construites, on découvrit, vers l'année 1774, dix-sept tombeaux en pierres blanches et molles : dans l'un étaient un casque, une arme, une urne et plusieurs médailles antiques.

On n'a trouvé dans les autres que des vases de terre cuite, grossièrement travaillés, et des médailles.

En 1805, on a encore découvert six tombeaux entièrement semblables aux précédens, dans le jardin d'un particulier de ce village Ils étaient distans entr'eux de 13 mètres ½ à 15 mètres ½ (7 à 8 toises).

Ces tombeaux étaient tous formés de deux pierres quadrangulaires sur lesquelles on n'a vu aucune inscription. Celle du fond, épaisse d'environ 2 décimètres (7 pouces ½) et qui était creuse, semblait avoir contenu des os, ou plutôt des cendres de morts; car, à l'époque où je vais reporter ces tombeaux, l'usage de brûler les morts subsistait. L'autre pierre, épaisse d'environ un décimètre (3 pouces 9 lignes), servait, pour ainsi dire, de couvercle.

La forme de ces tombeaux me porte à les ranger dans la classe des sépulcres que les Romains appelaient *arcæ*, coffres.

Les Romains plaçaient ordinairement leurs tombeaux sur des routes : les lieux où ils étaient, ainsi que le chemin qui y conduisait, faisaient partie des choses religieuses ; on les nommait *loci religiosi*. Ici, l'endroit où la découverte a été faite, était un de ces *loci religiosi :* il se trouvait situé sur un grand-chemin; la magnifique voie militaire qu'Agrippa fit construire, par ordre de l'empereur Auguste, depuis Lyon jusqu'à Boulogne-sur-mer, et qui, suivant la description que j'en ai donnée dans un autre ouvrage, venait de Soissons à *Isara* (le passage de l'oise), puis à *Rodium* (Roye), etc. . . . (Voyez la *Table Théodosienne*).

Quant aux médailles renfermées dans ces tombeaux, elles étaient toutes de bronze. J'en ai vu quatre, et toutes quatre de Faustine, fille d'Antonin-le-pieux, épouse de Marc-Aurèle, empereur romain, mort l'en 180 de J.-C. Voici l'analyse de ces médailles :

Iere. Presque fruste. On peut à-peine lire la légende FAVS TINA, divisée par une tête tournée de gauche à droite.

Dans le champ du revers, les deux lettres S. C. qui se trouvent sur toutes les médailles romaines frappées par ordre du Sénat, appelé *Sénatus-consulte*.

Poids 19 grammes 6 décig. (5 gros 9 grains).

2me. Aussi presque fruste. D'un côté la tête de Faustine, tournée de gauche à droite, ayant les cheveux noués en bas. La moitié de la légende de ce côté, à gauche de la tête, offre le mot ΓAVS-TINA; l'autre partie est illisible.

Sur le revers, une femme assise, tenant à la main gauche une corne d'abondance, ou une espèce de sceptre.

Diamètre 27 millimètres (un pouce).

Poids 20 grammes 45 centigrammes (5 gros 25 grains).

3me. D'un côté la tête de Faustine, tournée de gauche à droite. La moitié de la légende, à droite de la médaille, ΓAVSTINA; l'autre partie, à gauche, n'est pas lisible.

Sur le revers, une figure debout, vêtue d'une longue robe retroussée.

Dans le champ du revers, les lettres S. C.

DE ROYE.

Diamètre 32 millimètres (14 lignes).

Poids 21 grammes 4 centigrammes (5 gros $\frac{1}{2}$).

4ᵐᵉ. Mieux conservée que les précédentes. D'un côté, une tête couronnée de lauriers, et tournée de gauche à droite. Cette tête est beaucoup plus grosse que celles des médailles précédentes.

Pour légende : ΓAVSTINA AVGVSTA, et un nimbe presqu'effacé.

Sur le revers, une femme droite, tenant sur ses bras deux enfans qu'elle allaite; ayant à ses pieds quatre autres enfans : c'est l'impératrice Faustine représentée comme la mère du peuple romain.

Dans le champ du revers, les lettres S. C.

Poids 23 grammes 43 centigrammes (6 gros 9 grains).

Je conserve deux de ces quatre médailles dans ma collection numismatique.

Pour ne pas me livrer à une trop longue dissertation sur le nombre des tombeaux, sur leur forme et sur le lieu où ils ont été trouvés, je me contenterai de dire, par rapport aux médailles : Qu'elles n'ont probablement pas été mises au-hasard dans les tombeaux où elles étaient; mais que, comme l'usage voulait, chez les Romains, qu'on joignît, aux cendres des morts, quelques pièces d'or, d'argent ou de cuivre, selon la richesse des personnes; de-là vient qu'on les trouva dans ces tombeaux. Cette monnaie était destinée à payer, au nautonnier Charon, le transport des ames aux Enfers.

La monnoie qu'on enfermait dans les tombeaux, était celle du tems où ils avaient été construits. Ainsi, le nom de Faustine qu'on voit écrit sur les médailles analysées, donne clairement l'époque de la mort et de la sépulture des personnes dont les restes reposaient dans les tombeaux que l'on a découverts.

CHAPITRE II.

Lieutenans-généraux civils et criminels; puis civils seulement.

HISTORIQUE.

Les baillis et sénéchaux nommaient et destituaient à volonté leurs lieutenans; ainsi, dans les premiers tems, cette qualité n'était que passagère.

Cet usage changea au commencement du XVme siècle; alors il fut défendu aux baillis et sénéchaux de changer leurs lieutenans; il fut même ordonné qu'ils seraient élus et choisis par les officiers, gens du conseil et autres prud'hommes du siège. On trouve cet usage établi par l'ordonnance de Charles VI, du mois de mai 1413 ; celle de Charles VII, du mois d'avril avant Pâques 1453, par celle de Charles VIII, du mois de juillet 1493, et par celle de Louis XII, de 1499.

Le Roi Louis XII se réserva même le droit de les nommer, et alors ils devinrent officiers royaux ; enfin les lieutenans furent érigés en titre d'offices au commencement du XVIe siècle. Celui de Montdidier le fut en 1534 ; il est à présumer que celui de Roye le fut en même tems.

Voici la liste de ceux que j'ai pu trouver.

Renatus Achemaise de Chamu était lieutenant du bailli de Vermandois à Roye, dans le XIe ou XIIe siècle. (Archives de Saint-Florent).

1379. Herbert le Potier, lieutenant du bailli de Vermandois à Roye.

1439. Tassart de Herville. (Archives de Saint-Florent).

1475. Pierre *ou* Jean Carton.

1516. Charles Cornet.

1519. Jean de Collesson, écuyer, seigneur de Saint-Martin, bailli, garde-justice du chapitre de Saint-Florent de

Roye, en 1508, lieutenant du Gouverneur et bailli des villes et prévôtés de Péronne, Roye et Montdidier, en 1519.

1531 et 1534. Jean Régnart, licencié ès loix, était lieutenant, à Roye, du gouverneur de Péronne, Roye et Montdidier, pour le duc de Bourgogne, en 1531 et 1534.

1538 et 1539. Florent de Collesson, écuyer, seigneur de Béronne et de Saint-Marc, comparaît en qualité de lieutenant à Roye du gouverneur de Péronne, Roye et Montdidier et comme seigneur, de Béronne, au procès-verbal de rédaction de la Coutume de Clermont en Beauvaisis, du 19 avril 1539.

1557. Mathieu Levasseur, comme plus ancien avocat, tient le siège en l'absence du lieutenant-général.

1567. Gabriel Cornet, écuyer, seigneur de S.-Georges et de

Fransart en partie, comparaît en 1567, comme lieutenant-général civil et criminel à Roye, au procès-verbal de rédaction de la Coutume de Péronne, Montdidier et Roye. Il exerçait aussi, par réunion, la prévôté, *etc.* Il est mort en 1593.

1596. Jacques de Neufville, écuyer, seigneur de Fontaine, paraît avoir succédé au précédent. Il était dans cette charge en 1614, et était mort en 1619.

Charles de Broyes, écuyer, seigneur de Haut-Avesnes, succéda au précédent. Mais ayant été accusé, ainsi qu'Antoine Vasset, prévôt-royal, d'avoir remis la ville aux ennemis de l'État, Louis XIII commit en sa place

1637. Gilles Charmolue, écuyer, ancien lieutenant-général de Noyon. Le douze septembre 1637, par arrêt du Conseil d'État, le Roi réunit les offices de lieutenant-général et de prévôt-royal, pour être possédés par Gilles Charmolue, en payant à M. Charles De Broyes, lieutenant-général, 2,400 l., et à Antoine Vasset, prévôt-royal, 600 l.; mais, par autre arrêt du Conseil, du 23 octobre 1638, ces deux offices ont été desunis.

1639. René Roussel, commissaire-enquêteur et examinateur à Roye, en 1610; lieutenant-particulier-assesseur civil et criminel, en 1619; président-lieutenant-général civil et criminel, à Roye, en 1639. Mort en 1644.

1643. Jacques Roussel, fils du précédent. Pourvu de l'office de lieutenant-général civil et criminel, à Roye, le 15 janvier 1643, sur la résignation de son père.

1665. Louis Laignel, en 1665. Mort en 1672.

1673. Louis Aubé, seigneur de Bracquemont, avocat, lieutenant-général, en 1673; s'est démis en 1674, en-faveur du suivant

1675. Gabriel Coignet, lieutenant-général civil et criminel, et prévôt forain de la ville et gouvernement de Roye, par provisions du 3 mai 1675. Il s'est démis, en 1677, en-faveur de

1678. Philippe Froissent, qui a obtenu ses provisions en 1678. Mort en 1720.

Cette charge de lieutenant-général est restée vacante jusqu'en 1734, et exercée par M. Louis Billecocq, lieutenant-particulier civil.

1734. Claude-Jean-Bapt. Gaullière, lieutenant-général civil seulement, par provisions du 28 mai 1734. Mort en 1775. Il est auteur de plusieurs ouvrages de Jurisprudence, entr'autres d'un Livre ayant pour titre: *Observations sur la Déclaration du Roi du 9 avril 1736, qui concerne la tenue des Registres de l'État civil*, imprimé à Amiens, in-12, 1771.

1765. Louis-Charles Billecocq, né le 5 mai 1727, lieutenant-criminel, par provisions du 2 juillet 1757, lieutenant-général civil, commissaire-enquêteur-examinateur au bailliage de Roye, par provisions du 13 mars 1765; il a exercé cette charge jusqu'à la suppression des bailliages. Mort en 1814. Il avait beaucoup de science et beaucoup d'esprit.

CHAPITRE III.

Lieutenans-criminels.

L'office de lieutenant-criminel a été créé par édit de François Iᵉʳ, du 14 janvier 1522.

On vient de voir qu'il a toujours été possédé par les lieutenans-généraux civils, au-moins jusques et compris Philippe Froissent.

1699. Claude-Charles Gaudefroy, fut le premier pourvu de l'office de lieutenant criminel seulement, par provisions du 2 mai 1699.
1757. Louis-Charles Billecocq, avocat, en fut pourvu en 1757, sur la démission de M. Gaudefroy, son aïeul maternel.
1765. Claude-Théophile Lecouvreur, écuyer, seigneur de Prémont, Selaine, S.-Pierre, etc...... fut nommé lieutenant criminel, en 1765, sur la démission de M. Billecocq.

CHAPITRE IV.

Lieutenans-généraux de police.

Créés par édit de 1669.

1703. Éloi d'Hervilly, docteur en Médecine, est le premier qui fut pourvu de cet office à Roye, par provisions du 30 janvier 1703.

1709. Jean-Daniel Pellieu, receveur des consignations, fut lieutenant-général de police alternatif, par commission du 5 août 1709.

1730. François-Antoine Caballie, avocat, président et contrôleur au grenier-à-sel de Roye, fut pourvu de l'office de lieutenant-général de police de Roye, au lieu de M. Éloi d'Hervilly, par provisions du 9 novembre 1730. Cet office a été supprimé par édit du mois de décembre 1757, et réuni au corps-de-ville : depuis ce tems les maire et échevins en exercent les fonctions.

CHAPITRE V.

Lieutenans-particuliers civils.

1692. Louis Billecocq, licencié, avocat en parlement, est le premier pourvu de l'office de lieutenant-particulier civil, par provisions de 1692.

1768. Jean-Antoine-François Carlier de Corselles a levé ledit office aux parties casuelles, où il était resté vacant depuis la mort de M. Louis Billecocq : il en a obtenu les provisions en 1768.

CHAPITRE VI.

Lieutenans-particuliers criminels.

1596. Florent Huidelaine est qualifié lieutenant-particulier-assesseur-criminel, dans l'arrêt du 6 février 1596 qui a réuni la prévôté foraine à la lieutenance-générale.

1602. Jean Roussel.

1619. René Roussel était lieutenant-particulier-assesseur civil et criminel en 1619.

1639. Jacques Roussel, fils du précédent, au lieu de son père.

1643. Nicolas Chevy, écuyer, seigneur de Bayon ; mort le premier décembre 1643.

1644. Nicolas Chevy, Chevalier, seigneur de Bayon ; mort en 1652.

Cet office est resté vacant jusqu'en 1666.

1666. Philippe Froissent, mort en 1720. Alors cet office est tombé aux parties casuelles, et resté vacant jusqu'en 1786.

1786. Pierre-Louis-Florent Aubert de Griviller, licencié ès lois, avocat, a relevé ledit Office de lieutenant-particulier-assesseur criminel, et en a obtenu les provisions le 25 janvier 1786.

CHAPITRE VII.

Avocats du Roi.

1567. Abraham Hennicque, licencié ès droits, avocat à Roye, échevin en 1544, mourut avocat du Roi en 1567.

1573.. Pierre Carton paraît en qualité d'avocat du Roi avant 1573.

1577 et 1585. Antoine Hennicque, sieur de Rouailles, est qualifié avocat du Roi dans deux actes de 1577 et 1585.

1587. Jean de Friques.

1599. Antoine Cappet.

1599 et 1617. Pierre Cappet paraît en qualité d'avocat du Roi et de bailli de la terre et seigneurie de Roye, dans deux actes de 1599 et 1617.

1622. François Goulliart.

1651. Jean De Haussy. C'était un

magistrat si intègre et si vigilant, qu'on le surnomma *Jean le vert.*

1699. Antoine Prévost.

1727. Marc-Antoine Prévost, fils du précédent, lui succéda en 1727. Il est mort le 15 décembre 1754, et sa charge est restée vacante jusqu'en 1767.

1767. Marc-Florent Prévost, son fils, l'a relevée aux parties casuelles. Il en a obtenu les provisions le 16 décembre 1767, et a été reçu au parlement, *avec éloges,* en janvier 1768. C'était un profond jurisconsulte, membre de l'assemblée constituante ; décédé depuis quelques années.

CHAPITRE VIII.

Procureurs du Roi.

1466. Regnault Gilles est décédé procureur du Roi à Roye, le 15 mai 1466, suivant son épitaphe qui était en l'église de Saint-Pierre de Roye.

1493. Regnault Le Couvreur, vers 1493, (Archives de Saint-Florent).

1549. Florent Pouquel *ou* Boucquel, vers 1549.

1552. Jacques Cornet.

1566. Florent Aubé.

1577, 1585. Antoine Hennicque.

1589. Antoine Parmentier.

1595. Hugue De Chessoy.

1621. Pierre Turpin, sieur de Biarre, était procureur du Roi dès 1621, suivant les lettres de noblesse qui lui furent accordées au mois d'octobre 1653, *en considération de ce qu'il avait vaillamment défendu la ville de Roye contre les ennemis de l'État, au mois d'août précédent.*

1663. Louis Turpin, fils du précédent.
1710. Pierre Turpin, fils de Louis.
1745. Louis-François Billecocq.
1771. Louis-François-de-Paule Billecocq du Mirail, fils du précédent.

CHAPITRE IX.

Substituts du procureur du Roi.

Pierre Turpin.
1613. Jean Bellot.
1626. Louis Lagoul.
1681. Charles Herissier.
1699. Pierre Prevost.

1712. Pierre Herissier.
1735. Louis-Nicolas Louvart.
1755. Louis-Pierre Jobart.

CHAPITRE X.

Notaires. Tabellions.

MINUTES DES NOTAIRES DE ROYE.

Il se trouve à Roye très-peu de minutes d'actes de notaires antérieures au XVIme siècle. Les plus nombreuses et les plus anciennes sont actuellement dans l'étude de Me Grégoire d'Essigny, père de l'auteur de cette Histoire.

Il en existe quelques liasses de 1544.

Depuis 1560 jusqu'en 1636, il y a beaucoup de lacunes; et l'on voit les noms de plusieurs notaires dont les minutes ne subsistent plus.

Les guerres (particulièrement les sièges de 1523, 1552 et 1636), et les pestes de 1636 et 1668 ont causé cette perte.

Et puis quelquefois les minutes restaient dans les mains des veuves et héritiers des notaires, qui les emportaient hors de la ville.

NOMBRE DES NOTAIRES.

Par édit de 1664 et arrêts du Conseil de 1665, le nombre des notaires de Roye a été fixé à quatre.

Il est maintenant décidé qu'il y aura, dans le canton de Roye, quatre notaires, dont trois à la résidence de Roye, et le quatrième à Ercheu.

NOTAIRES DE ROYE CONNUS.

1367. Jean Leclerc, commis-juré.
1388. Guillaume Vausson.
1390. Guillaume Sanson, commis.
1405 à 1410. Warin, clerc commis.
1402 à 1404. Adrien Du Tronquoi.
1405. Jean Bridel, clerc commis.
1408. Baudhuin Boissart.
1410. Jean Bardelle, clerc tabellion.
1412. Salle le Caron, clerc commis.
1418. Robert Le Manier.
1418—1421. Jean Le Manier, commis juré.
1418—1428. Gilles Becquerel.
1421. Moillains.
1421—1437. Pierre Cocquerel, commis juré.
1428. De Leurye.
1428. Berthin.

DE ROYE.

1436, 1437. Regnault Gilles, tabellion.
1440, 1462. Firmin De Cambray, commis juré clerc tabellion.
1460. Pierre Testart, notaire et garde du scel royal.
1473. Jean de Cherisy, commis juré.
1479—1495. Antoine Le Jeune, commis.
1468, 1479, 1498. Pierre Le Roi, clerc tabellion.
1479. Robert Le Manier, commis juré.
1486. Jean Levasseur, licencié ès loix, commis.
1481—1494. Thomas d'Anguechin, procureur-notaire.
1511. Id.
1495. Regnault Le Couvreur, clerc tabellion.
1496. Simon Gamelon, commis juré.
1498. Jean Duquesne.
1498. Gilles Cocquerel, tabellion.
1496—1501. Pierre De Moillains.
1499. Jean Coulon, commis juré.
1500—1561. Robert Berthin.
1500—1551. Jacques Cornet.
1502. Henri Ledoulx.
1504. François Berthin.
1504. Charles Cornet, tabellion royal juré

HISTOIRE

1505—1516. Michel Dupré, notaire tabellion.
1504—1520. Antoine d'Anguechin.
   1505. Pierre Journet.
   1510. Nicolas Wauquel.
1511—1530. Lefebvre.
   1514. Gilles Asselin.
   1517. Léon Leblanc.
1517—1529. Pierre Mortier.
   1520. Le Maignur.
   1520. Cauvel.
1522—1540. Desorel, conseiller, notaire du Roi.
1527—1537. Bouquel.
1515—1540. De Vaulx.
1528—1543. Gontier.
1538—1554. Florent De Leurye.
1542—1553. Valerien Remy.
1543—1574. Massse de Friques.
   1545. François Mortier.
   1549. Jean Berthin.
1549—1555. Antoine De Sorel.
   1550. Jean Barbier.
   1556. Barthélemy De Haussy.
1559—1561. Pierre Lescuyer.
1554—1587. Jean Liegault.
   1562. Éloi Vuidelaine.
1562—1597. Antoine Ledoulx, l'aîné.

DE ROYE

1564—1574. Jean Leblanc.
1575—1600. Jacques Laurens.
1577—1617. Pierre Lagoul.
      1579. François Berthin.
1582—1623. Charles Douvry.
1583—1597. Nicolas Allou.
1587 et 1588. Guyon Presto.
1587—1599. Antoine Le Jeune.
1589—1624. Louis Caddé.
      1590. Thomas Cornu.
1595—1617. Antoine Ledoulx, le jeune.
      1599. Louis Presto.
1600—1633. Pierre Laurens.
1601—1631. Pierre Lagoul, le jeune.
1605—1618. François Presto.
      1610. Louis Prevost.
1618—1628. Jean Berthin.
1618—1626. Gouillart.
1621—1641. Charles Caddé.
1626—1663. Ponthus Leblanc.
1626—1638. Quentin Caddé.
      1627. Cappel.
      1628. Dreuo.
1633—1661. Pierre Cordier.
1622—1635. Gabriel Leblanc.
1626—1676. Louis Billecocq, l'aîné.
1660—1711. Louis Billecocq, le jeune.
1632—1650. Louis Lagoul.

1637—1668. Pierre Serisy.
1641—1657. Louis Caddé.
1645. Pierre Prevost.
1647—1666. Jacques Billecocq.
1649. Nicolas Cornu.
1649. Charles Serisy.
1662—1669. Louis Cordier.
1652—1663. Louis Prevost, l'aîné.
1652. Thomas Cornu.
1664—1666. Louis Leblanc.
1671. Laurent Longuet.
1675. Nicolas Despriez.
1692. Butin.
1695. Pierre Prevost.
1700—1735. Joseph Thocquesne.
1702—1735. Charles Le Boucher.
1702. Antoine Cabaille.
1712. Pierre Hérissier.
1725. Antoine-Pierre Dreue.
1731—1761. Louis-Florent Jobart.
1762—1792. Louis-Florent Jobart, fils du précédent.
1735. François Thocquesne.
1735. Louis-Nicolas Louvart.
1738. Antoine-Nicolas Thocquesne.
1739, 1740. Lecocq.
1740. Daussy,

1743—1789. Florent-Michel Bellot de Rougeville, aïeul maternel de l'auteur.

1789—1809. Florent-Isidore Bellot de Rougeville, fils du précédent, oncle de l'auteur.

1749—1798. Antoine Grégoire, aïeul paternel de l'auteur.

1749. Prudhomme.

1755—1772. Legras.

1756—1765. Louis-Pierre Jobart.

1766. Longuecamp.

Seret, au lieu de Thocquesne, bel oncle de l'auteur.

Vivans et exerçant aujourd'hui a Roye.

L'an 6. Me Grégoire-d'Essigny, père de l'auteur, après abdication de la justice-de-paix.

Me Grégoire, le jeune, oncle de l'auteur.

1813. Me Masson.

a Ercheu.

Me Duval.

CHAPITRE XI.

Juges-de-paix du canton de Roye, depuis la création de cette place.

Monsieur Longuecamp.
M¹ Grégoire-d'Essigny, *intrà muros*;
Mʳ Du Mesnil, avocat, *extra muros*.
Mʳ Lefebvre-d'Hédancourt, avocat, juge-de-paix actuel.

CHAPITRE XII.

Grenier-à-sel.

Lettres de Charles VI, par lesquelles il établit, dans la ville de Roye, une chambre-à-sel, répondant au grenier-à-sel de Montdidier, données à Paris, le 4 novembre 1401.

Le ressort de ce grenier-à-sel s'étendait sur une distance de trois lieues.

Il comprenait cent paroisses considérables, notamment Nesle, Chaulnes, Lihons, Rosières et Ressons.

CHAPITRE XIII.

Au moment de terminer ce Livre II, qui traite de l'ancien bailliage de Roye et de sa justice-de-paix actuelle, je ne peux m'empêcher d'exprimer mon regret de ce que Roye ne possède aucun établissement d'administration civile et judiciaire. Ces établissemens feraient de Roye l'une des villes les plus intéressantes du royaume : mais une sorte de fatalité les a placés à Montdidier, lors de la division de la France en départemens.

Cependant, si l'on veut parler avec franchise et sans partialité, de grands motifs militaient et militent encore en faveur de Roye.

1°. L'Assemblée Nationale, en fixant à cinq le nombre des districts du département de la Somme, et, en plaçant le cinquième à Montdidier, a dit :

Sauf, à-l'égard de cette dernière ville, à partager, s'il y a lieu, avec la ville de Roye, les établissemens qui pourront être créés dans ce district On avait donc pensé que Roye devait avoir autant de droit que Montdidier à ces établissemens.

2°. La ville de Roye est placée au point de section de différentes routes importantes, qui en font une des routes militaires les plus essentielles de France. Elle est ville d'étape. Par cette position, elle a vu souvent passer et séjourner des corps d'armée entiers : le service d'approvisionnemens, de transports militaires, etc. . . . est alors fait par le maire de Roye, qui souvent n'en peut informer le sous-préfet qu'après l'événement ; ce qui l'expose à laisser manquer le service, ou bien à passer les bornes de ses pouvoirs. A Montdidier, au-contraire, peu ou point de passages militaires.

3°. Il est difficile de concevoir que l'Assemblée Nationale, en déterminant l'emplacement des districts, n'ait point fait attention que, sur une route militaire telle que la nôtre, la distance de 22 lieues qu'elle laissait entre Senlis et Péronne, devait nuire au service et l'entraver ; elle eût évité cet inconvénient, en plaçant un district à Roye.

4°. Roye étant une ville de grand passage et de grand roulage pour les Pays-Bas et la Hollande, les mesures de surveillance et de police doivent y être plus nombreuses et plus actives qu'à Montdidier, ville placée au milieu des terres, sans aucune communication importante et sans passage.

5°. Quant à la position relative des deux villes, aucune des deux ne peut faire valoir de véritable centralité topographique. L'arrondissement de Montdidier comprend dans sa longueur, de l'est à l'ouest, 14 lieues $\frac{1}{2}$, et dans sa largeur, du sud au nord, 8 lieues : ni Roye, ni Montdidier ne sont au centre. Ces villes sont sur une surface qui forme une ellipse, et présente 6 lieues $\frac{1}{2}$ de-plus dans sa longueur, que dans sa largeur.

Les choses étant égales en ce point, les remarques précédentes et celles qui suivent, devraient faire prononcer en faveur de Roye.

6°. Il résulte, d'un calcul bien établi, qu'en choisissant les 17 communes les plus populeuses de l'arrondissement, on trouve qu'elles comprennent 20,334 habitans, qui sont presque le tiers de la population de l'arrondissement ; que, sur cette quantité, 14,070 habitans sont plus voisins de Roye, que de Montdidier ; que 4,044 sont plus voisins de Montdidier que de Roye ; et que 2,220 sont à égale distance de l'une et de l'autre. Si donc Roye était chef-lieu, on se trouverait avoir rapproché ces grandes communes du centre de leurs affaires et de leurs besoins.

7°. Si l'on compare la population des deux villes, on trouve que, d'après un récensement fait en 1793, Montdidier compte 3,500 habitans; et que, suivant un récensement fait en 1817, Roye compte 3,390 ames. La différence est bien petite; et Montdidier ne peut faire valoir un léger excédent qui peut résulter de la possession des établissemens administratifs et judiciaires.

Je m'arrête, et je laisse, à ceux qui liront ce chapitre, le soin d'apprécier le mérite des obsertions que je viens d'écrire, et que j'aurais pu rendre plus nombreuses.

FIN DU LIVRE DEUXIÈME.

LIVRE III ème.

ÉGLISES, COUVENS, ÉCOLES.

CHAPITRE PREMIER.

Fondation de l'église collégiale de Saint-Florent.

Les actes et les auteurs qui parlent de cette église ne se trouvent d'accord, ni sur l'époque de sa fondation, ni sur les noms des fondateurs. Ils disent bien que c'est un comte de Vermandois, nommé Herbert, mais ils diffèrent dans le nom de sa femme, ainsi qu'on va le voir.

Suivant MM. de Sainte-Marthe (Hist. généalogique de la Maison de France, tome Ier, livre 10), Herbert Ier, comte de Vermandois et de Péronne, qui vivait en 890, et mourut en 902, eut un fils, Herbert II, comte de Vermandois, qui paraît comme fils unique du comte Herbert Ier, dans le traité qu'il fit avec Baudouin, comte de Flandres, en 915; il mourut en 943 et fut inhumé à Saint-Quentin. De sa femme Hildebrante vinrent plusieurs enfans; l'aîné Albert Ier du nom, comte de Vermandois, épousa Gerbege de Lorraine, fille

HISTOIRE

de Gilbert de Lorraine. Il mourut en 988, et eut de ce mariage HERBERT III du nom, comte de Vermandois, qui vivait en 987 et qui mourut en 1015. Il avait épousé HERMENGARDE. L'un et l'autre firent beaucoup de bien aux églises de Vermand, S.-Quentin et autres ; leurs enfans furent ALBERT II, mort sans enfans, et OTHON ou EUDES, comte de Vermandois, qui eut de PAVIE, sa seconde femme, HERBERT IV du nom, comte de Vermandois. Ce dernier reçut en 1047 le Roi Henri dans la ville de Saint-Quentin ; il assista au sacre et couronnement du Roi Philippe, en 1059. Il vivait encore en 1076, suivant plusieurs actes et cartulaires des abbayes d'Homblières et de S.-Prix, copiés dans l'histoire du Vermandois par Colliette, qui rapporte aussi le testament de cet Herbert IV, de l'an 1059, dans lequel il nomme sa femme ALIDE (*Alida*). MM. de Sainte-Marthe disent qu'il épousa ALIX DE CRESPY ou de Valois, fille de Raoul III, comte de Crespy.

Colliette, qui rapporte la même généalogie, donne pour femme à HERBERT I, la fille de Robert II, dit le fort, comte de Paris ; à HERBERT II, Hildebrande (ainsi nommée par le P. Marlot), fille de Robert III, comte de Paris et Roi de France ; à HERBERT III, la comtesse Hermengarde, et à HERBERT IV, mort en 1081, la comtesse Hildebrante, plus connue sous le nom d'Adèle de Crespy, d'où Adèle de Vermandois, femme de Hugues de France.

Si, d'après cette généalogie, on consulte les actes et monumens qui se trouvaient aux archives de S.-Florent, on y verra d'abord une bulle du Pape Luce III, du 18 avril 1184, qui prend sous sa protection l'église de Roye et les biens qu'elle possède, et dans laquelle il nomme comme fondateurs de cette église HERBERT, ancien comte de Vermandois, et HERMENGARDE, sa femme.

Quidquid habetis intrà ambitum Royæ et extra, ex dono bonæ memoriæ HERBERTI, quondam comitis viromandensis, ecclesiæ vestræ fundatoris, et ERMANGARDIS, uxoris ipsius.

Cette bulle, sollicitée par les doyen et chanoines de Roye, qui devaient avoir en leur possession le titre de leur fondation, peut être regardée comme un monument qui prouve la fondation de l'église de Roye, vers la fin du X° siècle, par HERBERT III et son épouse HERMENGARDE.

L'office propre de Saint Florent rapporte aussi que c'est vers la fin du X° siècle que l'église collégiale de Roye a été fondée sous l'invocation de Saint Georges, martyr; mais il attribue cette fondation à Herbert IV, ce qui implique contradiction. *Cum circà finem decimi sæculi collegiala Royensis ecclesia sub invocatione sancti Georgii, martyris, ab* HEBERTO *quarto,* Viromanduorum *comite, fundata esset.*

Si la fondation est de la fin du Xe siècle, elle ne peut venir d'HERBERT IV, qui n'était pas né, ou qui l'était à-peine, puisqu'il vivait en 1076, et qu'il ne mourut qu'en 1081.

Suivant Chopin, *De sacrâ politiâ,* l'église collégiale de Saint-Florent de Roye en Picardie a été fondée, ainsi que celle de Saint-Quentin, par HILDEBRANTE, femme d'HILBERT, comte de Vermandois, et cette église exerce les droits épiscopaux à Roye: *Ecclesia collegiata sancti Florentii de Royâ in Picardiâ. Quam fundavit simul et ecclesiam Sancti-Quintini* HILDEBRANTA, *Viromandui comitis,* HEBERTI *conjux. Ecclesia illa sancti Florentii exercet apud Royam jura episcopalia.*

Cette HILDEBRANTE, était-elle la femme d'HERBERT II, comme le disent les frères de Sainte-Marthe? Ou la femme de HERBERT IV, comme on le voit dans Colliette? ou bien y-a-t'il eu deux femmes du nom d'HILDEBRANTE?

Claude Héméré, Chanoine de S.-Quentin, dans son ouvrage intitulé *Augusta Viromanduorum,* attribue la fondation de l'église de Roye à HERBERT et à HILDEBRANTE, sa femme, sous l'invocation de Saint Georges, et sous la date de l'an 1046; il ajoute que ce fondateur y établit 18 chanoines; que dans la suite cette église prit le nom de Saint-Florent à-cause des Reliques de ce saint, qui lui avaient été données par Hugues, comte de Vermandois, etc...

Porrò Heribertum, cùm aliæ præclaræ virtutes, tum in primis commendavit eximia pietas in divos, qui cum Hildebrantd conjuge ecclesiam urbis Royæ in Viromanduis........ fundavit, titulo Sancti-Georgii, et proventu ditavit opulento; in eadem canonicis octodecimis institutis, ad exemplar, inquit Chopinus, monasterii Sanquintiniensis..... Eadem ecclesia Royensis à reliquiis D. Florentii posteà nomen accepit.....

Colliette, dans son HISTOIRE DU VERMANDOIS, livre 8, n° 59, dit, d'après Chopin, qu'il cite, et sans-doute d'après Héméré, que, parmi les excellentes qualités qui brillèrent en Herbert IV, son insigne piété envers les Saints le rendit infiniment illustre; que la collégiale des chanoines de la ville de Roye, au diocèse d'Amiens, fut fondée et dotée par ce comte conjointement avec son épouse. Cette église fut dédiée primitivement à S. Georges; dans la suite elle prit un second patron, S. Florent, lorsque les reliques de ce confesseur lui furent données: elle fut d'abord desservie par 18 chanoines qu'Herbert IV y avait établis, et à qui il avait donné pour règles les constitutions des chanoines de S.-Quentin. Enfin il fixe l'époque de l'érection ou fondation de l'église et du chapitre de Roye vers 1047. Il ne nomme pas ici la femme d'Herbert IV, mais on a vu ci-dessus que, dans sa généalogie des comtes de Vermandois, il l'appelle Hildebrante, plus connue, selon lui, sous le nom d'Adèle de Crépy. Il lui donne encore ce dernier nom, livre 9, n° 8, en parlant des reliques de Saint Florent.

Cette église, après avoir subsisté pendant sept siècles et demi, a été abattue dans le cours de la révolution.

BULLE DU PAPE LUCE III,

PAR LAQUELLE IL PREND SOUS SA PROTECTION L'ÉGLISE DE ROYE ET LES BIENS QUI EN DÉPENDENT.

Lucius, episcopus, servus servorum Dei, dilectis filiis Bernardo decano, canonicis Royensis Ecclesiæ, et præsentibus, et canonicè substituendis in perpetuum effectum. Justa postulantibus indulgero et vigor æquitatis, et ordo dirigit, oratio-

Luce, évêque, serviteur des serviteurs de Dieu, à nos bien-aimés fils Bernard, doyen, et chanoines de l'Église de Roye, tant présents, que ceux qui leur seront canoniquement substitués, pour sortir un perpétuel effet. Il est de l'ordre et de la justice d'écouter les

nes præsertim quando potentium voluntas et pietas adjuvat, et veritas non relinquit; quapropter, dilecti in Domino filii, vestris justis clementer postulationibus annuentes, et præfatam Royensem ecclesiam in quâ divino mancipati estis officio, sub beati Petri et nostrâ protectione suscipimus, et præsentis scripti committimus, statuentes ut quascumque possessiones, quæcumque bona eadem ecclesia impræsentiarùm justè et canonicè possidebat in futurum concessione pontificum, largitione regum vel principum, oblatione fidelium seu aliis justis modis, præstante Domino, poterit adipisci, firma vobis, vestris-que successoribus, et illibata permaneant. In quibus hæc propriis du-

prières qui nous sont adressées, surtout lors qu'elles ont pour base la vérité, et que la piété les dirige et les accompagne. Voulant donc, nos bien-aimés fils en N.-S., vous traiter favorablement, d'après les justes demandes que vous nous avez faites, Nous prenons et mettons, par le présent bref, sous la protection de S. Pierre et la nôtre, ladite église de Roye, à laquelle vous êtes attachés pour y vaquer au service divin; statuant que tous les fonds et biens que ladite église possède à-présent, canoniquement et à juste titre, ou que, Dieu la favorisant, elle pourra acquérir dans la suite, par concession des Souverains-Pontifes, donations des rois ou princes, oblation des fidèles, et autres moyens légitimes, demeurent stables et entiers à

ximus exprimenda vocabulis :

Quidquid habetis intrà ambitum Royæ et extra ex dono bonæ memoriæ HERBERTI quondam comitis Viromandensis, ecclesiæ vestræ fundatoris, et ERMANGARDIS, uxoris ipsius.

Quidquid habetis in potestate Sancti Georgii, in potestate Sancti Petri.

Quidquid habetis apud Thoulam.

Quidquid habetis apud Andechiam.

Quidquid habetis in molendino Galerii, in molendino de Bracheuil, et in aliis molendinis.

Quidquid habetis apud d'Avenescourt.

Quidquid habetis apud Raisinviller.

Hangest.

vous et à vos successeurs. Parmi lesquels biens nous avons jugé à-propos de nommer ceux-ci :

Tout ce que vous possédez au-dedans et au-dehors de la ville de Roye, de la libéralité d'HERBERT, d'heureuse mémoire, ancien comte de Vermandois, fondateur de votre église, et d'ERMANGARDE, sa femme.

Tout ce que vous avez dans le ressort de S.-Georges, dans celui de S.-Pierre.

Tout ce que vous avez à Thoule.

Tout ce que vous avez à Andechy.

Tout ce que vous avez au moulin de Galère, au moulin de Bracheuil et aux autres moulins.

Tout ce que vous avez à d'Avenescourt.

Tout ce que vous avez à Raisenviller.

· à Hangest.

Harviller.	à Harviller.
Méharicourt.	à Méharicourt.
Lehunum.	à Lihons.
Froissier.	à Froissier.
Capuni.	à Capuni.
Monecourt.	à Monecourt.
Vigellam.	à Vigelle.
Marché.	à Marché.
Carepuy.	à Carepuy.
Villers.	à Villers.
Fresnières.	à Fresnières.
Canny.	à Canny.
Belleriam.	à Bellerie.
Conchy.	à Conchy.

Quidquid habetis apud Bernastrum, et in aliis locis, ecclesiam Sancti Petri cum omnibus pertinentiis, ecclesiam Sancti Ægidii cum omnibus pertinentiis, ecclesiam Sancti Medardi, cum omnibus pertinentiis.

Sive novalium universorum quæ propriis manibus aut sumptibus colitis, sive de nutrimentis animalium uni-

Tout ce que vous avez à Bernastre et dans les autres lieux, l'église de S.-Pierre avec toutes ses dépendances; l'église de S.-Georges avec toutes ses dépendances; l'église de S.-Gille avec toutes ses dépendances; l'église de S.-Médard avec toutes ses dépendances.

Que personne n'ait la témérité de vous extorquer les décimes, soit de toutes les novales que vous cultivez par

versorum, nullus à vobis decimas extorquere præsumat. Cùm autem generale interdictum terræ fuerit, liceat vobis, januis clausis, ecclesiis excommunicatis et interdictis, non pulsatis campanis, voce submissâ, divina officia celebrare. Inhibemus quoquè nè quis in vos vel ecclesiam vestram excommunicationis, vel interdicti sententiam, sinè manifestâ et rationabili causâ, promulgare præsumat. Ad hæc libertates et immunitates à personis tàm ecclesiasticis quàm mundanis ecclesiæ vestræ consuetudines hactenùs observatas, illibatas manere præsenti dicto sancimus. Inhibemus insuper nè ecclesias, aut terras, aut quodlibet beneficium ecclesiæ vestræ collatum liceat alienis personaliter dari, sive alio modo alienari, sinò consensu totius

vous-mêmes, ou qui se cultivent à vos frais, soit de tout ce qui sert de nourriture aux animaux. Voulons qu'en cas d'interdit général dans le pays, il vous soit permis de célébrer l'office divin dans les églises excommuniées et interdites, les portes néanmoins closes, sans son de cloches et à voix basse. Défendons que personne ose, sans cause manifeste et raisonnable, publier sentence d'excomunication ou d'interdit contre vous, ou votre église. Vous maintenons, par le présent bref, dans les immunités et libertés dont vous avez joui jusqu'à présent dans les personnes tant ecclésiastiques que laïques de votre église. Défendons de-plus qu'aucune église, terre, ou bénéfice conféré à votre église, puissent être donnés personnellement à un étranger, ou aliénés de quel-

capituli, aut majoris aut sanioris partis ejusdem; si quæ verò donationes, aut alienationes aliter quàm dictum est factæ fuerint, eas irritas esse censemus, paci-que et tranquillitati vestræ paternâ volentes sollicitudine providere, auctoritate apostolicâ prohibemus intrà claustrum domorum vestrarum nullus violentiam, vel rapinam seu furtum admittere, seu ignem apponere, hominem capere vel interficere audeat.

Decernimus ergo ut nulli hominum fas sit præfatam ecclesiam temerè perturbare, aut ejus possessiones auferro, vel ablatas retinere, minuere, seu quibuslibet vexationibus fatigare; sed omnia integra conserventur eo-

que autre manière, sans le consentement de tout le chapitre, ou de la majeure et plus saine partie d'icelui; et si quelques donations ou aliénations se faisaient autrement qu'il est dit, nous les déclarons nulles. Poussés d'ailleurs par une sollicitude toute paternelle à procurer votre repos et tranquillité, faisons défense, en vertu de notre autorité apostolique, à toutes personnes de commettre aucune violence, rapine ou larcin dans l'enceinte de vos maisons, d'y mettre le feu, d'y prendre personne, ou de l'y faire mourir.

Nous décernons donc qu'il ne soit permis à qui que ce soit de troubler témérairement ladite église, d'enlever ses biens, et de les retenir après les avoir enlevés, de les diminuer, ou de lui faire éprouver aucune vexation

rum pro quorum gubernatione ac sustentatione concessa sunt usibus omnimodis præfutura salvâ sedis apostolicæ auctoritate, ac diœcesani episcopi canonicâ justitiâ. Si qua igitur in futurum ecclesiastica, secularis-ve persona hanc nostræ constitutionis paginam sciens contra ipsam temerè venire tentaverit, secundo, tertio-ve commonitu, nisi erratum dignâ satisfactione correxit, potestatis, honoris-que sui dignitate careat, reum-que divino judicio existere, perpetratâ iniquitate, cognoscat, et à sacratissimo corpore et sanguine Domini redemptoris nostri Jesu-Christi aliena fiat, atque in extremo examine divinæ ultioni subjaceat ; cunctis autem eidem loco jura servantibus sit pax Domini nostri Jesu-Christi ; quatenùs

quelconque. Voulons qu'elle jouisse de tout l'exercice de sa juridiction sur ceux pour le gouvernement et le soutien desquels elle leur a été accordée, sauf toutefois l'autorité du siège apostolique et les droits canoniques de l'évêque diocésain. Si donc, par la suite, quelque personne ecclésiastique ou séculière était assez téméraire pour donner sciemment atteinte à quelque partie de notre présente constitution, Qu'après une seconde ou troisième monition (si elle ne répare sa faute), elle soit privée des honneurs et droits attachés à son rang; Qu'elle sache que, par sa faute, elle a encouru la disgrace de Dieu ; Qu'elle soit privée de la participation du très sacré corps et sang de Jésus - Christ, notre Seigneur et Rédempteur ; Qu'au jugement dernier, elle éprouve toute la vengeance

et hîc fructum bonæ actionis et apud districtum Judicem præmia æternæ pacis inveniat. Amen.

Datum Verul, per manus Alberti, sanctæ romanæ Ecclesiæ presbyteri, cardinalis et cancellarii, quarto decimo kalendas maii, indictione secundâ, Incarnationis Dñicæ anno millesimo centesimo octuagesimo-quarto, pontificatûs verò Domini Lucii tertii, papæ, anno tertio.

divine : Soit au-contraire la paix de N.-S. à tous ceux qui conserveront les droits de ladite église ; Qu'ils retirent, dès cette vie, le fruit de leur bonne action ; et Que le souverain Juge les en récompense, en l'autre, d'un bonheur éternel. Amen.

Donné à Verul, par les mains d'Albert, prêtre de la sainte Église romaine, cardinal et chancelier, le 14 des kalendes de mai (18 avril), indiction seconde, de l'Incarnation de N.-S. l'an 1184, la IIIe année du pontificat de N. S.-P. le Pape Luce III.

CHAPITRE II.

Reliques de Saint Florent.

Les uns croient Saint Florent natif de la haute Autriche; d'autres de l'Aquitaine ou du Poitou. Ce qui paraît le plus certain, c'est qu'ayant quitté son pays, il fut à Tours dans la communauté de Saint Martin, évêque de cette ville; et qu'y ayant reçu l'ordre de la prêtrise de ce saint évêque, il retourna en Poitou, servir quelque église; ensuite il revint et se retira dans une caverne de la montagne de Glomme, sur la rive gauche de la Loire, dans le diocèse d'Angers, où il finit ses jours, laissant des disciples qui continuèrent de cultiver cette montagne de Glomme, qui, dans la suite devint d'un hermitage un monastère, que l'on nomme S.-Florent-le-vieux, pour le distinguer de l'abbaye du même nom près de Saumur. Ce monastère ayant été attaqué et détruit par les Normands (*Gallia Christiana*, t. 4, p. 389), les religieux furent obligés de l'abandonner; ils emportèrent avec eux le corps de Saint Florent, et le déposèrent à Tournus en

Bourgogne. Long-tems après, Absalon, religieux de Glomme, trouva le moyen de le faire enlever et transporter en Anjou; et Thibault, comte de Blois, ayant fait bâtir un monastère dans le château de Saumur, les reliques de Saint-Florent y furent placées.

Ce monastère ayant été détruit l'an 1025 par Foulques, comte d'Anjou, le corps de S. Florent fut déposé dans l'église du bourg de Trèves, où il resta jusqu'à ce qu'on eût bâti la nouvelle abbaye appelée *Saint-Florent-lez-Saumur*, dans laquelle il fut transporté avec beaucoup de cérémonie, l'an 1030. Mais vers l'année 1077, Hugues-le-Grand, comte de Vermandois, le fit enlever, porter à Roye, et placer dans l'église collégiale de Saint Georges (*Augusta Viromanduorum*, anno 1077, *p*. 126).

Saint Florent fut dès-lors choisi pour patron de la ville au-lieu de Saint Georges. Les habitans de Roye fournirent à la dépense de deux châsses fort riches que l'on fit l'an 1152, l'une pour son chef, l'autre pour le reste de son corps. Ils demeurèrent paisibles possesseurs de ces reliques jusqu'en 1475 que le Roi Louis XI ayant pris Roye sur Charles-le-Téméraire, duc de Bourgogne, les fit enlever de Beuvraignes et de Carrépuits où on les avait cachées, pour les transporter à Saint-Florent-lez-Saumur. Après la mort de ce prince, le chapitre de

Roye intenta procès aux religieux de Saumur, en restitution des reliques et des deux châsses. Par sentence du 2 avril 1491, confirmée par arrêt du Parlement, du 14 août 1494, les abbé et religieux de Saumur furent condamnés à restituer. Mais cet arrêt ne suffit pas ; et il paraît que ce fut par une transaction du 23 juillet 1496, que le chapitre de Roye obtint une partie des reliques, et les deux châsses, l'une desquelles, en forme de buste, renfermait le chef de Saint Florent, et l'autre, en forme de coffre long, contenait une partie du corps.

Le retour de ces reliques causa une si grande joie, qu'on institua une fête solennelle, qui s'est célébrée, tous les ans, le dimanche de l'octave de l'Assomption, jusqu'en 1764 qu'on a commencé à la célébrer le dimanche dans l'octave de S.-Florent. Ce jour-là on portait processionnellement les reliques jusqu'au haut du faubourg de Saint-Gilles, au lieu où il y avait une chapelle appelée de Saint-Ladre.

A la fin de 1790, la collégiale de Saint-Florent fut interdite, comme toutes les églises de France. Les chanoines n'ayant pu sauver les reliques ni les vases-sacrés, tout fut mis au pillage : mais ceux qui enlevèrent les vases d'or et d'argent jetèrent les ossemens de Saint Florent hors de la châsse ; quelques personnes qui étaient présentes ramassèrent en-secret ces ossemens et les tinrent cachés jusqu'au retour du bon ordre.

L'église de Saint-Florent fut vendue.

Un ordre du gouvernement ayant rouvert les églises, celle de Saint-Pierre de Roye reçut les reliques de Saint Florent.

Monseigneur Villaret, lors évêque d'Amiens, confirma le rétablissement de ce dépôt dans l'église paroissiale de Saint-Pierre, et l'ancienne chapelle de Saint-Louis prit le nom de *Chapelle de Saint-Florent.*

CHAPITRE III.

Doyens de la Collégiale de Saint-Florent.

Le chef de l'église de Roye a toujours été appelé Doyen, en latin *Decanus*, qui était chez les Romains un officier chargé de la conduite d'un certain nombre de soldats.

Il y eut des Doyens à Roye aussitôt la fondation de l'église de Saint-Florent: le chapitre les nommait, et l'évêque d'Amiens confirmait cette nomination.

Ils étaient établis pour veiller à l'observance des canons dans la célébration des offices de l'église, et à ce qu'il ne se fît rien que de décent de la part de tous les membres de son clergé. *Ils étaient chargés d'y maintenir la police*, dit un auteur, *comme les décurions dans les troupes, d'où leur est venu le nom de Decanus*, Doyen. Ils présidaient au chœur et au chapitre ; ils portaient la parole dans les assemblées et les grandes cérémonies ; ils avaient la prééminence sur tout le chapitre.

LISTE

DES DOYENS DE ROYE.

Albrici de Roya. Il signe comme Doyen une donation faite en 1138, par Thomas de Roye, aux moines de Saint-Prix. (*Ann. du Verm.*).

Hugo, Decanus de Roye, signe une charte de l'an 1175 par laquelle Philippe d'Alsace, comte de Flandre et de Vermandois, abandonne les droits qu'il avait au village de Viri, à l'église de

Paris. (*Ann. du Verm. l.* 13, *aux actes n°* 5).

HILGOTUS, Doyen de Roye, et Robertus, chanoine de Saint-Florent et coûtre de l'église de S.-Quentin, paraissent à l'acte du 28 septembre 1152, relatif à la translation faite par Thierry, évêque d'Amiens, du corps de Saint Florent, de l'ancienne châsse dans la nouvelle.

BERNARD, Doyen, nommé dans bulle du Pape Luce III, de l'an 1184.

JACQUES DES ESSONES, Doyen en 1285.

JEAN DE DAMPIERRE, Doyen en 1290.

PIERRE DE SAINT-GUON, est dénommé Doyen dans les statuts arrêtés au chapitre-général de l'an 1332.

SÉBASTIEN HÉRAULT, Doyen en 1434.

GUILLAUME BOUILLE, docteur et professeur en théologie, élu doyen de la cathédrale de Noyon en 1446, mort en 1467. Il avait été l'un des commissaires que le Pape avait nommés pour reviser le procès fait à la Pucelle d'Orléans, dont la mémoire fut réhabilitée en 1455. Il avait harangué les juges par un discours dont voici le texte : *Mementote mirabilium ejus quæ fecit, prodigia oris ejus, et judicia oris ejus.* (Ps. 104, vers. 5).

SIMON SOYER, Doyen en 1464.

RAOUL SOYER, était Doyen lors de la prise de la ville de Roye, par Louis XI, sur le duc de

Bourgogne, en 1475 : il est mort en 1483.

Jean Carton, Doyen en 1483, suivant un capitulaire concernant les hôpitaux de S.-Lazare et de S.-Jean, de Roye.

François Bournet, Doyen, en 1532.

Pierre Sandrin, Doyen, en 1539.

François Cornet, Doyen, en 1567.

Léon Lepot, Doyen, en 1574.

Gabriel de Collesson, dit de Beronne, est élu Doyen par une partie du chapitre. Il est maintenu par arrêt du Grand-Conseil, du dernier juin 1576, contre Léon Lepot, chanoine de Roye, aussi nommé Doyen. Il transige avec ledit Lepot, le 21 novembre 1576, et reste possesseur du Doyenné. *

Christophe Bellot, élu Doyen en 1616, mort en 1626, inhumé à S.-Florent, où était son épitaphe. Il était réprésenté en habit de chœur, d'hiver, à-genoux aux pieds d'un crucifix : dans le haut se trouvaient ses armoiries : *d'azur à trois canettes d'or, posés 2 et 1.*

---

* Je lis, dans une généalogie de la famille des de Belloy, seigneurs d'Amy : Vers l'an 1600 ; Louis de Belloy, chanoine et Doyen de S.-Florent de Roye, puis capitaine de gens de pied pour le service du Roi, dans le régiment de Brazeux, en la ville de Nancy.

Mais n'ayant pu vérifier ce fait, je n'ai pas osé placer ce Louis de Belloy dans la liste des Doyens de S.-Florent.

Il était grand-vicaire, et prieur de Lihons.

C'est l'arrière grand-oncle de l'auteur de cette Histoire.

Louis Cornet, licencié en droit, élu Doyen en 1626, mort en 1631.

Claude de Broyes, natif de S.-Quentin, chanoine de la collégiale de la même ville, fut écolâtre, puis Doyen de Roye, et mourut en 1660.

Pierre Lefebvre, élu Doyen sur la démission de Claude De Broyes : il était auparavant chanoine de Saint-Florent. Il est mort en 1649.

Pierre Rouillé, prêtre, docteur de Sorbonne, curé de S.-Barthélemy de Paris, élu Doyen en 1649, confirmé par l'évêque, exerce les fonctions, puis résigne à M. de Melleville, prêtre du diocèse d'Évreux, maître-ès-arts en l'Université de Paris.

M. de Melleville résigne à Antoine Hannicque, chanoine.

Antoine Hannicque, Doyen, obtient des bulles d'Innocent X, du 4 février 1650; prête serment entre les mains de l'official d'Amiens, le 14 février 1651; prend possession le 24 dudit mois; mais s'étant présenté pour être installé le 28 juin suivant, les chanoines s'y opposent; ils avaient nommé

M⁰ Faron Leclerc, natif d'Ancre, bachelier, docteur en théologie et de Sorbonne, qui fut confirmé par l'évêque.

Antoine le Peyre, docteur en théologie, du diocèse de Toulouse, succéda à M. Faron Leclerc.

Joachim du Chatel, écuyer, prêtre du diocèse de Saint-Pol de Léon, élu le 2 mars 1709, mort en 1749.

Nicolas Pépin, né à Montreuil, près de Paris, licencié en théologie, de la maison et société de Navarre, présenté au chapitre de S.-Florent, en 1749, par Jacques Vallette, professeur au collège de la Marche à Paris, ancien recteur de l'Université ; agréé et élu Doyen en 1750 ; mort à Roye le 4 Janvier 1796.

C'est le dernier Doyen.

CHAPITRE IV.

Fondation de l'église de Saint-Pierre.

On ne sait pas précisément en quel tems fut bâtie cette église ; mais il est certain qu'elle existait avant l'an 1184.

.. Une bulle du pape Luce III, que j'ai citée, plus haut, datée du 18 avril 1184, par laquelle ce

Pape prend sous sa protection l'église de S.-Florent de Roye et les biens qu'elle possède, porte : *Ecclesiam sancti Petri cum omnibus pertinentiis* (l'église de Saint-Pierre, avec toutes ses dépendances); *ecclesiam sancti Georgii* (S.-Georges), *cum omnibus pertinentiis ; ecclesiam S. Ægidii*(S.-Gilles), *cum omnibus pertinentiis ; ecclesiam S. Medardi* (S.-Médard), *cum omnibus pertinentiis.*

Cette bulle, qui est un monument authentique, est suffisante pour prouver l'existence et la dotation des églises de S.-Pierre, S.-Georges, S.-Gilles et S.-Médard, à l'époque où elle fut donnée aux doyen et chanoines de S.-Florent.

L'église de S.-Pierre ne présente point de faits assez intéressans pour que je puisse m'y arrêter.

Ce qu'elle offre de plus curieux, c'est, 1°, Quatre grands tableaux, d'après le Poussin, qui avaient été donnés à l'église de S.-Florent, par M. Pépin, doyen, et qui ont été placés dans la nef de celle de S.-Pierre, après la démolition de S.-Florent.

2°. Les vitres des croisées qui étaient peintes et qui paraissent l'avoir été vers le commencement du XVIe siècle. Voici la description de ces vitres, dont une grande partie subsiste encore.

Une première vitre, qui est à-côté de l'autel de la Communion (autrefois de la Trinité), au-dessus de la porte qui donne sur le cimetière, représente une femme couchée et moribonde, assistée de plusieurs personnes dont une lui jette de l'eau-benite ; d'un côté, on voit divers assistans affligés, entre autres un jeune-homme ; de l'autre côté, deux vieillards, l'un à-genoux, son livre et ses lunettes par terre ; l'autre, soufflant dans un encensoir. Dans le haut, se trouvent différentes figures et écritures ; au-bas, d'un côté, Antoine CARDON; et de l'autre, Marguerite GILLE, avec leurs patrons.

On y lit : *A l'honneur de Dieu, et à la décoration de cette église, ANTOINE CARDON, bourgeois, marchand, demeurant en cette ville de Roye, et MARGUERITE GILLE, sa femme, ont donné cette verrière, et a été faite en l'an de grace mil Ve XXXIIII, au mois de juin. Priez Dieu pour leurs ames.*

———

Une seconde, qui était au-dessus de l'autel de la Trinité, représentait le Jugement dernier. Cette croisée a été bouchée.

———

Une troisième, de l'autre côté de l'autel de la Communion, représente les principaux traits de l'histoire de Moïse, ou de la sortie d'Égypte : le Buisson ardent ; Moïse devant Pharaon ; Moïse faisant ramasser la manne, changeant la verge en serpent ; le mont Sina ; le veau d'or ; Aaron frappant la pierre dans le désert ; Moïse levant les mains pendant la défaite des Amalécites. Chaque fait particulier était repris en deux vers. Voici ceux qu'on a pu lire :

>Comment il vit en un buisson de feu
>Dieu tout-puissant dont . . .

>Comment Moïse à Pharaon rompit
>Sa couronne dont il en eut despit.

>Les mains en-haut Moïse à Dieu prioit
>Dont aux Hébreux la victoire venoit.

>Comment la manne au desert descendit
>Sur les Hébreux qui long-tems les nourrit.

>Comment la verge en serpent fut versée
>Dont Pharaon ne . . . . . . chan la pensée.

>Telles . . . . . . furent par la prière
>Quand leaüe yssit en frappant sur la pierre.

Au-bas de cette vitre sont représentés, d'un côté, Charles BOUCQUEL, en robe herminée ; de l'autre, une femme sous les habits dans lesquels on représente ordinairement Sainte Marguerite, avec chacun leurs armes. Derrière Charles BOUCQUEL, se voient encore deux personnes, l'une en robe rouge, l'autre en robe bleue, verte et rouge ; on présume que ce sont ses deux fils, et que la femme est sa fille, d'après ce qui est écrit au-bas : *A l'honneur*

*de Dieu et de la Vierge Marie, Marguerite Bou-
quel, jadis femme de Jehan Du Mege, fille
d'honnêtes personnes Charles Boucquel, élu du
Roi, et damoiselle De Gille, sa femme, a
donné cette présente verrière en l'an Mil V^e
XXXIII.* (On lit encore vers le milieu de la vitre ;
Anno 1532). *Priez Dieu pour elle.*

Une quatrième vitre, proche et derrière la chapelle de S.-Nicolas, représente les principaux faits
concernant Abraham et Isaac. On voit Abraham
sortant de son pays, trois anges qui lui apparaissent;
Isaac portant le bois de son sacrifice; le sacrifice
d'Isaac; le bélier immolé en sa place; et au-dessous,
J.-C. portant sa croix; et J.-C. en croix.

Au-bas, se voit représenté Pierre Carton, en
long habit herminé (Il était lieutenant-général du
gouverneur pour le Roi, à Roye;) derrière lui,
cinq de ses fils : Me Jean Carton, chanoine, puis
doyen de S.-Florent et curé de S.-Pierre, en sou-
tane violette, surplis et aumusse ; N*** Carton,
en habit de cordelier ; et trois autres frères, dont
on ne voit guères que les têtes. De l'autre côté,
Catherine Gille, femme de Pierre Carton, et
deux de leurs filles.

Au-dessous est écrit : *L'an de grace* 1531, *M^e
Jehan Carton, prêtre, chanoine de Saint-Florent, et curé de céans, a donné cette vitre*...1531.

La première vitre, dans la chapelle de S.-Nicolas, et près de l'autel, représente le martyre de S. Crépin et de S. Crépinien ; au-bas est écrit : *A l'honneur de Dieu, et à la décoration de l'église, les cordonniers de cette ville ont donné cette verrière, l'an mil cinq cent XXXVII.*

La seconde vitre de la même chapelle représente la création du monde et les principaux traits de la Genèse : On y voit Adam et Eve sous un pommier ; l'ange qui les chasse du paradis-terrestre, etc..... et les autres traits jusqu'à la mort d'Abel. Dans le haut, se trouve, d'un côté, un mortier et son pilon ; de l'autre, des balances et un écusson parti au premier de France, au second de Bretagne ; au-bas, cette inscription :

A l'honneur de Dieu et à la décoration de l'église, les MERCIERS *ont donné ceste verrière, l'an mil V^c* (le reste est détruit).

Dans la chapelle de S. Roch et de S. Adrien, au-dessus de l'autel, le vitrage mis en blanc représentait S. Jean prêchant dans le désert, baptisant J.-C., prêchant devant Hérode, et enfin sa décollation.

Au-bas, on voyait, d'un côté, Pierre CARTON, en habit long ; Jean, son fils, en surplis et en aumusse ; ses quatre autres fils, et un S. Pierre,

De l'autre côté, Catherine GILLE, sa femme, ses deux filles et une Sainte Catherine. Au-dessous, était écrit : *L'an mil V^c XX, celle verrière a été faite et donnée par Me Jehan CARTON, chanoine de S.-Florent et curé de céans, pour et à l'intention de Pierre CARTON, son père, en son vivant lieutenant de M. le Gouverneur et Damoiselle Catherine GILLE, sa mère. Priez Dieu pour leurs ames.*

Dans la chapelle de S.-Louis (actuellement de S.-Florent), sont trois vitres :

La première, contre l'autel, représente les sacres de Clovis, de S. Louis et de Charlemagne. Vers le haut, sont peints deux écussons, l'un de France, et le second parti au premier de France, et au second de Bretagne. Dans le bas, quatre autres écussons : Le premier, vers l'autel, présente les armes de Roye ; le second, écartelé au 1er et 4 de France, au 2 et 3 du dauphin de Viennois ; le 3e, de Bourbon-Condé ; et le 4e.........

La seconde vitre représente un ange saluant la Sainte-Vierge, et lui disant : *Ave, MARIA*. La Sainte-Vierge lisant dans un livre, et répondant, *Fiat mihi*, etc....... D'un côté, est peint Simon BELIARD avec son chiffre ; et de l'autre, une femme. Au-dessous, on voit encore écrit, *Simon BELIARD, Bourgeois marchant en.....*

La troisième, en-face de l'autel de la même chapelle.

Après cette chapelle et dans le même bas-côté, sont encore quatre vitres *ou* croisées.

La première représente la venue et l'adoration des Mages, le massacre des Innocens.

Sur la seconde, est peinte une bataille, qui paraît être du tems des Croisades. On y voit aussi l'histoire d'un pélerin de S.-Jacques. On y lit : *Cette verrière a été faite et donnée des aumônes des Bourgeois de cette ville.*

La troisième ne représente qu'un Crucifix placé vers le milieu.

La quatrième est en verre blanc. Suivant la tradition, cette vitre et la précédente ont été gâtées par le feu.

CROISÉES DU SECOND BAS-CÔTÉ DE L'ÉGLISE.

La première, en entrant à-droite par la petite porte latérale, représente la pêche faite par ordre de J.-C. ; le Sauveur avec deux autres personnes ; la résurrection de Lazare ; J.-C. chez un malade qu'il guérit ; son Ascension ; la Conversion de S. Paul ; S. Pierre sortant de prison ; les premiers Chrétiens apportant leurs biens à ses pieds ; Héliodore chassé du Temple.

Sur la seconde, on voit J.-C. ; les attributs des quatre Évangélistes ; le Sacrifice d'Abraham ; la

Samaritaine ; Saint Crépin et Saint Crépinien ; S. Côme ; S. Damien ; le martyre de Sainte Catherine, un personnage sur un cheval caparaçonné de fleurs-de-lys ; S. Martin coupant une partie de son manteau ; la Décollation de S. Jean ; Hérode ; Hérodias et sa fille ; une Résurrection du Lazare ; un Prêtre tenant la Sainte-Hostie, accompagné de diacre et de sous-diacre ; Suzanne devant ses juges ; deux Saints qui paraissent en conversation avec d'autres personnes.

La troisième offre deux groupes de Saints ; un Lépreux guéri ; une Résurrection ; des démons qui tourmentent des possédés ; la Descente du S.-Esprit ; la Résurrection ; le Lavement des pieds ; l'Ascension ; la Pécheresse chez Simon ; la Femme adultère ; J.-C. chassant les vendeurs ; les Nôces de Cana ; le Baptême de J.-C. ; J.-C. devant les Docteurs ; J.-C. prêchant ; Guillaume GILLE et sa femme, accompagnés de leurs patrons.

Au-bas est écrit : *L'an de grace Mil V^c et VII, fit faire cette verrière Guillaume GILLE et Damoiselle Jeanne DUFRIEZ, sa femme, en leur vivant bourgeois, demeurants à Roye. Priez Dieu pour eux.*

Il y a de-plus deux écussons.

La quatrième représente l'arbre de Jessé, où seize rois et autres descendans de Jessé, et la Sainte-Vierge, avec deux écussons.

La cinquième vitre représente la Sainte-Vierge ; le Massacre des Innocens ; la Fuite en Égypte ; la Résurrection du fils de la Veuve de Naïm ; la Résurrection du fils du Centenier ; la Visitation, la Naissance de J.-C. ; l'Adoration des Mages ; J.-C. présenté au Temple ; le Mariage de Saint Joseph avec la Sainte-Vierge; La Vierge. Aux deux côtés, Guillaume GILLE et Catherine DUFRIEZ, et leurs Patrons.

Au-dessous, sont deux écussons, et on y lit : *L'an de grace Mil V^e VII fit faire cette verrière Guillaume GILLE, et Katherine DUFRIEZ, sa femme, Bourgeois, Marchants, demeurans en la d. ville de Roye, ci-devant...... Priez Dieu pour leurs âmes.*

Sur la sixième, on voit le Père-Éternel ; des Anges qui emportent la Croix ; le fouet ; l'éponge ; J.-C. flagellé, — portant sa Croix, — en Croix, — ressuscitant ; son entrée à Jérusalem ; la Cène ; J.-C. pris au Jardin ; — devant Pilate.

Au-dessous, un Prêtre, en robe noire, en surplis *ou* rochet ; un S. Pierre et un S. Paul. De l'autre côté, une Annonciation ; un Religieux en habit blanc, et une Sainte qui tient un livre surmonté d'une couronne, et qui donne l'aumône à un pauvre.

Au-bas, était une inscription presque détruite. On lit encore ces mots : ..... *donna cette verrière*

……… dôyen, chanoine de S.-Florent, et curé de céans. Priez Dieu pour…..

Dans la chapelle de S.-Jacques et de S.-Éloi, qui est à la suite ;

La vitre au dessus de l'autel, aujourd'hui en verre blanc, représentait la Cour de Rome en adoration ; un Cardinal, un Roi, et une multitude de personnages, au-milieu desquels se trouvait un tabernacle.

Dans la chapelle du Sacré-Cœur *ou* de la Vierge.

La première vitre en entrant, après l'autel de S.-Jacques, représente les douze Apôtres. Dans le haut, on apperçoit Isaie, d'un côté, et David, de l'autre, avec trois écussons. Dans le bas, étaient les armoiries d'Adrien Lesquievin, écuyer, seigneur de Baconval, conseiller, trésorier général des finances de la maison du Prince de Condé.

Cette vitre a été faite en 1584.

La seconde vitre contre l'autel de la Vierge, représente huit figures, dont quatre annoncent les quatre Vertus cardinales, la Force, la Justice, la Prudence et la Tempérance ; les quatre autres représentent les trois Vertus théologales, la Foi, l'Espérance et la Charité ; enfin la Sainte-Vierge.

Au dessous de chaque Vertu étaient inscrits deux vers, mais la plupart n'existent plus, cette fenêtre étant détruite en grande partie.

Le secret pour colorier le verre en fusion paraît être irrévocablement perdu. La chimie a fait de vains efforts pour le retrouver : il est donc utile, je dirai presque nécessaire, de consigner dans l'histoire la description des monumens qui nous restent en ce genre, si l'on veut en perpétuer le souvenir. C'est ce qui m'a fait entrer ici dans un détail un peu long.

CHAPITRE V.

Curés de Saint-Pierre.

Avant l'an 1439. Jehan de Prissel.
 Avant 1439. Philippe Boittel.
  1439. Robert Bazin.
  1490. Sulpice Oudin, chanoine de S.-Florent.

   (Tragédie de S. Florent, par M. Lesquevin, chanoine).

  1518. Jean Carton, qui fut depuis doyen de S.-Florent.

1527. Pierre de Fontaines.
1542. Jean Blondel.
1544. Jacques François.
1548. Jean Blondel.
1550—1557. Jacques François.
1560. Arthus Boitel.
1561. Jacques François.
1563. Arthus Boitel.
1567. Antoine Dufirment, chanoine de S.-Florent et curé de S.-Pierre.
1574. Gabriel de Collesson de Beronne, chanoine, puis doyen de Saint-Florent.
1609. Florent de Collesson de Beronne.
1620. Claude Bucquet.
1641. Claude Leblanc, mort de la peste en 1668.
1668. Charles Leblanc, chanoine de S.-Florent.
1671. François Gérard.
1705. Claude Daugy, chanoine de S.-Florent.
1732. Pierre-Florent Mercier.
1760. Éloi Graval.
1760. Louis-Charles Demay.
1773. Marie-Jean-Louis Boutteville, licencié de la faculté de Paris.

1791. Bourbier, curé constitutionnel.
18... Le susdit Mᵉ Boutteville, décédé le 4 août 1812.
1812 et à-présent, M. Jean-Baptiste Clérentin, qui a pris possession en septembre 1812.

CHAPITRE VI.

Église de Saint-Gilles.

L'église de Saint-Gilles, qui subsiste encore, était autrefois une paroisse dans le faubourg de même nom : elle existait dès 1184, comme il paraît par une bulle que j'ai citée plus haut.

Ses curés étaient à la nomination du chapitre de Saint-Florent.

N'ayant rien à dire sur cette église, je vais donner une liste de ses curés.

15... Mathurin Gregier, chapelain de S.-Florent, mort en 1582.
1619. Charles Desmay, chapelain de Saint-Florent.

1647. Florent Douviller.
1702. Charles Depille.
1704. Charles-François de la Rive.
1749. Jacques Blanchard.
1755. Louis-François Lemoine.
1758. Pierre-Louis Sailly, chanoine de Saint-Florent, desservant.
1760. Charles-Laurent Bourbier, chapelain de S.-Florent, desservant.
1767. Bourdon, curé.
Lacune.
1804. Revel, desservant.
1806. Milon, desservant.
1816. Hubaut, desservant.
1817. *Vacance.*

CHAPITRE VII.

Paroisse de S.-Georges, dans le faubourg de ce nom.

(Sur l'église de Saint-Georges, voyez ci-devant, page 16).

Curés *de la paroisse de Saint-Georges, depuis l'année 1620 jusqu'à la fermeture et la démolition de l'église, qui ont eu lieu pendant la révolution.*

 1620. Jean Riolen.
 1623. Cleuet.
 1625. Duflos.
 1628. Pierre Guérin, accusé vers l'an 1634 d'être chef des *Illuminés,* sorte d'hérétiques, nommés *Guérinets* (Voyez page 122).
 1638. Lebeuf.
 1644. Cornu.
 1645. Le Paige.
 1670. Jacques Cordier.

1687. La cure est desservie par un minime.
1713. Jean-Baptiste Lombard.
1735. Desprioz.
1747. Duflos.
1750. Charles-Sulpice Hadangue.
1774. Jacques Flandrin, dernier curé, mort en 1789.

CHAPITRE VIII.

Paroisse de S.-Médard de Thoule, dans le faubourg de ce nom.

Les curés de cette paroisse étaient nommés par le Chapitre.

L'église existait dès l'an 1184, comme le prouve une bulle que j'ai citée plus haut.

Elle n'existe plus depuis la révolution.

CURÉS DE SAINT-MÉDARD.

De 1612 à 1656. Toussaint Prache, et Hérissier.
De 1656 à 1660. Louis Billecocq.
Lacune.

1712. Charles Du Cauda.
1724. Pierre Dufour.
1766. Dequivre.
Bourbier.

CHAPITRE IX.

Cordeliers.

Ils furent établis à Roye entre l'an 1216 et l'an 1226.

Ce fut en 1216 que Saint François d'Assise, leur instituteur, commença à envoyer des religieux de son ordre en France et en Angleterre. Il mourut en 1226.

On voit, par un cartulaire ou obituaire des religieux profès de la Maison de Roye, que c'est du vivant de Saint François qu'elle s'est établie, et qu'ils ont été reçus dans le couvent, qui a été fondé par Raoul le Puthur, maire de la ville, mort en 1250.

Dans ce cartulaire on lit ce qui suit :

Radulphus le Puthur, hujus civitatis primus, recepit fratres nostros missos à sancto patre nostro

Francisco; fundavit hunc conventum, sepultus-que est in medio chori, sub popillo, anno 1250.

Sur différens vitraux de l'église des cordeliers étaient les armes de la ville de Royc : *De gueules à la bande d'argent, au chef d'azur chargé de trois fleurs de lys d'or.*

L'église et le couvent des cordeliers ont été démolis dans le cours de la révolution. Le terrain qu'ils occupaient est maintenant cultivé en jardins.

CHAPITRE X.

Minimes.

Leur couvent a été fondé par Messire Maximilien De Belleforière-Soyécourt en 1633. Il a donné pour cela une maison tenante à la rue d'Ourscamps et à la rue Coupe-gueule, assise sur environ un journal de terre.

Les religieux minimes devaient être jusqu'au nombre de dix.

Suivant délibération prise au Chapitre de Saint-Florent, ils furent admis à s'établir à Royc, sous la condition : 1°. D'assister aux processions générales. 2°. De ne prêcher chez eux avant les vêpres. 3°. De prêcher à Saint-Florent et à Saint-Pierre, les jours de Saint Florent, de la Dédicace, de la Toussaint, des Trépassés, de la Pentecôte, de l'Ascension, de l'Épiphanie et de la Septuagésime. 4°. De ne point quêter dans la ville.

L'église en fut achevée en 1652.

Elle a été démolie dans le cours de la révolution : le couvent est converti en maison bourgeoise.

CHAPITRE XI.

Sœurs de la Croix, de Roye, origine de toutes les Maisons de cet Institut en France.

Vers 1622, les petites écoles de Roye pour les garçons et les filles étaient tenues par un maître. Ce maître abusa de l'une de ses écolières; on en porta plainte au doyen du Chapitre de S.-Florent, ce maître fut chassé. Le doyen, de concert avec MM. Bucquet, curé de S.-Pierre, et Pierre Guérin, prêtre, confièrent, en 1630, les petites écoles pour les filles seulement à quatre pauvres filles pieuses de la ville, qui se dévouèrent entièrement à l'instruction des filles. Au bout de deux mois de ce nouvel établissement, les maîtresses furent elles-mêmes calomnieusement accusées de libertinage, et leur pieux directeur, Claude Bucquet, compromis et jeté en prison : mais l'innocence des accusés ne tarda point à paraître. C'est de cette persécution que les filles de cet Institut prirent le nom de Sœurs de la Croix.

La première Sœur de la Croix, qui s'appelait Françoise Wallet, fut quatorze ans supérieure à Roye, quelques années à Paris, quelques mois à Brie-Comte-Robert; puis elle revint à Roye..

La seconde, Charlotte de Lancy, qui fut appelée à Ruel, proche Paris.

La troisième, Marie Sauyer, qui devint religieuse converse, puis professe de la Visitation.

La quatrième, Anne de Lancy, sœur de Charlotte ci-dessus. Elle devint première de la maison de Barbezieux.

Deux autres s'associèrent à ces premières; Marie Paillot, et Marie l'Huillier, dite dame de Villeneufve, qui mit le trouble dans cette société naissante; elle fit des vœux et voulut y assujetir ses compagnes, qui s'y refusèrent. Elle dissipa une somme de 9,200 livres qu'elle avait reçue pour la société. Elle déposa Françoise Wallet, pour mettre en sa place Anne de Lancy, qu'elle déposa peu-après pour y placer Marie Paillot; elle trouva aussi contre elles les filles ou sœurs de Brie-comte-Robert, qui se mirent sous la sœur Samyer; la sœur Wallet revint à Roye; Charlotte de Lancy fut à Ruel, et anne de Lancy à Barbezieux; et la sœur Paillot tint les petites écoles des faubourgs.

La sœur de Villeneufve étant morte à Charonne, près de Paris, le calme se rétablit dans la société. Charlotte Samyer revint à Roye, et substitua la sœur Antoinette Tavernier.

Les quatre premières filles qui se dévouèrent à l'instruction de la jeunesse, commencèrent leur société avec environ dix écus, qu'elles apportèrent dans une maison où elles demeurèrent jusqu'à sa ruine totale : leurs occupations étaient la *coulture*, la *lecture* et le *catéchisme*. Pour fournir à leur subsistance, elles étaient obligées de travailler pendant la nuit.

Les dimanches et fêtes, après les Offices, elles entretenaient les femmes et les filles de la ville, par de pieux discours, ou par des lectures de la Vie des Saints.

La société de ces quatre filles et de celles qu'elles se sont associées, est l'origine de toutes les maisons qui se sont formées, en France, sous le nom de *Société des Sœurs de la Croix*, et particulièrement à Brie-Comte-Robert, Ruel, Barbezieux, Paris, Rouen, Essagny en Picardie; S.-Quentin, Nesle, Chauny, etc.

Tel est l'historique de la Maison des Sœurs de la Croix de Roye, conservé dans un petit registre, qui était aux archives de cette Maison.

Elle a été convertie en maison bourgeoise depuis la révolution.

CHAPITRE XII.

Religieuses Annonciades.

L'établissement du couvent des religieuses de Roye est en-vertu de lettres patentes en date du 5 février 1493, en-faveur des Sœurs grises du tiers-ordre de Saint-François : le Roi Charles VIII s'y dit leur fondateur.

En 1623 la sœur Charron, religieuse au couvent des Annonciades de Chanteloup et Charlotte Dupuy, religieuse à Montdidier, furent envoyées à Roye, pour faire la réforme et le changement des Sœurs-grises en Annonciades.

Elles embrassèrent cette réforme par un bref du pape Urbain VIII. La sœur Charron fut supérieure.

Les religieuses Annonciades envoyaient en quête aux champs, dans le dix-septième siècle ; car on voit, dans un acte du 24 août 1623, qu'elles gagent à cet effet, pour huit mois, Martin Desplaire, de Roye.

Elles furent supprimées, avec tous les Ordres religieux, dans le cours de la révolution. Leur couvent a été vendu nationalement à plusieurs particuliers, qui en ont mis la plus grande partie en jardins.

VITRAGES

QUI EXISTAIENT AUTREFOIS DANS L'ÉGLISE DES ANNONCIADES.

La croisée attenante à l'autel, du côté de l'épître, n'était composée, dans le haut, que de morceaux rapportés ; plus bas, la date de 1564 ; au-dessous, du côté de l'autel, un prêtre vêtu d'une robe violette, d'un rochet et d'une étole ; derrière lui, un enfant vêtu en gris, et une religieuse à robe grise ; de l'autre côté, trois religieuses en habits bleux et voile noir : entre ces figures, deux écussons.

Au-pied de la même croisée étaient trois écussons.

La croisée vis-à-vis et attenante à l'autel, du côté de l'évangile, représentait, dans le haut, la Résurrection. Vers le milieu, se trouvait cette inscription : *Cette verrière a été donnée par* (honorable) *homme et sage maistre François Dupré, Prévost de......... ville de Roye, et damoiselle Jeanne Aubé, sa femme, et leurs enfans, l'an* 1572.

D'un côté de l'inscription se voyaient deux hommes et un petit garçon, en robe grise ou de cordelier; et de l'autre, une femme, en robe grise; une autre, en robe blanche ; et une petite-fille, en robe rouge, avec trois écussons.

Au-milieu de la chapelle, entre la balustrade et la grille de la nef, au chœur des religieuses, étaient deux tombes en pierres de Senlis:

La première représentait un cordelier ; l'épitaphe en était effacée ; on appercevait seulement qu'il était Provincial.

La seconde représentait un prêtre ; on y lisait encore autour ; *Cy gist vénérable et discrète personne Me Mathurin Grégier, en son vivant prêtre chapelain de S.-Florent de Roye, curé de Saint-Gilles, confesseur......... lequel a fondé........*

obit en l'église de céans, au 3 septembre; l'autre en lad. église S.-Gilles, le 26 mai, qui décéda... 1582. Priez Dieu pour lui.

CHAPITRE XIII.

Collège.

On voit, par les registres capitulaires de l'église de S.-Florent, que, bien avant l'an 1560, il y avait à Roye une école de grammaire et un maître nommé par les Doyen, Chanoines et Chapitre seuls; qu'il y avait une prébende affectée à l'instruction de la jeunesse.

La première nomination de maître, connue, est du 26 janvier 1480, en-faveur de Geffroi Fabri.

Anno Domini 1480, mensis januarii die 26, Dominus Decanus et Capitulum, in loco capitulari ac die congregati, tradiderunt magistro Gefrido Fabri scholas grammaticales villæ Royensis.

Dix ans après, le Chapitre lui donna un adjoint.

Anno Domini 1490, *die sextâ julii, ordinaverunt Dominus Decanus et Capitulum quòd magister Gefridus, rector scholarum Royensium, haberet pro socio magistrum Renardum Belliare.*

En 1518, le Chapitre confia cette place à Charles de Lizière, ainsi que la conduite des petites écoles.

Anno Domini 1518, *die decimâ-nonâ mensis julii, Domini mei in capitulo tradiderunt regimen scholarum præsentis villæ, ac totius suæ jurisdictionis, magistro Carolo de Lizière.*

En 1521, nomination de Charles Gregier.

Anno Domini 1521, *die decimâ-quintâ mensis octobris, in capitulo traditum fuit regimen scholarum villæ, ac totius jurisdictionis, magistro Carolo Gregier.*

Le Chapitre ne donnait pas toujours la juridiction et le gouvernement des écoles, il les réservait quelquefois pour les exercer par lui-même; mais il paraît que, depuis 1535, il a toujours confié son autorité et sa juridiction sur les écoles au précepteur, à la charge par lui de rapporter, tous les ans, au chapitre-général, les verges qu'il lui avait données comme marque de cette juridiction.

1° *mensis julii, anno* 1535, *in capitulo-generali comparuit Carolus Gregier, rector scholarum Royensium, qui virgas asportavit coràm Dominis meis; jure ad hoc tenetur singulis annis, attulit et dimisit, petens ac requirens ad regimen dictarum scholarum confirmari.*

En 1586, la Préceptorerie vint à vaquer; et quoique les maire et échevins, suivant l'ordonnance d'Orléans et différens arrêts, dussent concourir à la nomination du précepteur, le Chapitre nomma seul, le premier octobre de la même année, Louis GUISSELIN, maître ès-arts de l'Université de Douai. Les maire et échevins interjetèrent appel comme d'abus de cette nomination, et se fondaient sur l'ordonnance d'Orléans, sur les arrêts et sur ce qu'ils étaient co-fondateurs du collège par l'acquisition de la maison qui servait pour tenir les classes et loger le précepteur. Quelques manuscrits apprennent que les parties se concilièrent par une transaction qui fut homologuée au parlement, le 31 décembre 1586; mais cet arrêt rapporté dans certains manuscrits ne parle pas de transaction : on y voit que la Cour, sur les conclusions de M. le procureur-général, ordonna que M. Guisselin, institué précepteur par le Chapitre, demeurerait et jouirait des fruits et revenus de l'une des prébendes de l'église de S.-Florent ; que par la suite le précepteur serait nommé au lieu capitulaire, par les Doyen, Chanoines et Chapitre, les Prévost, Échevins, etc.........

Le 27 juin 1614, M. Claude BUCQUET fut nommé PRINCIPAL du collège, au lieu de Louis

Guisselin, décédé, et ce par le Chapitre et les Officiers-municipaux. Avant cette époque, le pourvu s'appelait précepteur de la jeunesse, ou recteur des petites écoles.

En 1633, Charles CORNU, prêtre, chapelain de Saint-Florent, était principal, et Jean Berthin, diacre, était régent.

Henri BOULANGER, maître ès-arts, était principal en 1672. Lors de son mariage avec Anne Bibaut, il en prenait encore la qualité; cependant il paraîtrait qu'en 1720, M. Antoine-Joseph CHIVOT fut nommé principal par le Chapitre et le Corps-de-ville. M. Chivot mourut en 1745, et M. Charles DEBONNAIRE, prêtre, chanoine de Saint-Florent, lui succéda. Étant mort en 1768, il eut pour successeur M. Pierre DEQUIVRE, curé de S.-Médard de Thoule, qui mourut en 1777.

M. LEVASSEUR lui succéda.

Le principal actuel est M. l'abbé DROUERE.

MAISON DU COLLÈGE.

Elle fut bâtie en 1595, et reconstruite par la ville, en 1729, telle qu'elle est maintenant.

FIN DU LIVRE TROISIÈME.

LIVRE IVème.

STATISTIQUE.

CHAPITRE PREMIER.

Population; Naissances; Mariages; Décès.

Suivant un récensement fait en 1790, la population de Roye était de 3,174 ames; d'après un autre récensement fait en 1805, elle était de 3,273 ames, et d'après celui fait en décembre 1817, elle est de 3,390 individus[*], savoir 1,485 mariés *ou* veufs (hommes et femmes), 1,677 enfans des deux sexes, au-dessous de 30 ans; 67 hommes célibataires, âgés de plus de 30 ans, et 161 filles célibataires, âgées de plus de 30 ans.

J'ai calculé sur les registres de l'état civil, que l'année commune des NAISSANCES à Roye est de 76. J'ai fait ce calcul sur 233 ans.

---

[*] Ce qui donne environ quatre personnes $\frac{3}{10}$ par chaque maison. Ceci fait subir une exception au calcul de ceux qui ont écrit sur la statistique, et qui prétendent qu'on doit compter cinq ames par feu.

Celle des MARIAGES, de 15. J'ai calculé 170 années.

Et celle des DÉCÈS, de 70. J'ai compté 186 années, et j'ai vu que, de toutes ces années, celles où il était mort le plus de monde, sont 1624, année de peste; 1636, peste et prise de Roye; 1637; 1652, 1653, prise de Roye, 1668, peste.

J'ai établi ce calcul de naissances, mariages et décès pour 13 années, depuis le premier janvier 1803 jusqu'au 31 décembre 1815; j'ai trouvé que l'année commune des naissances a été de 91 *, celle des mariages, de 20, et celle des décès, de 80, ce qui produit un excédent des naissances sur les décès, de 143 individus, pour 13 ans.

CHAPITRE II.

Maladies.

L'HEUREUSE situation de la ville de Roye, la salubrité de l'air qu'on y respire, la pureté des eaux qu'on y boit, l'excellente qualité des alimens dont

---

* On dit que pour avoir par approximation la population totale d'un pays, il faut multiplier par 26, l'année

on s'y nourrit, procurent aux habitans une santé constante ; un grand nombre parvient à une extrême vieillesse ; les octogénaires y sont très-communs.

Les maladies épidémiques sont rares. Il n'y a guère de maladies régnantes que celles produites par des causes communes à tous les pays.

Les maladies endémiques de Roye sont l'asthme, le rhumatisme et la goutte.

Depuis 25 à 30 ans, la petite vérole n'a paru que trois fois : la vaccine a été employée avec succès.

(Topographie Médicale de
Roye, par M. Midy, docteur
en médecine à Roye. 1802).

CHAPITRE III.

Territoire de Roye ; Maisons et Moulins.

1°. Le territoire de Roye se compose de 1,444 hectares 28 ares $\frac{1}{2}$ (3,205 journaux 25 verges) en terres labourables, prés et bois.

---

commune des naissances. Ce calcul se trouve en défaut pour notre ville, puisque 91 multipliés par 26 ne donnent que 2,366, et que nous comptons à Roye 3,390 habitans.

2°. Le nombre des moulins-à-vent situés sur le territoire de Roye, est de onze. Il n'y a pas de moulins-à-eau.

3°. Le nombre des maisons de Roye est de 789. Les derniers sièges de Roye réduisirent les maisons à être presque toutes couvertes en chaume. En 1740, il n'y avait pas six maisons couvertes en tuiles tant au faubourg de Saint-Gilles qu'en celui de Saint-Médard. Actuellement il n'y a pas une seule chaumière *intrà muros*; et l'on n'en voit pas, donnant sur rue, dans les faubourgs.

Si nous remontons à une époque plus reculée, nous voyons dans les historiens qu'au douzième siècle toutes les maisons de Picardie, même dans les villes, étaient construites en bois et couvertes en chaume.

CHAPITRE IV.

Hôpitaux.

HÔPITAUX ANCIENS.

En 1498 (suivant un compte des cens et surcens dûs au chapitre de S.-Florent), il existait à Roye deux hôpitaux : l'un nommé *l'Hôpital Bernard*.

L'emplacement sur lequel il était, appartenait à la ville : il tenait d'une part à la rue qui mène de la rue Duval à la haute rue Saint-Pierre (c'est actuellement la rue des Torques;) d'autre part à la maison de la veuve Pacquet-Boucher ; par-devant sur la rue ; par-derrière à M. Louis de Beaurains et autres. L'autre hôpital s'appelait *Hôtel du Béguignage :* il tenait d'une part à la voie du Sauchoy (cette voie est près du lieu où était le couvent des cordeliers). Le pré du Sauchoy paraît être la prairie derrière les cordeliers jusques vers l'étang de S.-Mard; et la voie du Sauchoy pourrait être ce qu'on nomme le *chemin de Saint-Mard.*

Nous avions autrefois un Hôtel-Dieu qui porta d'abord le nom de *Sainte-Marie-Madeleine,* puis celui *d'Hôpital de Saint-Ladre, Maladrerie, Léproserie.*

Il était situé au haut du faubourg de S.-Gilles, sur un journal et demi de terre, appelé encore en 1657 *la masure de l'Hôpital S.-Ladre,* et tenant, d'un côté, au chemin de Roye à Tilloloy; d'autre, à celui de Crapeaumesnil.

Ses propriétés consistaient en terres autour de la maison, le fief de la Tronquoy et autres biens partagés par la suite entre les religieux de la Charité et l'hôpital des femmes.

Cet Hôtel-Dieu avait une chapelle *dite* de Sainte-Madeleine *ou* de Saint-Lazare ; elle subsistait encore il n'y a pas très long-tems.

Sur la fin du onzième siècle, on rapporta des Croisades, que Pierre Lhermite, d'Amiens, avait prêchées, une maladie terrible connue sous le nom de LÈPRE. C'était une corruption de la masse du sang, un chancre qui s'étendait de proche en proche, et qui pourrissait l'une après l'autre toutes les parties du corps. Le mal se manifestait d'abord sur le visage, qui paraissait comme moitié mort et moitié allumé; d'une couleur luisante et brune; enflé, couperosé, et parsemé de boutons fort durs, dont la base était verte et la pointe blanche. Les yeux étaient rouges et enflammés, éclairans comme ceux d'un chat, sortans presque de leur orbite, ronds et immobiles, ne se tournans qu'avec la tête et le corps: les cheveux et les sourcils hérissés; les oreilles desséchées ou bien enflées et rouges, remplies d'ulcères et de glandes; le nez enfoncé et cavé, se pourrissant par le milieu; les narines fort ouvertes et les conduits resserrés; la langue sèche, noire, ulcérée, enflée, raccourcie et chargée de boutons blancs vers la racine.

La peau était rude, pleine d'ulcères ou couverte de taches blanches semblables à des écailles de poisson. Les muscles, chargés de petites glandes, se pourrissaient successivement. Le petit doigt de la main et le suivant mouraient les premiers, et devenaient insensibles, de-sorte qu'on les perçait avec une aiguille jusqu'au poignet, sans qu'on en ressentît la moindre douleur : les pieds éprouvaient les mêmes accidens. Souvent, lorsque le mal était parvenu à son période, le nez, les doigts des pieds, les pieds et les mains même se détachaient en entier du corps : c'était autant de morts anticipées et partielles, qui précédaient, souvent d'assez loin, le dernier soupir du malade.

La voix du lépreux était enrouée, sortant plus par le nez que par la bouche : il avait fort peu d'haleine, le pouls petit, pesant et engorgé, se mouvant avec peine; le sang plein de corps étrangers, blancs et luisans; dénué de son humidité naturelle, sec et lié comme du pus; l'urine crue, de couleur cendrée, ou trouble ; les excrémens secs et terrestres, semblables à de la farine mêlée avec du son.

Un grand nombre de Croisés, atteints de ce mal, s'étant répandus dans toutes les provinces de France, les lépreux devinrent très-nombreux : on ne rencontrait que des habitans infirmes, pour lesquels on avait la plus grande horreur.

Dans notre province, dès qu'on remarquait un homme attaqué de cette contagion, on avertissait le curé du lieu. Le lépreux l'attendait à sa porte, couvert d'un voile noir, tel qu'on en met sur les cercueils. Le malheureux suivait à certaine distance la procession du clergé. Il était placé dans l'église, au-milieu d'une chapelle ardente. L'on y faisait de point en point l'office des morts, après quoi on le conduisait hors de l'église jusqu'à la porte du cimetière, où on l'exhortait à la résignation et à la patience. On lui défendait d'approcher personne, de rien toucher que ce qui lui appartiendrait, de se tenir toujours sous le vent, et *de n'habiter à autre femme* que la sienne.

Bientôt on chassa les lépreux des villes : les campagnes se couvrirent d'hôpitaux ; elles ne retentirent que du bruit des *cliquettes* que ces infortunés portaient pour avertir les personnes saines qui venaient à leur rencontre de s'éloigner au-plus-tôt.

Telle fut l'origine de toutes les *léproseries*. On en comptait 20,000 dans toute la chrétienté ; la petite contrée du Valois, en Picardie, en avait jusqu'à 35.

Telle est aussi l'origine de celle de Roye, dont je viens de parler.

HÔPITAL SAINT-JEAN.

Je n'ai pu me procurer de renseignemens sur cet hôpital, qui était hors de la porte de Paris, et comprenait le terrain depuis et compris l'hôtellerie du Cheval-blanc, jusqu'à celui de Saint-Hubert. Il existait en 1477, suivant une délibération entre le chapitre de Saint-Florent, Albert Guibon, lieutenant du prévôt, François Bazin et Pierre Gilles, échevins.

HOSPICE ACTUEL.

Il y avait à Roye, avant la révolution, deux hôpitaux : l'un pour les hommes, fondé en 1636, et administré par des religieux de la Charité, de l'ordre de S. Jean-l'Évangéliste ; l'autre, pour les femmes, desservi par des filles pieuses, sous l'administration du chapitre et du corps-de-ville, qui leur donnèrent un réglement, qui est imprimé sous la date du 20 mai 1689, et sous le titre de *Réglement pour l'Hôtel-Dieu des pauvres malades du sexe féminin de la ville de Roye.* Ce dernier hospice a été fondé d'un tiers des biens de l'ancien hôpital de la Maladrerie, et de ceux de l'hôpital S.-Jean.

Son emplacement était composé de différentes maisons et de jardins acquis, en plusieurs fois, par les administrateurs : les premières pierres de la maison furent posées par le maire, les échevins et le chapitre de Roye, le 29 mai 1685 : la première salle des malades et la chapelle ont été construites cette même année.

Le bâtiment neuf qui était en-face de la principale entrée du côté de S.-Florent, et qui composait la cuisine, le vestibule, la salle d'assemblée, etc.... a été construit en 1766.

Cette maison a été vendue et divisée lorsque les deux hospices ont été réunis en un seul, qui est situé au sud-est de la ville, près du rempart dit de *la Charité*.

La salle des hommes contient 12 lits : Celle des femmes, bâtie en 1801, contient aussi 12 lits : On n'admet dans cet hospice que les pauvres attaqués de maladies curables, non-contagieuses, et les militaires qui, en passant par Roye, se trouvent malades ou blessés.

CHAPITRE V.

Prisons.

Dans des lettres-patentes du mois de juin 1493, et dans un compte rendu en 1575 par la veuve d'Éloi Videlaine, receveur ordinaire du domaine de Péronne, Montdidier et Roye, on voit que les Prisons étaient autrefois au lieu où fut bâti par la suite le couvent des Sœurs grises (*depuis les Annonciades*).

Le château des Comtes de Roye et quelques maisons voisines ayant été brûlés et détruits dans les guerres, les officiers du Roi de cette ville achetèrent en 1479, les maisons des nommés Cauderon et Molestier, et y firent bâtir les prisons qui existent aujourd'hui.

CHAPITRE VI.

Promenades.

Les promenades de Roye sont belles. On les a formées sur les remparts de la ville, au-moyen de la suppression de plusieurs monticules et d'anciens bastions.

Elles sont bien percées, bien plantées et bordées par des fossés cultivés en jardins. Elles portent le nom de *Remparts*.

Celui nommé le *Vieil-Château*, est très petit; il n'est pas planté; mais il présente le site le plus charmant. Au-bas d'une muraille qui le borne, on voit un des fossés de la ville, bien cultivé; une fontaine coule à-côté. Un-peu plus loin, l'œil est enchanté par la vue d'un grand nombre de jardins, parmi lesquels on remarque celui des anciens cordeliers, qui appartient maintenant à plusieurs particuliers. On apperçoit, au nord, un groupe de maisons du faubourg S.-Médard : elles sont situées dans un enfoncement.

Dix-sept moulins-à-vent se présentent dans tout l'espace que l'œil peut parcourir. En un mot, ce site forme des tableaux délicieux.

Le rempart dit de *l'Hôpital* ou de *la Charité*, et celui dit des *Religieuses* sont presque de la même longueur (480 pas chacun, à-peu-près :) le dernier a été planté il y a 30 à 35 ans : ils offrent de très beaux points de vue.

Près de celui des *Religieuses*, se trouve le plus beau jeu de longue-paume du département. Il est dans un enfoncement, borné de tous sens par des murailles. Sur l'un des côtés était une très belle allée d'ormes, que l'on vient d'abattre.

Il existait aussi un *jeu-d'arc* à Roye avant la révolution* ; les chevaliers étaient propriétaires d'un jardin qui leur avait été concédé en 1686 : il était près de la porte de Paris ; s'étendait depuis la

---

* La Compagnie de l'Arc avait remplacé la *Connétablie d'Archers-Arbalêtriers* qui était établie à Roye avant l'an 1583, et qui avait son jardin au-haut de la rue des Arbalêtriers, maintenant rue des Sœurs de la Croix. Ces Arbalétriers avaient un réglement très-curieux à lire à-présent.

Outre cette Compagnie, il y avait la *Confrérie de Saint-Sébastien*, au faubourg de Saint-Gilles, établie en 1580.

rue jusqu'à une tour du rempart, et était planté d'arbres qui ont été abattus en 1792.

Ce jeu n'a point repris depuis cette époque; mais une nouvelle plantation fait de ce lieu un très beau prolongement du rempart de *l'Hôpital*.

CHAPITRE VII.

Commerce.

Il y a trois marchés par semaine : le lundi, le mercredi et le vendredi; ces derniers ne sont que pour les denrées de consommation, telles que légumes, qui viennent des jardins communaux, de ceux des anciens cordeliers, des marais de Saint-Georges, de la ville de Nesle et de celle de Noyon, beurre, œufs, volailles, gibiers, poissons, fruits, fil, etc, ... : le marché du lundi est pour le commerce de blé, qui est si considérable, qu'il s'en est vendu quelquefois jusqu'à 2,400 sacs (4,800 hectolitres) en un seul jour de marché : Un des marchands de blé de Roye en a acheté 2,000 sacs (4,000 hectolitres) en une semaine.

Il se tient en-outre un marché-franc le dernier mercredi de chaque mois, et une foire générale chaque année, le lendemain de la Quasimodo. Ces foires ont été établies par Louis XIV, suivant lettres-patentes du mois de septembre 1654. Elles consistent principalement en fil, toiles, chevaux*, vaches, moutons et cochons, dont les marchés ont lieu en différens endroits de la ville.

En 1665 jusqu'en 1702, le marché aux *chevaux* se tenait sur la plate-forme de l'Éperon-Royal, rue des Prévôts (rue des Annonciades) : en 1702, il fut transféré hors de la porte d'Amiens, place Saint-Jean (qu'on nomme maintenant le Bastion), près du faubourg Saint-Médard de Thoule, afin d'éviter les fréquens accidens qui étaient arrivés à-cause du voisinage du fossé. Ce ne fut qu'en 1754 qu'il fut placé hors de la porte Saint-Pierre, où il est maintenant.

Le marché aux *vaches* a lieu dans l'emplacement qui servait de marché aux chevaux en 1702. Celui aux *cochons*, qui se tenait en 1665 au *vieux-château*, est à-présent réuni au marché aux vaches.

---

* Le Commerce des chevaux est plus considérable à Roye qu'en aucun autre lieu de la Picardie ; il peut même être comparé à celui des plus grands marchés de France. Quand ce commerce a de l'activité, il se vend ici, dans le cours d'un mois, 2,000 chevaux, surtout des chevaux de trait.

En 1665 le marché aux *moutons* était rue du Beffroi et rue Duval; il est actuellement réuni à celui aux chevaux.

Le commerce de bas au métier et d'étoffes tricotées pour habits se faisait autrefois à Roye; il s'était considérablement étendu dans le Santerre depuis 1718; mais il est entièrement tombé.

M. d'Invau, intendant de la généralité d'Amiens, avait établi à Roye en 1760, une *école de filature de coton.*

Les femmes et les filles étaient instruites et logées *gratis* dans la maison qui est aujourd'hui l'hôtel de la gendarmerie; elles n'avaient à se fournir qu'un lit garni et la nourriture.

Il suffisait que chaque paroisse envoyât deux filles entendues pour s'y instruire. Il ne leur fallait guères plus de six semaines ou deux mois, pour être en état de travailler seules.

Quand elles savaient filer, elles retournaient chez elles et instruisaient les autres femmes et filles de leur village.

Il se délivrait, tous les ans, trois prix en argent, qui étaient adjugés aux ouvrières qui avaient fait le fil le plus fin et le plus égal.

Ce précieux établissement n'a pas subsisté longtems.

APPRÉCIATIONS

Ou Mercuriales générales et annuelles du prix des Blés sur le marché de Roye, tirées des registres constatant la valeur des gros fruits pour ladite ville.

Ce n'est que dans le XIVe siècle qu'on a commencé à faire usage des Appréciations *ou* Mercuriales du prix des grains vendus dans les marchés. François Ier, par son ordonnance de 1539, prescrivit qu'en tous les sièges et juridictions il serait fait, chaque semaine, un rapport du prix commun de toutes espèces de gros fruits, comme Blé, Vin, Foin, etc.....

L'appréciation générale de l'année à Roye résulte du prix combiné de tous les marchés qui se tiennent dans un an : elle est faite le 31 juillet qui suit l'année à apprécier : ainsi l'appréciation générale du blé pour 1817 n'est connue que le 31 juillet 1818.

DE ROYE.

BLÉ FROMENT, LE SETIER, MESURE DE ROYE *.

ANNÉES.	l.	s.	d.	ANNÉES.	l.	s.	d.
1442.	»	6	»	1611.	2	»	»
1449.	»	4	»	1612.	2	5	»
1566.	»	2	5	1613.	2	»	»
1592.	1	12	»	1614.	1	18	»
1595.	3	10	»	1615.	1	18	»
1596.	5	»	»	1616.	3	»	»
1597.	4	5	»	1617.	4	15	»
1598.	3	»	»	1618.	2	6	»
1599.	1	14	»	1619.	1	13	»
1600.	1	14	»	1620.	1	15	»
1601.	1	6	»	1621.	2	17	»
1602.	2	»	»	1622.	3	8	»
1603.	1	18	»	1623.	2	16	»
1604.	1	18	»	1624.	2	4	»
1605.	1	10	»	1625.	4	9	»
1606.	2	»	»	1626.	4	9	»
1607.	2	»	»	1627.	2	13	»
1608.	3	5	»	1628.	2	9	7
1609.	1	12	»	1629.	2	11	7
1610.	1	15	»	1630.	4	13	9

* Le setier contient 52 litres 52 centilitres : Le sac contient 3 setiers et demi, faisant 18 décalitres 3 litres 82 centilitres : Le setier se subdivise en 12 boisseaux. Autrefois on connaissait le muid, qui était composé de 12 setiers.

ANNÉES.	l.	s.	d.	ANNÉES.	l.	s.	d.
1631.	4	»	10	1658.	3	17	3
1632.	2	4	9	1659.	3	13	7
1633.	2	19	»	1660.	5	4	9
1634.	2	10	9	1661.	8	6	5
1635.	3	4	3	1662.	5	1	2
1636.	3	7	»	1663.	4	4	8
1637.	2	15	3	1664.	3	3	4
1638.	2	17	3	1665.	2	17	9
1639.	2	7	7	1666.	2	»	6
1640.	3	13	7	1667.	1	14	6
1641.	3	6	»	1668.	1	18	4
1642.	4	9	7	BLÉ DE MUYAGE.			
1643.	3	13	9	1669.	1	16	4
1644.	3	1	9	1670.	1	16	10
1645.	2	»	»	1671.	1	18	»
1646.	3	1	3	1672.	1	11	6
1647.	4	15	9	1673.	2	»	»
1648.	4	4	9	1674.	3	5	10
1649.	7	2	»	1675.	2	15	»
1650.	2	16	8	1676.	2	11	1
1651.	6	4	»	1677.	3	6	»
1652.	4	10	9	1678.	3	4	4
1653.	3	»	»	1679.	2	17	4
1654.	3	3	3	1680.	2	19	10
1655.	3	1	9	1681.	2	9	1
1656.	2	12	3	1682.	2	14	»
1657.	2	13	9	1683.	3	»	»

ANNÉES.	l.	s.	d.	ANNÉES.	l.	s.	d.
1684.	4	9	8	1707.	1	17	»
1685.	1	18	»	1708.	6	4	»
1686.	1	18	8	1709.	4	6	»
1687.	1	7	»	1710.	4	17	6
1688.	1	7	»	1711.	4	»	»
1689.	1	1	6	1712.	6	14	»
1690.	2	»	6	1713.	7	2	»
1691.	3	2	»	1714.	4	»	»
1692.	6	6	»	1715.	2	11	»
1693.	8	11	»	1716.	1	17	6
1694.	3	7	4	1717.	1	18	8*
1695.	2	»	»	1718.	2	10	1
1696.	3	7	6	1719.	3	10	»
1697.	4	7	6	1720.	2	1	»
1698.	6	1	9	1721.	2	16	3
1699.	4	14	8	1722.	5	15	3
1700.	3	11	»	1723.	5	16	»
1701.	2	6	8	1724.	6	14	»
1702.	1	16	8	1725.	7	6	6
1703.	2	7	8	1726.	3	10	»
1704.	2	9	»	1727.	3	1	6
1705.	2	2	6	1728.	3	17	»
1706.	1	12	10	1729.	3	11	6

* Quelle énorme différence dans le prix du blé d'un siècle à l'autre! En 1717 le setier de blé valait 38 sous 8 deniers; en 1817 il a valu, à certaine époque, plus de 30 f. !

ANNÉES.	l.	s.	d.	ANNÉES.	l.	s.	d.
1730.	5	3	6	1757.	5	7	11
1731.	3	9	6	1758.	5	3	3
1732.	2	11	6	1759.	5	12	4
1733.	2	17	6	1760.	4	13	»
1734.	3	4	»	1761.	4	5	2
1735.	3	8	6	1762.	4	8	6
1736.	3	9	3	1763.	4	»	6
1737.	4	11	»	1764.	4	19	1
1738.	5	7	»	1765.	5	4	4
1739.	6	5	»	1766.	5	9	3
1740.	10	5	3	1767.	8	17	9
1741.	6	15	1	1768.	8	17	6
1742.	3	4	»	1769.	7	19	»
1743.	2	12	2	1770.	8	19	11
1744.	2	8	5	1771.	8	4	3
1745.	3	7	2	1772.	7	17	»
1746.	3	11	3	1773.	8	7	»
1747.	4	18	4	1774.	8	4	6
1748.	5	6	7	1775.	7	5	5
1749.	5	9	3	1776.	6	14	4
1750.	4	19	2	1777.	6	16	2
1751.	7	2	»	1778.	7	7	6
1752.	6	12	»	1779.	5	8	3
1753.	5	8	»	1780.	6	»	2
1754.	3	18	3	1781.	5	5	7
1755.	3	6	9	1782.	5	4	8
1756.	6	8	»	1783.	7	4	3

ANNÉES.	l.	s.	d.	ANNÉES.	l.	s.	d.
1784.	6	14	2	1801.	12	18	5
1785.	5	10	2	1802.	9	16	$7\frac{1}{2}$
1786.	5	14	8	1803.	5	17	9
1787.	6	3	4	1804.	8	1	$5\frac{1}{3}$
1788.	10	13	6	1805.	8	10	1
1789.	9	4	5	1806.	9	»	$2\frac{1}{2}$
1790.	5	19	$9\frac{1}{3}$	1807.	8	2	$\frac{10}{13}$
1791.	8	4	9	1808.	5	18	»
1792.	11	5	7	1809.	6	16	3
1793. 14 le quintal, au maximum. *				1810.	9	4	3
				1811.	16	5	6
1794. 4 le setier, provisoirement *ou* 40 l. en assignats.				1812.	13	19	»
				1813.	8	7	11
				1814.	7	8	»
1795. 8 provisoirement.				1815.	11	12	7
				1816.	20	5	3
1796.	6	17	$6\frac{2}{11}$	1817.	»	»	»
1797.	6	9	$\frac{6}{10}$	1818.	»	»	»
1798.	5	3	»	1819.	»	»	»
1799.	6	8	3	*etc.*,	»	»	»
1800.	8	18	»				

---

* On a apprécié ces deux années à 6 francs le setier.

CHAPITRE VIII.

Productions naturelles du canton de Roye et de ses environs.

(*N. B.*) J'ai été beaucoup aidé dans la composition de ce chapitre par M. Coulon, pharmacien-chimiste, à Roye, membre correspondant de la société de pharmacie de Paris et de la société de médecine de Montpellier, associé-correspondant de la société d'agriculture d'Amiens, de l'académie de la même ville, et de la société médicale de la Somme, etc.........

Origine et nature du sol, dans le département de la Somme. (Extrait de l'Annuaire statistique du département de la Somme, 1806).

L'origine du sol de l'ancienne Picardie est évidemment sous-marine [*]. Pour s'en convaincre, il

---

[*] C'est à cette cause qu'il faut attribuer la formation des masses de grès que l'on trouve dans la village de Beuvraignes près de Roye. On les a beaucoup exploitées, et il en reste encore un grand nombre.

ne faut qu'interroger la nature et examiner la disposition tant de ses plaines, qui sont ou sableuses ou crayeuses, que du petit nombre de ses petites montagnes qui présentent partout des angles saillans en correspondance avec des angles rentrans.

Les eaux, après avoir, dans leur écoulement successif, exhaussé, par des dépôts variés, le terrain primitif jusqu'à la hauteur où se trouve aujourd'hui le plateau de ses montagnes, paraissent avoir sillonné plus ou moins profondément leurs bases, selon la plus ou moins grande force et résistance des courans. Nul doute qu'elles n'aient successivement formé ces différentes élévations que nous voyons en si grand nombre au-dessus des plaines.

A la retraite des eaux, le terrain abandonné s'est couvert d'un limon dont les courans ont varié la nature et l'épaisseur. Ce limon, par une suite de son exposition continuelle à l'action de l'air, ainsi que par la pourriture des plantes qui ont alternativement végété sur sa surface, pour lui servir d'engrais par leurs feuilles et leurs tiges, s'est modifié, dans la succession des siècles, en une terre végétale plus ou moins épaisse, plus ou moins fertile.

Les eaux de la mer auront laissé, à leur retraite, des bancs de sable, qui, par un mouvement d'attraction, auront formé ces grès.

Cette première couche de terre végétale, dont la couleur est grise, noire ou rougeâtre, est un mélange d'argile et d'un produit de la décomposition annuelle des végétaux *.

(Observons en passant que c'est la présence du fer, dans un état d'oxidation, qui donne à plusieurs terres, et notamment à celles du Santerre, cette couleur plus ou moins rougeâtre dont elles sont empreintes).

L'épaisseur de cette première couche varie d'un terroir à l'autre. Il y a des terroirs où elle n'est que de 135 millimètres (5 pouces), comme dans le canton précédemment cité; c'est pourquoi quelques naturalistes (notamment M. Lapostolle, d'Amiens), rendent l'étymologie du mot *Santerre* par *Sinè terrâ*, tandis que les géographes et quelques historiens lui attribuent le *sanguine terra*, *Sang terre*, probablement à cause de la couleur rougeâtre dont nous avons expliqué la cause.

A cette couche de terre labourable succèdent le plus souvent des couches d'argile dont l'épaisseur varie encore jusqu'à l'infini. Souvent aussi l'argile se trouve mêlée avec la terre végétale en plus ou moins grande quantité. C'est ce plus ou moins

---

* Le sol de Roye se compose d'un première couche de terre, qui est un mélange d'argile avec le produit de la décomposition des végétaux, et d'une terre crayeuse qui se trouve à 5 décimètres (un pied et demi environ).

d'argile, de craie, de sable, qui constitue les qualités, la fertilité et les valeurs respectives de ces terres.

Dans plusieurs cantons du département, la terre se trouve couverte d'un banc de sable dont l'épaisseur varie selon les lieux. Cette épaisseur est quelquefois de 46 à 60 mètres (141 à 184 pieds environ), ainsi qu'on l'a observé dans presque toute la portion de terrain comprise entre Roye, Nesle et Montdidier; entre Abbeville, Rue et Montreuil-sur-mer.

En-général, on peut regarder le sol du département comme de nature marneuse. La surface des plaines a été d'abord couverte par une couche de terre végétale depuis 50 à 60 centimètres jusqu'à 3 mètres d'épaisseur. Cette couche pose presque toujours sur un banc de carbonate de chaux, qui commence souvent par être friable, et qui prend ensuite, en descendant, un caractère de véritable pierre, dont l'épaisseur va depuis un mètre jusqu'à 100. Sous cette terre *ou* pierre de chaux se trouvent des couches inégales de véritable glaise.

VÉGÉTAUX.

Les plantes sont nombreuses dans le canton de Roye. Nous avons presque toutes celles qui se trouvent dans les environs de Paris.

Nos plantes peuvent se distinguer en forestières; en celles des monticules et côteaux; des plaines;

des chemins et lieux incultes; des prairies et marais; des eaux; des jardins.

Ne pouvant parcourir un champ si vaste, j'énoncerai seulement les arbres, arbrisseaux et arbustes de nos bois, de nos champs et de nos jardins; les arbres fruitiers; les plantes propres à la nourriture de l'homme et à l'assaisonnement de ses alimens; celles qui nourrissent nos bestiaux; celles dont les graines fournissent de l'huile par expression; celles utiles aux arts; les plantes tinctoriales; les médicinales; celles qui se rencontrent plus particulièrement sur notre sol; et celles qu'on y a naturalisées.

ARBRES DE HAUTE-FUTAIE.

Le Chêne; le Hêtre; le Frêne; l'Orme; le Platane; le Charme; le Châtaignier; le Bouleau; les Peupliers blanc, noir, d'Italie; le Tremble; le Poirier, Pommier et Prunier sauvages; le Néflier; le Merisier; le Cornouiller; le Tilleul.

ARBRISSEAUX; ARBUSTES.

L'Aubier (dont la boule de neige est une variété); le Coudrier; le Fusain; le Troëne; le Sorbier des Oiseleurs; le Nerprun; la Bourgène, l'Aube-Épine; le Sureau; l'Yèble; l'Églantier; l'Alizier; la Mentiane; le Prunelier; le Saule; l'Osier; le Saule-Marceau; le Noisetier; le Cormier; le

Jonc-Marin (à Avricourt); le Bois gentil; le Houx; la Bruyère ordinaire; le Mirthe; le Génévrier; les Jasmins; les Lilas; les Rosiers.

ARBRES FRUITIERS.

Abricotier blanc, commun, Pêche. Amandier. Cerisier. Cerisier à fruits blancs. Griottier. Bigarreautier à fruit rouge. Guignier à fruit noir, à fruit blanc. Châtaignier commun. Merisier commun. Coignassier commun. Épine-vinette commune. Figuier à fruit blanc, à fruit violet. Framboisier à fruit rouge, à fruit blanc. Groseiller à fruit rouge, à fruit blanc, noir, épineux. Mûrier à fruit noir, et blanc. Néflier commun à gros fruit. Noisetier sauvage, franc, à fruit blanc et à fruit rouge. L'Aveline. Noyer commun, à gros fruit. Pêcher. Madeleine blanche et rouge, de Malthe, Pourprée, Grosse-Mignone, Bourdin, Chevreuse, Admirable, Tetton de Vénus. Brugnon violet, gros et petit.

Poirier: Madeleine, Cuisse-Madame, gros Blanquet, Martin-Sire, Rousselet d'hyver, petit Rousselet, gros Rousselet, Martin-sec, Messire-Jean, Beurré, d'Angleterre, Doyenné dit S.-Michel, Doyenné gris, Sanguine, Impériale à fleurs de chêne, Bon-Chrétien * d'hyver et d'été, Bon-Chré-

---

* Voici l'origine du nom de *Bon-Chrétien* donné à cette sorte de poire.

tien d'Espagne, Virgóuleuse, S.-Germain, petit Muscat *dit* Septengueule, Bellissime d'automne, Ognonnet, Bergamotte d'été, et d'automne, Suisse, Crassane ou Crésane, double-fleur, Sucré vert, Bezy de Chaumontel, Colmar, de Livre, le Curisy gros et petit, vert et gris, le gros Picard, la Belle-Vergue, etc,..... sont les Poires qui font le meilleur Poiré.

Pommier : Calville blanche, rouge et d'hyver ; Reinette, blanche, rouge, grise, de Canada et d'Espagne ; Rambour franc d'hyver ; Api rouge et noir ; Fenouillet gris, jaune et rouge; Pigeonnet ; Court pendu, etc...... Le Cidre se fait plus communément avec le Mont-Bailleul, le gros Barbarie; le petit Mûrier amer, et doux ; le gros Picard ; le Roquet blanc, rouge, vert et gris.

Prunier : Damas violet, musqué et rouge; Monsieur; Reine-Claude blanche et violette; Abricoté;

Louis XI, Roi de France, étant dangereusement malade, appela Saint François-de-Paule, qui était en Calabre, dans l'espoir d'obtenir sa guérison par les prières du Saint.

Saint François eut la complaisance de se rendre à la demande de Louis XI.

Étant près du Roi, il lui envoyait tous les jours des poires. Les courtisans donnèrent à ce fruit le nom de *poires du Bon-Chrétien,* parce qu'elles venaient d'un homme saint.

Elles ont donc ce nom depuis environ 300 ans.

Mirabelle; Perdrigon violet, blanc et rouge; Sainte-Catherine, etc. , ...

Vignes * : Chasselas *dit* Bar-sur-Aube; Chasselas musqué, blanc, rouge et noir; Muscat blanc et rouge ; Bourdelas *ou* Verjus ; Morillon hâtif ; Goët ; Cioutat ; Raisin gris.

PLANTES

QUI SERVENT A LA NOURRITURE DE L'HOMME, A SA BOISSON, ET A ASSAISONNER SES ALIMENS.

Froment. Seigle. Orge. Avoine. Navet. Rave. Radis blanc, rouge, gris. Panais. Pommes-de-terre (diverses espèces.) Oseille; Épinards. Asperges. Salsifis. Betterave. Carotte jaune, rouge, blanche. Choux, pomme d'York hâtive, en pain de sucre, de Milan, d'Allemagne *ou* cabus. Navet. Choufleur. Cardon *dit* d'Espagne (assez rare.) Fève. Fraisier à fruits rouges , blancs, capron, ananas. Haricots (plusieurs variétés.) Pois (plu-

---

* Il n'y a plus maintenant de vignoble à Roye : il en existait un autrefois près du couvent des Cordeliers , sur une côte inclinée qui touche aux marais de la rivière d'Avre : il paraît qu'il s'étendait depuis les Cordeliers jusqu'à l'étang de S.-Mard. Vers le centre de cet espace, était une fontaine placée dans un endroit creusé dans la côte, qui porte encore de nos jours le nom de *Fontaine des Vignerons*, quoique la source en soit tarie depuis long-tems.

Il y avait jadis plusieurs vignobles dans nos environs;

sieurs variétés). Lentille. Potiron. Concombre des jardins et sauvage. Melon. Artichaut.

SALADES : Céleri ; Chicorée, frisée, endive, scarole ; Laitue pommée ; Batavia brune, paresseuse, sanguine, romaine ; la Mache *ou* Doucette ; Cresson de rivière, — alénois.

Le Froment, l'Orge distique nue *ou* Soucrion, l'Orge distique barbue *ou* Paumelle, l'Escourgeon *ou* Orge carrée ou à six rangs, l'Avoine servent à faire la Bierre, boisson en-usage dans le canton.

L'Ail, l'Échalote, l'Oignon, le Porreau, la Pimprenelle, l'Estragon, la Capucine, le Pourpier, la Sariette, la Tomate, le Thym, le Persil, le Cerfeuil, le Cresson-alénois, la Sauge servent à l'assaisonnement des alimens.

PLANTES

QUI SERVENT A LA NOURRITURE DES BESTIAUX.

Chou à vache. Pomme-de-terre. Carotte. Poisfourrages. Lentilles. Vesces. Gesses. Un grand nombre de graminées : tels que Lupins ; la Fe-

---

tels étaient ceux de Pertain, Goyencourt, Laucourt Conchy, etc.... Pourquoi n'existent-ils plus ? Pourquoi celui de Guerbigny, aussi célèbre parmi nous que celui de Surène, diminue-t-il chaque année ? Pourtant ceux des environs de Noyon se conservent, et ne sont qu'à peu de distance de nous

tuque-ovine; le Fromensol *ou* Raygrass de France; l'Ivraie vivace *ou* Raygrass d'Angletterre ; le Poa des prés ; l'Houlque lanugineux.

On fait des prairies artificielles avec les Trèfles, la Luzerne et le Sainfoin.

PLANTES

DONT LES GRAINES FOURNISSENT DE L'HUILE PAR EXPRESSION.

La semence de Navet. Le Colza. La Navette. Le Chenevis. La Camomille. Le Lin. Le Pavot. La Noix. Le Hêtre (huile de faine.) Le Pavot cultivé.

PLANTES MÉDICINALES.

La Bénoîte ; la Tormentille ; la Bistorte ; l'écorce de Chêne ; la Petite - Centaurée ; la Camomille romaine ; la Camomille puante ; la Fumeterre ; la Tanaisie ; le Polypode ; la Scabieuse..

Astringens, Toniques, Amères, Fébrifuges, Vermifuges, Antiseptiques.

La Guimauve ; les Mauves ; les graines de Lin ; de Coing ; la Consoude.

Émolliens, Adoucissans.

Le Tabac.

Émétique.

Les baies du Nerprun cathartique.

Purgatifs.

La Scrophulaire. Nous en avons une dont les fleurs sont jaunes. Cette variété est inconnue aux Botanistes.

Correctif des Purgatifs.

L'Azarum ; l'Helléborine ; la Bétoine ; le Tabac ; le Polytric.

Sternutatoires, Vulnéraires.

L'Angélique des jardins ; l'Impératoire.

Salivaires.

Expectorans.	Le Lierre terrestre ; le Marrube ; le Pas-d'âne.
Carminatif.	L'Ivèche.
Stimulans.	L'Angélique ; le Fenouil ; l'Hysope ; les Menthes ; le Thym ; la Lavande ; le Romarin; la Sauge officinale ; la Coriandre.
Antiscorbutiques.	Le Cochléaria ; le Cresson des fontaines ; le Raifort ; l'Ail ; les baies de Génièvre ; le Bécabunga.
Béchiques, Atténuans, Rafraîchissans.	La Patience ; l'Oseille ; la Chicorée ; le Pissenlit ; la Bourrache ; la Buglose ; l'Énula-Campana.
Antispasmodiques, emménagogues.	La Matricaire ; l'Arreche fétide ; la Rue ; la Valériane sauvage ; l'Armoise vulgaire ; la Mélisse *ou* Citronelle.
Narcotiques.	La Ciguë ; le Nénuphar ; la Cynoglose ; la Jusquiame ; la Belladone ; la *Phytolaca americana;* le Pavot ordinaire ; le Pavot d'Orient.
Diurétiques.	La Garance ; la Digitale ; l'Ail ; la Pariétaire.
Diaphorétiques.	La Sauge ordinaire; le Sureau ; la Germandrée aquatique.

VÉGÉTAUX

EN USAGE DANS LES ARTS.

Le Chêne, le Châtaignier, pour la construction des Bâtimens.

Le Chêne, l'Érable, le Charme, le Frêne ; pour le Charronnage.

Le Chêne, le Noyer, l'Orme, le Tilleul, le Châtaignier ; le Peuplier, pour la Menuiserie.

Le Bouleau, le Sumac, le Nerprun, le Merisier, le Poirier, le Prunier, l'Érable, l'Aulne, le Buis, le Fusain, le Sureau, le Mûrier, le Faux-Ébénier, l'Alisier, l'Azérolier, le Houx, le Pommier, le Cerisier, le Cormier, le Cornouiller, le Hêtre, l'If, le Lierre, *etc. etc.* pour les tourneurs.

PLANTES TINCTORIALES.

(Couleur bleue). L'Écorce de Frêne, la Vouède *ou* Pastel, les Corolles de la Campanule à feuilles rondes, du Pied-d'Alouette des champs.

(Couleur verte). Les Corolles de la Pulsatille et de la Buglose, les Baies de la Bourgène, le Cerfeuil sauvage, la Jacobée.

(Couleur jaune). Les Racines d'Épine-Vinette, d'Ortie dioïque, le Garou, l'Écorce du Nerprun-cathartique, la Bourgène, les Feuilles du Bouleau blanc et noir, les Fleurs du Caillelait, du Cerfeuil sauvage, du Genêt des Teinturiers, de la Verge d'Or, du Millepertuis commun, la Gaude, la Lysimaque vulgaire.

(Couleur rouge). Les Racines de la Garence, du Caillelait jaune, de l'Aspérule des Teinturiers *ou* herbe à l'Esquinancie, du Sumac des Corroyeurs.

(Couleur pourpre). Les Sommités de l'Origan vulgaire.

(Couleur violette). Les Corolles de la Violette.

Les Racines et l'Écorce de Noyer, l'Écorce d'Aulne, le Brou de Noix produisent le brun fauve, noisette, le brun istré.

L'Écorce et les Galles de Chêne précipitent en noir le fer de ses dissolutions.

PLANTES

D'AGRÉMENT QUE LES BOIS, LES CHAMPS ET LES PRAIRIES PRÉSENTENT.

La Salicaire, la Pervenche, la Coquelourde, la Silvie, la Saxifrage granulée, la Globulaire, le Bois Gentil, l'Ornitogale des Pyrénées, la Dame d'onze heures, la Jacinthe des bois, le Lilas de terre, les Campanules, la Verge d'Or, les différens Geranium, le Souci des Marais, le Muguet de Mai, l'Ancolie, la Digitale, les Orchis, les Ophris, les Sérapias, la Nielle des blés, la Reine des Prés, le Colchique, le Pied-d'Alouette, le Barbeau, etc.,.. qui croissent spontanément dans notre canton, le disputent à bon droit, quant à la forme et aux couleurs variées de leur calice et de leur corolle, aux plus belles fleurs de nos jardins.

PLANTES

PLUS PARTICULIÈRES A NOTRE SOL.

Les Plantes qui sont plus particulieres au canton de Roye (et au département de la Somme), qu'aux départemens limitrophes, sont la Cinéraire des Marais, l'Orchis abortive, l'Osmonde lunaire, l'Ornitogale des Pyrénées, le Myrtille, le Pyrole à feuilles rondes, la Parnassie des marais, la Grassette lactée à épi, *ou* Herbe de Saint-Christophe, etc......

ARBRES ET PLANTES
NATURALISÉS.

Le Marronnier, le Platane, le Noyer, le faux-Acacia (très-rare), le Micocoulier (très-rare), les Mûriers noir et blanc, le Châtaignier, les Pins, les Sapins, les Mélèses (rares), les Sumacs (rares), plusieurs Érables, le Tabac, le Ricin, l'Épine-Vinette (rare), etc........ Le Merisier à Grappes et à bois noir, le Frêne épineux, le Ragminier, le Tulipier, *etc.......*

Outre les plantes et les arbres dont les noms viennent d'être cités, les bois, les champs, les prairies, les marais, les eaux, les jardins en présentent un nombre bien plus considérable; leur énumération serait ici trop longue : ces détails ne peuvent convenir qu'à un grand ouvrage.

ANIMAUX.

MAMMIFÈRES.

Le bœuf, la vache, le cheval, l'âne, le mulet, le mouton, la brebis, la chèvre, le porc, le chien, le chat, le cochon-d'Inde, le lapin-d'Angora, et les autres espèces, sont nos animaux domestiques.

Le sanglier est rare, mais il habite encore nos bois.

Nous avons aussi le loup*, le renard, le blaireau, l'écureuil (dans la forêt de Bouveresse), l'herminette, le putois, le furet, le lièvre, le lapin des bois, les rats, les souris, la belette, la fouine, le hérisson.

OISEAUX.

Le coq et la poule, le dindon et la dinde, l'oie, le canard (celui de Barbarie, qui en est une variété, devient commun,) la pintade, le paon :

---

* Les Loups mâles et femelles sont en grand nombre de nos côtés, surtout dans les Bois d'Amy et de Fresnières.

diverses espèces de pigeons peuplent nos basses-cours.

Parmi les oiseaux sédentaires de notre pays, on compte : la tourterelle, le milan royal, la bécasse, le chat-huant, la grive, le sansonnet, le hoche-queue, le corbeau, la pie, le verd-bon-tems, le geai, le loriot, le verdier, le bouvreuil, le chardonneret, le roitelet, les mésanges, la gorge-bleue, le pinson, le rale du genêt, le tarin, la lavandiere, la bergeronnette jaune, le merle, le rouge-gorge, le franc-moineau, la sarcelle, la poule-d'eau, le pilet, le canard d'eau.

Parmi ceux de passage et qui n'habitent nos cantons que quelque tems, on distingue la petite-outarde, le grand et le moyen duc, le cygne, le faisan, l'hirondelle de mer, la huppe.

REPTILES.

Le lézard gris, la salamandre terrestre, celle d'eau, la grenouille, le crapaud sont communs.

SERPENS.

La vipère ordinaire est très-commune dans nos bois; sa morsure n'est pas mortelle, mais elle produit de grandes inflammations. La couleuvre à collier se trouve dans le parc de Tilloloy et à Warsy; la lisse. Ces deux couleuvres ne sont nullement malfaisantes. L'orvet commun habite les fossés de notre ville; il n'a aucun venin.

POISSONS.

Ceux qui se trouvent le plus communément dans nos rivières, sont le goujon, la rosse, la tanche, la perche, le meûnier, la brême, le brochet, la carpe et l'anguille.

MOLLUSQUES.

Nous avons les limaces : la rouge, la noire, la brune, la grise, qui se nourrissent des plantes, et font un grand tort.

TESTACÉES.

Nous ne pouvons avoir de coquillages, ni marins, ni fluviatiles (excepté la moule des étangs), dans leur état ordinaire : nous n'en rencontrons que de pétrifiés.

Mais nous avons des coquillages terrestres : tels sont le vigneron, le jardinier, le grand ruban, le petit ruban, la livrée, la transparente, le bouton, la grande striée, la luisante, la veloutée, le barillet, la nonpareille, *etc.*

VERS.

La serpule en masse, la naiade à trompe, le lambric terrestre, la sangsue des chirurgiens, les vers intestins : tels que les douves, les tænia, les hydatides, les ascarides, *etc.*

CRUSTACÉES.

L'écrevisse des rivières, les cloportes, les iules, les scolopendres.

ARACHNÉIDES.

Les araignées, les faucheux, les hydrachnés.

INSECTES.

On voit, dans le canton de Roye, presque tous les insectes des départemens voisins : tels que le capricorne, le cerf-volant, les différens scarabées, les punaises, *etc.* Il serait trop long d'en donner le catalogue.

Les papillons surtout y sont en grand nombre et très variés.

On peut prendre une idée du nombre et de la beauté de ce genre d'insectes de nos contrées, dans la collection qu'en a faite M. Coulon, de Roye.

En voici les principaux :

PAPILLONS DE JOUR.

Le gazé, le morio, le porte-queue du fenouil, l'aurore, le souci, la belle-dame, la bacchante (dans le parc de Tilloloy), le vulcain, la grande et la petite tortue, le grand et le petit nacré, le papillon du chou, le damier, le gamma, le deuil, le demi-deuil, le drap mortuaire, le soufré, le citron, *etc.*

PHALÈNES
OU PAPILLONS DE NUIT.

Le petit paon de nuit (le grand paon est très-rare dans le département; cependant M. Coulon en a un dans sa collection), la feuille-morte, *etc.*

PTÉROPHORES.

Le blanc, le brun, le jaune; *etc.*

SPHINX.

Le sphinx tête de mort (très-rare. Je n'en ai vu que deux, dont un dans la collection de M. Coulon : il avait été trouvé derrière une tapisserie); le sphinx à bandes rouges dentelées; le sphinx demi-paon ; le sphinx du tilleul, celui de la vigne, celui du troëne; le sphinx-bourdon ; le sphinx-mouche (plusieurs variétés).

ARGUS.

L'argus vert; l'argus bleu; l'argus miope.

EAUX DE ROYE.

Les eaux des fontaines sont ordinairement limpides, légères, dégagées de molécules hétérogènes, nuisibles à la santé. Elles roulent sur un lit de terre crayeuse, recouvert par un sédiment terreux.

Les légumes y cuisent promptement, et n'y durcissent pas; le savon s'y dissout bien. On ne voit que très rarement à Roye des écrouelles et des goîtres, maux ordinaires aux personnes qui boivent des eaux mal-saines, chargées de corps étrangers susceptibles de leur communiquer une mauvaise qualité.

Celles des puits ne sont pas aussi pures que celles des fontaines : elles sont en général un peu louches; le savon s'y grumèle, et les légumes n'y cuisent pas très-bien.

M. Midy, docteur en médecine à Roye, ayant fait évaporer 10 kilog. 77 grammes (22 livres) d'eau de puits, et ayant filtré le précipité, trouva que le sédiment séparé du papier qui servait de filtre, pesait 3 grammes 187 milligrammes (60 grains), dont 2 grammes 231 milligrammes (42 grains) de terre calcaire, et 956 milligrammes (18 grains) d'un sédiment terreux. Une portion d'eau réduite, évaporée jusqu'à siccité, lui montra l'existence du nitrate de potasse.

Dix kilogrammes 77 grammes (22 livres) d'eau de fontaine lui donnèrent un gramme 964 milligrammes (37 grains) de terre calcaire, 319 milligrammes (6 grains) de substance terreuse sans goût et sans odeur ; environ 53 milligrammes (un grain) de nitrate de potasse; à-peu-près 106 milligrammes (2 grains) de muriate de soude, et 53 milligrammes (1 grain) de terre magnésienne.

(Topographie Médicale de Roye, par M. Midy).

EAU MINÉRALE

DE SAINT-MARD, PRÈS DE ROYE.

(Mémoires de l'Académie des Sciences, 1771, tome premier, page 269 — 287).

A la sollicitation des officiers municipaux de Roye, MM. de Lassone et Cadet, membres de l'Académie des Sciences, se transportèrent en 1770, à S.-Mard, village à l'ouest et à $\frac{1}{4}$ de lieue de Roye, pour analyser les eaux minérales qui s'y trouvent.

Ils en dressèrent un Mémoire qui fut imprimé parmi ceux de l'Académie des Sciences, en 1771. En voici l'analyse :

On doit la découverte de la source à M. Garde, chirurgien de Roye.

Près de cette source est un bassin que la ville de Roye a fait construire ; il forme un carré de deux pieds onze pouces ; son intérieur est revêtu de grès.

On y tient ordinairement l'eau minérale à onze pouces de hauteur, à-l'aide d'un venteau, pour empêcher que les eaux inférieures, grossies par les pluies, n'y refluent.

Les sources d'eau minérale renfermées dans ce bassin sortent d'une montagne au nord ; elles fournissent en une minute 14 pintes, mesure de Paris, ce qui fait environ 420 pintes en une demi-heure.

Puisée à son bassin, elle est claire et limpide ; elle a une saveur ferrugineuse très-sensible.

Le pied cube de cette eau pèse 70 livres 3 gros 25 grains $\frac{5}{8}$.

En creusant vers les côtes de la source, on n'a trouvé ni pyrites, ni terres glaiseuses. On a retiré de ces fouilles une terre blanche calcaire, qui paraît faire un des principes de cette eau minérale.

Après toutes les expériences nécessaires pour l'analyse, MM. De Lassone et Cadet ont évalué que chaque pinte d'eau pouvait contenir un grain $\frac{1}{2}$ de fer; 2 grains de terre calcaire, $\frac{1}{4}$ de grain de terre alkaline; un peu de sel muriatique ; $\frac{1}{2}$ grain de muriate à base alkaline ; $\frac{1}{2}$ grain de muriate à base terreuse, et un peu de matière grasse, qui leur a paru être de nature végétale.

Ces eaux peuvent se transporter sans qu'elles précipitent leur fer. La fontaine est placée dans un lieu agréable.

Au-dessus de cette fontaine, dans le Prieuré de Saint-Mard, on rencontre plusieurs autres sources minérales, à-peu-près semblables à celles ci-dessus.

La plupart de ces eaux coulent dans des fossés qui entourent différentes prairies; elles ont un goût d'*hépar* beaucoup plus sensible que dans l'eau minérale dont on vient de rendre compte, ce qu'on croit dû à leur stagnation.

On remarque à leur superficie une pellicule avec Iris; les plantes qui croissent dans ces fossés sont toutes chargées d'une terre ocreuse, occasionnée par le dépôt de ces eaux ferrugineuses.

Mais ces eaux, dit M. Midy, reconnues si salutaires, si bienfaisantes, dans le principe de leur découverte, sont aujourd'hui sensiblement altérées, à-cause de la dégradation du bassin, que l'on a démoli en partie depuis la révolution : le venteau qui servait à les retenir et à les séparer des eaux inférieures n'existe plus. Une source d'eau douce se mêle dans le même bassin à l'eau minérale ; ce qui porte à le croire, c'est que, du côté droit du bassin, le limon des grès mouillés par l'eau minérale est de couleur rousse, rouillée, ocreuse; tandis que ceci ne s'apperçoit pas du côté gauche du même bassin; ce qui fait présumer que l'eau qui coule du côté gauche n'est pas la même que celle du côté droit, et que c'est probablement la source d'eau douce observée par MM. Cadet et De Lassone qu'ils ont fait détourner dans le tems de leur analyse, et qui reparaît aujourd'hui.

D'après cela il est aisé de concevoir qu'elles ont dû s'être affaiblies et avoir perdu de leurs propriétés.

Le moyen de les rétablir serait, continue M. Midy : 1°. De travailler de nouveau à détourner la source d'eau douce, de la minérale. 2°. De raccommoder le bassin. 3°. De remettre un venteau comme il existait autrefois, et de veiller à ce que cette fontaine n'éprouvât point de nouvelles dégradations.

AUTRES SOURCES MINÉRALES.

On observe des sources d'eau minérale à Tilloloy, à une lieue $\frac{1}{2}$, sud, de Roye; à Ognoles, à 2 lieues, nord-est; à Avricourt, à une lieue $\frac{1}{2}$, est; à Beaulieu, à 2 lieues, est; à Bains, qui a pris son nom de ces eaux minérales, *Balneœ*, à 3 lieues, sud-ouest; à Beaurains, à 4 lieues, est, de Roye.

Il paraît qu'elles doivent leurs principes à la décomposition des pyrites ferrugineuses.

On a cru en avoir aussi trouvé dans les marais de Saint-Georges, qui touchent à Roye : mais on a remarqué que la couleur de ces eaux était due à la décomposition des végétaux. Le produit de cette décomposition, dans ce même lieu, donne une terre qui pourrait fournir des tourbes. Cette terre étant sèche, brûle avec flamme et fumée bleuâtre, et donne des cendres terreuses qui ont une odeur de soufre.

TERRE DE ROLLOT.

Au village de Rollot, qui est à trois lieues, sud-ouest, de Roye, se trouve une terre martiale et alumineuse.

L'endroit d'où on la tire est un peu élevé, mais en pente. Le terrain en est assez fertile; on y récolte du blé.

Sous la terre végétale, on rencontre une terre calcaire blanchâtre, ensuite une terre argileuse, puis une terre noire dont le lit a quatre pieds environ d'épaisseur; c'est celle dont je veux parler.

Le milieu de ce lit est traversé par une couche plus dure et d'une couleur plus foncée: elle a quatre pouces d'épaisseur.

Cette couche est une espèce de grès pénétré de la matière huileuse qui se trouve dans cette même terre; elle est comme le noyau de la masse, et ne se décompose pas à l'air.

La terre de Rollot, prise en masse, est noire et fragile; exposée à l'air, en petite quantité, elle se gerse, se divise en feuillets, et se couvre d'une poussière jaunâtre. Mise en grands tas, à l'air libre, elle s'échauffe peu-à-peu ; quinze jours après elle brûle, donne une flamme visible pendant la nuit, et répand une odeur insupportable qui se fait sentir très-loin. On ne peut mieux comparer cette odeur qu'à celle de l'acide sulfureux volatil, jointe à celle du sulfure alkalin décomposé.

La couche noire de la terre de Rollot, vue avec la loupe, présente une quantité innombrable de petits corps jaunâtres et brillans, qui sont de vraies pyrites martiales.

Dans la décomposition de ces pyrites, le soufre se décompose à-l'aide de l'eau qui s'y insinue et du gaz hydrogène ; l'acide sulfurique, contenu dans ce soufre, devient libre et se combine avec le fer, d'où résulte le sulfate de fer ; bientôt une partie de ce sulfate est décomposée par la chaleur qui s'excite, la terre martiale prend alors une couleur rougeâtre, et forme une cendre que l'on vend sous le nom de *cendre rouge*. Elle sert à la fertilisation des terres.

L'analyse de la terre de Rollot, faite par M. Coulon, a montré qu'elle contient de l'eau, du soufre, une matière huileuse, de la terre absorbante, de l'alkali volatil et du sel ammoniaque vitriolique.

D'après les expériences qu'il a faites, cette terre, mise dans l'eau, s'est précipitée au fond du vase; il s'en est dégagé avec bruit une grande quantité d'air, mais tous les morceaux n'ont pas produit également cet effet. Mise dans un flacon de crystal bouché à l'émeri et bien luté, le flacon s'est rempli de vapeurs qui se sont condensées et ont produit une eau très claire sans odeur et sans goût. Placée sur des charbons ardens, il s'en est élevé une fumée dont l'odeur était semblable à celle du charbon de terre; il en est aussi parti une odeur d'acide sulfureux volatil; et ce qui est resté sur les charbons était une terre martiale rougeâtre. L'acide sulfurique versé sur cette terre, le vase s'est échauffé, et il s'est dégagé de l'acide sulfureux volatil. Elle n'a point coloré l'esprit de vin dans lequel on l'a mise en digestion. Exposée à l'air libre, elle s'est exfoliée, mais elle a été bien plus long-tems à tomber en efflorescence, que lors qu'elle a été mise dans un vase fermé qui n'était pas entièrement rempli.

AUTRES TERRES.

Il y a des terres semblables à celle de Rollot, et qui produisent aussi des cendres fertilisantes, à Beuvraignes, à Avricourt, à Beaurains, dans les environs de Roye.

PYRITES.

A Ercheu, village à 2 lieues ½, nord, de Roye, se trouvent des pyrites sulfureuses micacées, que les habitans ont prises pour une terre qui contient des molécules d'argent : on y rencontre aussi du soufre natif et une terre argileuse propre à faire la porcelaine.

Les pyrites sont assez communes dans le canton de Roye. J'en ai vu une très-curieuse. C'est une boule d'environ deux pouces de diamètre, hérissée d'angles saillans, ou mamelles formées de couches de matière pyriteuse. Elle a été trouvée au village de Puzeaux, enfermée dans une pierre que l'on cassait.

PÉTRIFICATIONS.

En faisant des fouilles, on trouve quelquefois, à Roye et dans ses environs, des morceaux de bois pétrifiés, des coquillages marins univales, tels que sabots, buccins, nérites, *etc*......... et des bivalves, tels que huîtres, manches de couteau, *etc*...... ; des oursins, des dents d'animaux, pétrifiées ; et bien plus fréquemment encore des vis.

Les montagnes de Lagny et de Boulogne présentent des couches considérables de ces pétrifications.

En 1771, MM. De Lassonne et Cadet, en faisant l'analyse des eaux de Saint-Mard, et creusant vers les côtes de la source, trouvèrent un ossement d'animal, qui était noir comme du jayet; ils le firent scier, l'intérieur était d'un aussi beau noir que la superficie. Ils jugèrent que cette couleur était due au fer contenu dans l'eau minérale, dont cet os avait été pénétré, et dont le calorique s'était combiné avec le fer.

PRODUCTIONS DIVERSES
DU RÈGNE MINÉRAL.

Notre canton fournit des grès; des cailloux; du sable blanc, rouge, jaune, brun; celui de Tilloloy est blanc et très-fin; c'est le plus beau que l'on trouve dans le département : il contient des coquillages;

De l'argile;

De la marne, argileuse et crayeuse;

De la terre calcaire, *ou* craie, *ou* carbonate calcaire.

Du gypse *ou* terre à plâtre (je ne connais que le village de Fescamps où on le rencontre : il est très-rare dans le département;)

Du nitre calcaire *ou* salpêtre, dans les murailles.

CHAPITRE IX.

Caractère, Mœurs et Usages des Habitans de nos campagnes.

PHYSIQUE. VÊTEMENT.

Les habitans de nos campagnes de Picardie n'ont rien qui les distingue du commun des Français, par rapport au physique : les hommes sont robustes ; les femmes, surtout les jeunes, ont quelque chose d'agréable ; on rencontre même des villages où elles sont généralement jolies : le patois picard a quelquefois de la grace dans leur bouche.

La Révolution Française a porté chez eux un luxe qu'ils n'avaient point. On les voyait autrefois prendre dans leur armoire, aux jours de grandes fêtes, l'habit qu'ils avaient eu pour leur mariage. Il était ordinairement en drap gris-blanc, à très-longue taille, à grandes poches, avec des boutons tout-du-long de l'habit, sur les pattes des poches et sur le bout des manches. Aujourd'hui nos villageois veulent que leurs habits soient faits à la mode nouvelle, et en drap fin ; ils y joignent un gilet élégant ; boucles-à-jarretières et à souliers, en argent ; et chapeau français à belles ganses ; je parle de ceux qui jouissent d'une certaine aisance, et du costume qu'ils mettent les jours de dimanches, et de fêtes.

Les vêtemens des femmes ne sont pas moins recherchés : de beaux bonnets de mousseline brodée à gros plis, mouchoir de cou de même étoffe ; casaquin et jupon de belle indienne, avec un tablier de toile des Indes rouge *ou* de soie noire ; grande croix et boucles d'oreilles en or.

LOGEMENS. MAISONS.

La terre, le bois et la paille *ou* le chaume suffisent presque toujours à la construction des maisons de nos campagnes.

La porte, assez souvent, sert aussi de fenêtre ; l'aire n'est presque jamais carrelée ; quelquefois elle est faite de briques ; souvent c'est une simple terrasse, qui n'est pas même unie.

Vous entrez chez un de ces villageois appelés *manouvriers* ou *ménagers*, une porte mal close sur la rue s'offre d'abord à vos regards. Vous traversez une très-petite cour, au centre de laquelle on a creusé un trou pour l'écoulement des eaux qui ont lavé le fumier; ce réservoir se nomme *roussie*.

Vous dirigez votre marche vers la *maison* (les campagnards de Picardie nomment ainsi la chambre dans laquelle ils habitent ordinairement). Quelques chaises grossièrement travaillées sont placées çà et là ; une armoire enfumée ou un coffre (appelé *bahu*) est dans un coin ; à-côté la *maie* ou *pétrin*, qui sert à faire le pain et à le serrer ; quelques planches attachées à la muraille forment l'*aisselle* ou *potière* qui porte la vaisselle. C'est ordinairement la chose la plus brillante de l'habitation rustique. Dans le haut de cette *aisselle* sont placés des plats d'étain, et des assiettes à grandes fleurs rouges et vertes, presque toutes gagnées à la loterie. Les cuillers d'étain et les fourchettes de fer occupent le devant; elles sont tenues dans des entailles faites à la planche. Là se présente encore le portrait du Roi, quelque vierge, ou des oiseaux en plâtre colorié.

Le lit, entouré de rideaux verts ou rouges, occupe l'un des coins de la chambre. Ce lit est quelfois orné de couronnes de fleurs qui ont touché le S.-Sacrement. On met aussi, derrière la porte ou sur le toit, du buis beni le dimanche des Rameaux.

Mais l'heure qui sonne vous fait tourner la vue sur la pendule, placée contre le mur vis-à-vis du foyer *. Elle est en bois, dans un long coffre *ou* armoire : sur la porte du devant est attaché le *congé* du fils de la maison, ou bien on a tracé quelques figures avec le compas.

A-côté de la principale chambre, est un autre appartement pour les enfans. Les chaumières n'ont, pour l'ordinaire, qu'un étage ; souvent c'est un grenier.

Formées de terre, de bois et de paille, elles sont très-combustibles ; et l'incendie d'une seule maison entraîne souvent celui de beaucoup d'autres, et même des villages entiers. » Il n'en est peut-être
» pas un seul, *a dit quelqu'un*, qui n'ait déja été
» renouvelé plusieurs fois. Aucun département
» n'est plus ravagé que le nôtre par le fléau des
» incendies. Tantôt, *continue le même auteur* ;
» ils sont le triste résultat de la malveillance ;
» tantôt celui d'une odieuse vengeance ; le plus
» souvent l'imprudence les cause. L'usage de la

---

* C'est une marque de bonheur pour les habitans de la maison, lors qu'ils entendent dans la cheminée le cri monotone de l'insecte nommé *Grillon*, qu'ils appellent *Crinon*.

On peut les comparer, en cela, aux habitans de l'île de Madagascar, qui ont un grand soin d'élever un gros *Grillon* dans le fond d'un pannier où ils serrent ce qu'ils ont de plus précieux.

Ceci ressemble aussi aux *Fétiches* des habitans de la Côte-d'Or.

» pipe, trop généralement répandu dans les cam-
» pagnes, en multiplie singulièrement le nombre.
» On ne peut voir sans effroi des batteurs en grange
» et des charretiers fumer sans précaution dans
» les aires et dans les écuries. Les fonctionnaires
» chargés de la p¹ lice devraient exercer une plus
» grande surveillance et déployer plus de sévérité
» contre ces hommes insouciants qui appellent le
» malheur et la misère sur leurs voisins. Quelques
» maires zélés ont déja pourvu leurs communes
» de pompes et de seaux. Il serait à desirer de
» trouver partout ces ressources. Les philantropes
» forment depuis long-tems le vœu de voir rem-
» placer, par des tuiles, les tristes et dangereuses
» toitures de paille qui couvrent la presque totalité
» des habitations rurales, sans en excepter les
» presbytères et quelques églises. »

NOURRITURES.

La nourriture des villageois picards n'est pas recherchée. Lors qu'ils peuvent acheter un porc, ils l'engraissent, le salent; et c'est la partie principale de leurs alimens.

Les petits ménagers mangent, le matin et au goûter, du lait caillé dans un pot, avec une tranche de pain, ou bien un morceau de pain seul avec un peu de cidre *. Leur dîner et leur souper consistent principalement en légumes. Les pois, les harricots, les fèves, les pommes de terre, les choux, les navets, sont ceux dont ils se nourrissent ordinairement. Ils mangent beaucoup de soupe, qu'ils font avec des légumes et du porc : cette nourriture est saine et leur donne de la force.

Nos villageois buvaient jadis de l'eau, du cidre ou de la bierre. Le relâchement des mœurs depuis la révolution a multiplié dans les campagnes le nombre de ces maisons où l'homme va perdre ses forces par l'abus du vin, et souvent ruiner en même temps sa santé et sa bourse.

INDUSTRIE. TRAVAUX.

TABLEAU D'UNE VEILLÉE.

En-général, l'habitant de nos campagnes n'a pas assez d'industrie pour mettre en-œuvre toutes les ressources qui l'entourent. Mais, s'il n'a pas l'esprit inventif, il a une qualité infiniment précieuse, il est laborieux. On pourrait lui appliquer

---

* La Picardie est peut-être la province de France où l'on mange le plus de pain. Il y est beau, bon et en abondance.

ce que Virgile [ÆNEID. lib. IX] dit des anciens habitans du Latium :

Durum ab stirpe genus......
At patiens operum parvo-que assueta juventus,
Aut rastris terram domat, aut quatit oppida bello.

» Nation robuste et infatigable dès son origine.»
» La jeunesse laborieuse, accoutumée à vivre
» de peu, cultive la terre, ou livre l'assaut aux
» villes des ennemis. »

J'ai dit que le Picard n'a pas assez d'industrie pour mettre en-œuvre toutes les ressources qui l'entourent ; cela n'empêche pas qu'il n'y ait que peu de provinces en France dont les habitans aient plus de talent pour imiter les ouvrages. Si les Picards n'inventent pas, ils égalent les fabriques d'origine. La proximité de la mer, la bonté du sol, les rivières navigables, les canaux, font, dans certains tems, que le commerce de cette province est considérable. Quand ce commerce a de l'activité, les manufactures occupent un grand nombre de bras.

La grande quantité de blé qu'on récolte en Picardie, surtout dans le Santerre, forme une des premières branches de commerce.

La culture des terres fait la principale occupation des habitans de nos campagnes. Les champs sont fertiles. Tout travaille. Les hommes labourent, sèment, récoltent, engrangent, battent et vendent les grains : les femmes vont purger les champs des herbes nuisibles. On les voit, tous les jours d'été, rapporter sur le dos une botte de ces plantes qu'elles donnent aux bestiaux.

Dans la belle saison, l'air est continuellement frappé des chants aigus de ces *herbionnes* : elles montent leurs voix sur la plus haute corde ; et ces voix cependant ne sont pas toujours sans quelque agrément. Ce sont de vieux récits ou des chansons picardes d'une naïveté charmante.

L'hiver, lorsque la terre est dépouillée de sa verdure, et qu'on ne va plus cueillir l'herbe, les femmes vont prendre à la meule voisine des bottes d'éteule pour faire le feu.

Derrière l'habitation des familles villageoises est un *héritage* ou *courti*. On consacre une partie de ce terrain à la culture du chanvre. Ce chanvre est travaillé et *mâché* par les femmes qui le filent ensuite pour en faire de la toile.

C'est un spectacle vraiment pittoresque que celui des soirées d'hyver appelées *veillées*, où les femmes de Picardie filent le chanvre. Il fait froid... les jours sont courts.... la nuit commence à venir... plusieurs familles se réunissent dans une chambre ou dans une cave. Là se trouvent des jeunes filles, leur rouet devant elles, l'amant appuyé sur le dos de leur chaise. Tandis que le rouet tourne, chacun fait le récit de ce qu'il sait ; on renouvelle les contes qui sont passés de père en fils. Tous les yeux sont fixés sur le narrateur, et peignent le plus grand intérêt. Souvent, pour faire diversion, les voix perçantes des jeunes villageoises entonnent simultanément un air ancien, *ou* chantent un *Noël*.

' Si, parmi les hommes admis dans cette réunion, il se trouve quelque militaire en sémestre, vous l'entendez parler en termes pompeux des campagnes qu'il a faites ; vous le voyez même tracer, avec la craie, des camps sur les murs.

' Un autre docteur lit le journal ; et plein des grandes idées qu'il a puisées dans nos feuilles périodiques, il dirige la marche de nos armées, et fait la guerre aux puissances ennemies. On l'écoute avec attention. Il n'est interrompu que par le *magister* du village, qui commente le discours du narrateur. Nos campagnards regardent ce magister comme un grand génie. Il chante au lutrin, enseigne la lecture et l'écriture, peut-être arpente les terres. Il place fréquemment dans la conversation des mots latins qu'il a puisés dans les vêpres du dimanche. Chaque fois qu'il bâille, il forme une cadence de plain-chant ; et il ne parle jamais que d'une voix de lutrin......

Mais l'heure du souper sonne, et chacun retourne à sa chaumière, dans l'espoir de faire, le lendemain, le même emploi de sa soirée.

Dans quelques villages la veillée ne commence qu'après le souper que l'on fait de très-bonne heure, et se termine à 10 ou 11 heures.

FÊTES DE CAMPAGNE.

Le son d'un instrument se fait entendre : c'est aujourd'hui la fête du village, et le ménétrier monte sur son *trône* composé de planches posées sur des tonneaux. Voyez, de tous côtés, les campagnards accourir sur la place et se parler pour former des danses ; voyez les couples se placer. On entoure le ménétrier, on le presse, le violon est à peu près d'accord, il joue, on danse.

Examinez la gravité que les villageois mettent dans leur danse. Ils sont d'un phlegme, d'un sérieux qui étonnent. On chercherait en-vain à démêler en eux cet air vif, léger et gai des paysans des provinces méridionales. Une jeune villageoise, en dansant, a les yeux baissés ; elle semble se mouvoir à-peine, et cependant se montre très-sensible à la cadence.

Au milieu de la place on voit plusieurs habitans, le battoir à la main, disputer, aux joueurs du village voisin, l'honneur d'une partie. La victoire est décidée ; les vainqueurs sont proclamés ; on va dans le cabaret parler de la défaite et proposer une revanche.

D'un autre côté est une table chargée de fayence ; c'est une loterie où les villageois tachent de gagner de nouveaux ornemens pour leur *aisselle*.

Un spectacle d'un autre genre pique la curiosité : Le drapeau est déployé, le tambour bat ; on a tiré l'arc ; le vainqueur marche en tête, fier de la victoire qu'il vient de remporter : on va choquer les verres et célébrer le nom mémorable de Saint Sébastien.

Déja la nuit s'approche, et l'écho répète, dans le lointain, les cris de plaisir de tous nos *féteurs : on les entend *houper*.

On rentre chez soi ; et bientôt la table est mise. La jeune fille, qui vient de changer de vêtemens, offre à notre joyeuse réunion des pâtés, des gâteaux et des *flans*. Un tonneau de cidre est dans la chambre où l'on soupe ; les pots se vident et se remplissent successivement. La conversation s'anime. Les têtes s'échauffent ; on chante. A-peine l'*ancien* de la société a-t-il commencé une chanson du *vieux-tems*, que chacun, de son côté, estropie les paroles et l'air : ils forment un chœur.

Placez une de ces têtes froides, une de ces personnes graves que l'on nomme *philosophes*, dans le centre de cette bruyante assemblée ; examinez-la au-milieu de ce joyeux *brouhaha*, et faites un tableau.

Mais la jeune-fille s'apperçoit que le tems s'écoule; elle a promis une danse....... Nos amis se lèvent, et dirigent de-nouveau leurs pas vers le lieu de la fête. La vieille, parée de son plus bel habillement, essaie de danser; mais ses jambes, qui fléchissent, lui rappellent son âge, et lui disent qu'il n'est plus pour elle que des souvenirs.

RELIGION.

Fortement attachés à la religion de leurs pères, nos villageois en observent strictement toutes les cérémonies. La suppression d'une grande partie des fêtes n'empêche pas qu'ils ne les chôment. Ils ne manquent point aux offices ces jours-là; et ils viennent à la ville avec leurs habits de parure.

Les pélerinages sont moins fréquens qu'avant la révolution; cependant, lors qu'une personne est malade, ou qu'il arrive quelque accident dans la maison, on va religieusement invoquer N.-D. de Liesse, d'où l'on rapporte des fleurs artificielles et de petites figures, dans un vase de verre blanc plein d'eau et fermé hermétiquement. Ces choses deviennent en même tems des objets de vénération et de parure chez nos campagnards.

CRÉDULITÉ.

Nos villageois s'abandonnent souvent à une crédulité dont ils deviennent les dupes. Des escrocs, qui s'annoncent comme de profonds magiciens, abusent de leur confiance, et leur enlèvent leurs écus au-moyen de quelques mots insignifians. Ils disent *la bonne-aventure ;* ils *jettent* ou *ôtent des sorts ;* ils *devinent ;* on va les consulter, surtout lors qu'on a été volé, ou qu'on a perdu quelque chose *.

C'est dans ces points seuls que nos campagnards sont excessivement confians.

Ces abus se sont singulièrement multipliés dans ces derniers tems, à-l'occasion du tirage de la conscription militaire.

On s'adressait au *sorcier* du voisinage, qui, moyennant une récompense, et après avoir prononcé quelques paroles, donnait l'assurance qu'on prendrait un bon *numéro*.

J'ai connu un de ces escrocs Voulait-on ne pas être conscrit ?.... on allait le trouver. Deux vieux grimoires enfumés composaient son cabinet de magie : il prononçait, d'un air emphatique, une formule magique, et griffonnait quelques mots sur un petit papier au-bas duquel il n'oubliait point d'é-

---

* Il y a ordinairement aussi dans chaque canton quelqu'un qui sait arrêter les incendies, par des cérémonies magiques. Les campagnards sont persuadés que ceux qui *coupent le feu* par ces moyens, se sont donnés au diable, et qu'ils se livrent à la damnation éternelle.

crire : *il est dû* (telle somme, toujours avec sous et deniers), *à l'esprit malin*. Cet esprit malin, c'était lui, comme on le pense bien. Mais les dupes qu'il fit, éprouvèrent que son art n'empêchait point de prendre les mauvais numéros. On porta des plaintes, et les murs d'une prison continrent, durant six mois, le magicien et ses talens.

PROMPTITUDE. FRANCHISE.

Le proverbe qui dit que *le Picard a la tête chaude*, est vrai à certains égards. Il est en-effet vif, brusque, prompt, ferme dans ses opinions. Voilà pourquoi l'on dit qu'il est querelleur.

La franchise lui est naturelle. Cette franchise est bien connue ; aussi dit-on d'un homme sincère : *Qu'il est franc comme un Picard*. C'est ce qui a donné lieu à cette devise : *La franchise, née Picarde, le cœur à la main*.

COURAGE.

Je viens de dire que les Picards sont prompts et fermes dans leurs opinions : ceci explique, je crois, la cause du courage qu'on leur connaît. Ouvrons l'histoire, et nous verrons que les Belges qui, du tems des Romains, occupaient notre Picardie actuelle, se distinguèrent dans l'art de la guerre au-dessus des autres peuples. Qui disait

Belge, entendait un guerrier : *Belgica, quasi Bellorum gens.* On les a vus résister assez long-tems, avec un courage intrépide, à tous les efforts des Romains. Les Amiénois, les Beauvaisiens et les Artésiens, l'emportaient sur les autres Belges par la bravoure et par l'intelligence.

Les Romains faisaient grand cas de la cavalerie Amiénoise, connue sous le nom d'*Equites cataphractarii ambianenses.*

Depuis, le régiment de *Picardie* créé par Henri II, en 1558, sous l'ancien titre de *vieilles-bandes*, commandait seul. Les trois bataillons qui le composaient, étaient, dans l'origine, formés pour la plus grande partie, de Picards; et ce corps s'est distingué dans une foule d'occasions.

On remarque que les Picards préfèrent la cavalerie à l'infanterie; et que, quand ils ont été quelque tems dans les troupes, peu de soldats sont plus propres qu'eux aux armes.

FIN DU LIVRE QUATRIÈME.

LIVRE Vème.

BIOGRAPHIE.

AVERTISSEMENT

SUR LE LIVRE CINQUIÈME.

Avant de commencer ce Livre, j'avais le projet d'y insérer les généalogies des maisons nobles de Roye et des environs ; mais la crainte de rendre cette Histoire plus volumineuse et conséquemment plus chère, a suspendu ma plume : Si l'on m'en offrait le désir, je joindrais ce travail aux chartes et pièces anciennes dont j'ai fait une collection que j'ai supprimée : le tout formerait un supplément que je pourrais publier et qui présenterait d'autant plus d'intérêt, qu'il est dans le canton de Roye plusieurs familles distinguées par l'ancienneté, le rang et le mérite : c'est un hommage que je me plais à leur rendre, parce qu'elles en sont dignes, et que je suis *franc Picard*.

NOTICES

SUR QUELQUES PERSONNES DES ENVIRONS DE ROYE
QUI SE SONT DISTINGUÉES DANS LES ARMES
OU DANS LES SCIENCES.

AUBÉ DE BRACQUEMONT (Robert), amiral de France, pourvu de cette charge en 1417 et destitué en 1418 par la faction du duc de Bourgogne, fut envoyé par Charles VI, Roi de France, au secours de Jean II, Roi de Castille, contre les Maures, qu'il défit.

Jérôme Surita, qui l'appelle Robin de Bracquemont, dit qu'Henri III, roi de Castille, lui permit la conquête des Canaries, en-considération des services qu'il lui avait rendus dans les guerres contre le Portugal; et que Bracquemont en donna la commission à Jean de Bethencourt, baron de Saint-Martin-le-Gaillard, son parent.

(Jean de Verrier, Hist. de la première découv. des Canaries.

Jérôme Surita, commentaire sur l'itinéraire d'Antonin.

Moréri, Dict. Hist. art. Bracquemont).

Un autre membre de cette famille rendit un bien-grand service à Montdidier, en 1636 (après la prise de Roye et de Corbie). Cette ville étant sommée de se rendre aux troupes espagnoles conduites par Piccolomini, un nommé Aubé De Bracquemont se mit à la tête des habitans, avec deux autres personnes de Montdidier. Plus de 300 ennemis furent défaits; on fit un grand nombre de prisonniers, et l'on remporta un fort butin.

Cet Aubé De Bracquemont fut nommé gouverneur de Montdidier, en récompense de cette action.

MONCHY *ou* MOUCHY (ANTOINE DE), célèbre docteur de la maison et société de Sorbonne, plus connu sous le nom de Démochares, naquit en 1494, à Ressons, bourg à 4 lieues de Roye.

Il se distingua par son zèle contre les Calvinistes. Nommé inquisiteur de la Foi en France, il rechercha les hérétiques avec une vivacité qui tenait un-peu de la haine et de la passion : c'est de son nom qu'on appela *mouches* ou *moucharts* ceux qu'il employait pour découvrir les sectaires ; et ce nom est resté aux espions de la Police.

Ce docteur devint pénitencier de Noyon; fut un des juges d'Anne du Bourg, et parut avec éclat au colloque de Poissy, au concile de Trente et à celui de Rheims, en 1564.

Il mourut à Paris, sénieur de Sorbonne, en 1574.

DE ROYE.

On a de lui la *harangue* qu'il prononça au concile de Trente; *un traité du sacrifice de la Messe*, en latin, in-8°. Il est rempli de digressions inutiles; et l'on n'y trouve aucune critique, ni dans les citations d'auteurs, ni dans le choix des passages qu'il allègue.

Il a laissé un grand nombre d'autres ouvrages.

(Hist. de l'Univers. de Paris; Vie du sieur Picart, du P. Hilarion de Coste; Sponde; de Thou; du Verdier et la Croix du Maine, Bibl. franç.; Possevin; Baronius; du Saussay; du Préau; du Boulay; Dupin; Doujat; Hist. du Droit canon; Dictionnaire et Supplément au Dictionnaire historique).

DE LA MYRE (Gabriel) chevalier, seigneur de la Mothe-Séguier, Etrepigneul, Boucly, *etc...* baron-châtelain de Hangest et Davenescourt, né le 12 octobre 1632, fut mousquetaire du Roi dans la 2ᵈᵉ compagnie, en 1660; capitaine d'infanterie au régiment de Rambures, en 1695; incorporé dans le régiment des Gardes de M. le Dauphin, donna au siège de Lille, en août 1667, des marques d'une valeur distinguée. Le prince Eugène de Savoie, colonel-général des Suisses et Grisons, lui en signa un certificat, dans lequel il dit : qu'*Il* avait avancé les travaux de l'attaque, et qu'accablé de blessures, par le feu continuel des ennemis, perdant tout son sang, il l'avait fait retirer pour se faire panser.

Il fut fait lieutenant pour le Roi, commandant en la ville et citadelle de Pignerol, et mourut en 1685.

DE LA MYRE (ANTOINE), fils du précédent, naquit en 1676. Il fut capitaine au régiment du Roi, infanterie, chevalier de S.-Louis, en 1704, et lieutenant pour S. M. au gouvernement de Picardie, en 1714. Dans les provisions qui lui furent expédiées, il est dit: *Qu'il avait donné des preuves de sa valeur et de sa capacité dans l'emploi d'aide-major-général de l'armée du Rhin; qu'il s'était trouvé aux sièges de Mons, de Namur, de Landau, de Brisach; aux batailles de Spire, de Hochstet, de Ramillies, et à plusieurs combats, dans lesquels il avait été si dangereusement blessé, qu'il s'était trouvé hors d'état de continuer ses services.*

Il mourut en 1747.

DE LA MYRE DE MORI (FRANÇOIS-LUC), né le 13 avril 1715, entré au régiment du Roi en 1730, fit toute la guerre d'Italie, se trouva aux sièges de Milan, de Pizzigitone, etc.........; au combat de Crémone, aux batailles de Parme et de Guastalla, en 1734, de Dettingen, en 1743, à celle de Fontenoi, le 11 mai 1745, où un boulet de canon lui emporta le bras : il en mourut le lendemain, étant un des plus anciens capitaines de son corps. Il avait eu l'honneur, au siège de Fribourg, en 1744, de recevoir la croix de Saint-Louis des mains de Louis XV.

(Généalogie manuscrite de la maison De La Myre).

GALLAND (Antoine), né en 1646, à Rollot, bourg à 3 lieues de Roye, de parens pauvres, mais vertueux, se tira de l'obscurité par ses connaissances dans les langues orientales. Après avoir fait quelques études à Noyon, il alla à Paris, où il les continua chez le sous-principal du collège du Plessis, puis en Sorbonne chez M. Petit-Pied, qui lui fit apprendre l'hébreu et les langues orientales. Il obtint une chaire de professeur en arabe au collège-royal et une place à l'Académie des Inscriptions et Belles-Lettres. Le grand Colbert l'envoya dans l'orient ; il en revint avec une moisson abondante ; il copia des inscriptions ; il dessina des monumens ; il en enleva même ; il obtint des attestations sur la croyance de l'église grecque touchant l'Eucharistie, très-favorables à celle de l'église latine.

Ces voyages le perfectionnèrent dans la connaissance de l'arabe et des mœurs mahométanes.

Les ouvrages que nous avons de lui ont été empruntés en partie des orientaux : les principaux sont :

1°. *Traité de l'origine du Café*, 1690, in-12, traduit de l'arabe.

2°. *Relation de la mort du Sultan Osman, et du couronnement du Sultan Mustapha*, traduite du turc, in-12.

3°. *Recueil des maximes et bons mots tirés des ouvrages des Orientaux*, in-12.

4°. *Les mille et une nuits*. C'est un recueil de contes arabes, les uns piquans, les autres très-insipides, en 12 vol. in-12, réimprimés en 6. Ils sont écrits d'un style naturel, mais sans correction.

5°. *La préface de la bibliothèque orientale* de d'Herbelot, qu'il continua après la mort de ce savant.

6°. *Une version de l'Alcoran.*

7°. *Histoire de la trompette chez les anciens.*

8°. *Explication d'un grand nombre de médailles*, en plusieurs brochures, qui mériteraient d'être rassemblées en un corps.

Galland mourut à Paris, le 17 Février 1715.

Le manuscrit d'un *Dictionnaire numismatique* qu'il avait fait, a été remis, après sa mort, à l'Académie des Inscriptions.

Cet auteur était simple dans ses mœurs et dans ses manières, comme dans ses ouvrages. Il ne se proposait, dans ses livres, que l'exactitude, sans se mettre en-peine des ornemens. Il aimait l'étude avec passion, s'occupant peu des besoins de la vie, et dédaignant ses commodités.

(Dictionnaire historique).

HAUTEFORT (Gilbert de), de l'ancienne famille de ce nom, qui a possédé et possède encore la terre de Champien, près de Roye.

Gilbert de Hautefort était chevalier de l'Ordre du Roi, gentilhomme ordinaire de sa chambre, capitaine de cinquante hommes d'armes de ses Ordonnances.

Charles IX l'honora de son Ordre de S.-Michel, à Toulouse, en 1565, et l'envoya, la même année, à Bayonne, avec grand nombre de gentilshommes de marque, au-devant de la reine d'Espagne, sa sœur. Il soutint le siège de Chartres contre les Huguenots, et mourut à la fleur de l'âge.

HAUTEFORT (Gilles, comte de), né en 1666, fut fait capitaine de vaisseau, par distinction, après le combat de la Hogue, pour avoir été dans une chaloupe couler à-fond deux brûlots des ennemis, et en avoir remorqué un troisième jusque sous le vent de l'amiral d'Angleterre. Il fut nommé chevalier de Saint-Louis, en 1703; chef d'escadre des armées navales, en 1712; puis lieutenant-général des mêmes armées.

Il mourut à Paris, en 1727.

HAUTEFORT (Louis-Charles de), marquis de Surville, sorti des pages de la grande écurie du Roi, servit, comme volontaire, au siège d'Aire, au secours de Mastricht, en 1677, aux sièges de Valenciennes et de Cambrai en 1698 et aux sièges de Gand et d'Ypres. Il suivit le Roi à Wezel, où S. M. le fit enseigne de son régiment d'infanterie ; après le combat de Saint-Denis, il eut une compagnie dans ce régiment ; fut ensuite colonel du régiment d'infanterie de son nom, de celui de Toulouse, en 1684, et de celui du Roi, en 1693. Il fut fait chevalier de S.-Louis en 1695, maréchal-de-camp, en 1696 ; servit en Flandres en cette qualité, au mois de Mars 1702 ; fut créé, le 23 décembre suivant, lieutenant-général des armées. Nommé, en février 1703, pour servir en Flandres, sous le duc de Bourgogne, puis au siège de Brisach, la même année, il se distingua à la bataille de Spire, au gain de laquelle il eut grande part ; et, en 1704, au siège de Landau, où il signala sa valeur contre les ennemis qui vinrent secourir cette place ; car il attaqua, à la tête du régiment du Roi, leur droite, où il avait en-face sept bataillons de leurs meilleures troupes, qu'il enfonça, ce qui fut cause de la défaite entière de l'armée ennemie, et de la reddition de Landau.

Il fit encore la campagne de Flandres en 1705, servit sous le maréchal de Boufflers pendant le siège de la ville et de la citadelle de Lille, où il fut dangereusement blessé.

En 1709 il eut le commandement de la ville de Tournay, dont il soutint le siège contre les troupes alliées, capitula pour la ville le 29 juillet, et pour la citadelle, le 3 septembre de la même année, après avoir employé, pour résister plus long-tems, toute sa vaisselle d'argent, dont il fit couper et frapper des pièces de 20 et 25 sous.

Il mourut à Paris le 29 décembre 1721.

(Généalogie manuscrite de la maison d'Hautefort).

HAUTEFORT (EMMANUEL-DIEU-DONNÉ, marquis de) de Surville et de Sarcelle, comte de Montignac, seigneur de Champien, *etc*..... né le 13 février 1700, reçu chevalier de Malthe de minorité au grand-prieuré de France, le 9 août 1700, porta le titre de chevalier, puis de comte et de marquis de Surville; succéda en 1727 au marquis d'Hautefort, son oncle, dans tous les biens de sa maison. Il fut mestre-de-camp-lieutenant du régiment de Condé, infanterie; brigadier des armées du Roi. Il se distingua le 29 juin 1734 à la bataille sous les murs de Parme, où il reçut une contusion et eut la main percée d'un coup de feu; fut fait maréchal-de-camp, en 1740; Ambassadeur en Autriche, au mois de juin 1749, et s'y rendit au mois de novembre suivant.

Il est mort chevalier des Ordres du Roi.

(Même généalogie manuscrite).

LHOMMOND (Charles-François), né en 1727, à Chaulnes, bourg à trois lieues de Roye, mort le 1er Janvier 1795, fit ses études à Paris, en qualité de *boursier*, au collège d'Ainville, dont il a été principal depuis. Nommé professeur au Cardinal-le-moine, Lhommond interrompit sa licence, où il se distinguait ; et dès ce moment il se consacra à l'éducation des enfans dans les classes inférieures, et ne voulut jamais accepter les classes supérieures, qui lui furent offertes plus d'une fois : un goût décidé l'attachait, de-préférence, aux plus jeunes enfans.

Ses ouvrages élémentaires lui valurent, de l'Assemblée du Clergé, une gratification, sans qu'il l'eût sollicitée.

Simple et modeste dans ses mœurs et dans ses manières, Lhommond refusa toujours les bénéfices et les dignités ecclésiastiques.

Au-milieu des jours de la *terreur*, son corps semblait un fantôme errant parmi des ruines ; ses yeux creux et son visage pâle présageaient qu'il ne devait plus vivre long-tems ; cependant ses manières étaient toujours douces et engageantes ; il accueillait, avec une bonté paternelle, les jeunes gens qui aimaient l'étude et la vertu. Homme vertueux ! ta réputation, aussi modeste que ta personne, semble se réfugier encore dans l'obscurité des classes.

Ses ouvrages sont :

1°. *De viris illustribus urbis Romœ, à Romulo ad Augustum*, in-24. Cet ouvrage, qui a eu un grand nombre d'éditions, a été traduit en français, par Frémont, Paris, 1810.

2°. *Élémens de la Grammaire latine*, in-12.

L'adoption de cette grammaire fut un grand événement dans les collèges : les uns y soutenaient l'excellence de celle de Tricot ; d'autres, et en plus grand nombre, lui firent préférer celle de Lhommond. Dans la première déclinaison, il avait substitué le mot *Rosa*, au mot *Musa*: la *Rose* a triomphé.

3°. *Élémens de la Grammaise française*, in-12.

Ces deux ouvrages ont eu des éditions sans nombre.

4°. *Abrégé de l'Histoire de l'Église*, in-12.

5°. *Doctrine chrétienne, en forme de lecture de piété*, etc. à-l'usage des maisons d'éducation et des familles chrétiennes, in-12.

6°. *Epitome Historiæ sacræ, ad usum tyronum linguæ latinæ*, in-18. Cet ouvrage a été traduit en français, Paris 1806.

7°. *Histoire abrégée de la Religion*, 1791, in-12.

GRUET (Pierre-Eléonore), né à Champien, le 6 août 1751, avocat au Parlement de

Paris, mort à Bacquencourt à l'âge de 28 ans, d'un coup de fusil qu'il s'est donné, par accident, à la chasse, s'annonçait comme devant briller un jour dans la carrière poétique. Il a remporté, vers l'année 1772, le prix de poésie à l'Académie Française : le sujet de son poëme était les Adieux d'*Hector* et d'*Andromaque*, sujet tiré du sixième livre de l'Iliade. Ce morceau a été imprimé.

DUMAITZ DE GOIMPY (François-Louis-Edme-Gabriel), comte, capitaine de vaisseau, puis chef-d'escadre, chevalier de l'Ordre-royal et militaire de Saint-Louis, membre de l'Académie royale de marine, né le 10 avril 1729, mort en son château de Billancourt près de Roye, le 29 décembre 1807, possédait dans un rare dégré de perfection la science de la marine qui avait fait toujours ses délices et l'objet d'une continuelle application.

On a de lui :

1°. *Remarques sur le Pilotage*, faites en 1765 et imprimées à la suite de l'abrégé du Pilotage de M. Le Monnier.

2°. *Traité sur la Construction des vaisseaux*, dédié et présenté au Roi. Paris 1776, in-4°.

Cet ouvrage ayant été critiqué par M. De la Coudraye, dans sa *Théorie des Ondes*, couronnée en 1796, par la Société des Sciences de Copenhague, M. Dumaitz répondit par un mémoire qui est resté manuscrit, et dont j'ai un original.

Deux ans avant sa mort, M. Dumaitz remporta le prix de l'Académie des Sciences de S.-Pétersbourg, sur une question relative à la marine. Il était sur le point de faire imprimer son mémoire, quand la mort l'enleva.

Il est encore auteur de divers autres mémoires placés dans les journaux.

Les manuscrits qu'il a laissés sont en assez grand nombre. C'est M. le marquis Dumaitz de Goimpy, son neveu, lieutenant-colonel de cavalerie, chevalier de Saint-Louis, qui en est possesseur.

(Renseignemens particuliers à l'auteur de cette Histoire qui a très-bien connu M. Dumaitz de Goimpy.

NOTICES

SUR LES HOMMES NATIFS DE ROYE QUI SE SONT DISTINGUÉS DANS LA LITTÉRATURE, LES SCIENCES, LES EMPLOIS, etc.

EVÉRARD de Roye, préchantre de la cathédrale d'Amiens, commença, l'an 1191, le Directoire du chant, *ou* l'ordinaire de cette église.

(Tableau hist. des Sciences, Belles-Lettres et Arts en Picardie, par le P. Daire.

FÈRE (Jean de la), chanoine de S.-Florent, de Roye, est connu par le roman *du Riche Homme et du Ladre.* Il vivait vers le XIIIme siècle.

(Lacroix du Maine ; Fauchet ; le P. Daire).

PIERRE de ROYE, religieux de l'ordre de Cîteaux, a écrit, au commencement du XIIIme siècle, une *lettre* fort-étendue *sur la vie et la sainteté des moines de Clairvaux.*

(Biblioth. Cistercens. ; le P. Daire).

POPAINCOURT *ou* POUPINCOURT (Jean de), naquit à Roye, où sa famille tenait un rang distingué parmi les nobles de la province.

Il préféra l'étude des belles-lettres à l'exercice des armes, qui était ordinaire dans sa maison ; et s'étant établi à Paris, il se distingua tellement par son érudition et son expérience dans les affaires de judicature, qu'après avoir été conseiller au Parlement, il fut élu troisième président. Enfin, le crédit qu'il s'acquit auprès du Roi Charles VII et des ducs d'Orléans, de Berry et de Bourgogne, le fit choisir pour premier président de la première cour souveraine, en 1399, où il fut reçu, le 14 avril 1400, et *installé par le chancelier, accompagné de l'amiral et de plusieurs grands-seigneurs et chevaliers.*

Il mourut le 21 mai 1403. Il avait été en si grande considération dans le Parlement, qu'après son décès cette compagnie conduisit son corps jusqu'à S.-Denis, d'où il fut transféré et inhumé dans l'église de S.-Florent, de Roye, à laquelle il avait donné 40 journaux de terre.

Il y a à Roye une rue qui porte son nom.

POPAINCOURT (JEAN de), fils du précédent, seigneur de Liencourt et de Sarcelles, conseiller du Roi, et premier président au Parlement de Paris. Les chroniques de Louis XI parlent souvent de ce magistrat, que ce prince employa diverses fois. Il fut ambassadeur en Angleterre, premier président à la Chambre des comptes, et commissaire au procès du connétable de Saint-Pôl.

ROYE (GUI de), fils de Mathieu, seigneur de Roye, grand-maître des arbalétriers de France, fut d'abord chanoine de Noyon, puis doyen de S.-Quentin, et vécut à la cour des Papes qui étaient à Avignon. Il suivit Grégoire IX à Rome ; dans la suite il s'attacha au parti de Clément VII et de Pierre de Lune, *dit* Bénoît XIII. C'est pour cette raison que plusieurs auteurs parlent peu avantageusement de Guy de Roye, qui fut successivement évêque de Verdun, de Castres et de Dol, archevêque de Tours, puis de Sens, et enfin de Reims. Il fonda à Paris, en 1399, le collège de Reims ; fit de grands biens à son église ; et tint, en 1407, un concile provincial. Deux ans après il eut ordre de se trouver au concile de Pise, assemblé pour finir le schisme, et il se mit en chemin avec Louis, cardinal de Bar, Pierre Dailly, évêque de Cambrai, et divers autres prélats. Lors qu'ils furent arrivés à Voltri, bourg à 5 lieues de Gênes, un maréchal de la suite de l'archevêque de Reims prit querelle avec un autre maréchal de ce bourg, et le tua. Cet accident causa une sédition furieuse parmi le peuple, qui investit la maison de ce prélat. Il voulut descendre de sa chambre pour appaiser ce tumulte ; mais en descendant il fut frappé d'un trait d'arbalête qu'un des habitans tira par une petite fenêtre qui donnait sur l'escalier. Guy de Roye mourut de cette blessure, le 8 juin 1409, et fut porté dans l'église cathédrale de Saint-Laurent, de Gênes, où il fut enterré. Quelques jours après, la justice punit celui qui avait commis ce crime, d'autant moins graciable que ce prélat avait remis le meurtrier entre les mains du juge, dès que la populace vint assiéger sa maison.

Cet archevêque nous a laissé un livre intitulé : *Doctrinale sapientiæ*, traduit par un religieux de Cluny, sous le titre de *Doctrinal de la sapience*, in-4°, en lettres gothiques. Le traducteur y ajouta des exemples, et des historiettes contées avec naïveté.

Le nom de Guy de Roye doit rester dans la mémoire des hommes qui chérissent les vertus épiscopales.

ROÏA *ou* ROYE (Gilles de), connu sous le nom de *Ægidius de Roia*, parce qu'il était natif de Roye, vivait dans le XVme siècle *.

S'étant fait religieux de Cîteaux, il devint abbé de Royaumont, dans le diocèse de Beauvais. Il fut aussi docteur de Paris, où il enseigna la théologie pendant 19 ans; il se retira ensuite à Dunes, en Flandres, où il mit en abrégé la Chronique de Jean Brandon, religieux de Dunes, depuis la création jusqu'en 1431. Il augmenta cet ouvrage, qui fut encore grossi par Adrien de Budt, religieux de Dunes; ensorte qu'il va jusqu'en 1479. Le P. André Schot le tira d'une bibliothèque des Pays-Bas; et François Swert le fit imprimer en 1620. Roïa mourut au monastère de Sparmaillé, de Bruges, après avoir aussi écrit sur le maître des sentences. Il fut généralement regretté. C'était un pieux personnage, historien exact, mais crédule et faible de discernement.

---

* Né le 31 octobre 1415, d'après M. Hordret (Hist. de S.-Quentin).

L'auteur se trompe en le faisant naître à S.-Quentin, et donne dans la même erreur que Colliette (Histoire de Vermandois).

HISTOIRE

LA VACQUERIE (Jean de), natif de Roye, nommé en 1481 premier président du Parlement de Paris, se fit admirer par sa probité, par sa fermeté, par son zèle à soutenir les intérêts des citoyens.

Louis XI avait donné des édits dont le peuple aurait été incommodé; la Vacquerie vint, à la tête du Parlement, trouver le Roi, et lui dit: *Sire, nous venons remettre nos charges entre vos mains, et souffrir tout ce qu'il vous plaira, plutôt que d'offenser nos consciences.* Le Roi, touché de la généreuse intrépidité de ce magistrat, révoqua ses édits.

La Vacquerie, qui avait eu beaucoup de part au traité d'Arras, conclu le 23 décembre 1482, mourut en 1497.

Le chancelier de l'Hôpital fait de ce président cet éloge. *Qu'il était beaucoup plus recommandable par sa pauvreté, que Rolin, chancelier du duc de Bourgogne, par ses richesses.*

NICOLE ou NICOLAS (Gilles), né à Roye, secrétaire de Louis XII, et contrôleur du trésor, mourut en 1503. On a de lui des annales *ou* chroniques de France, depuis la destruction de Troye, jusqu'en 1496. Cette histoire n'est bonne que depuis le règne de Louis X. Denis Sauvage, Belleforest et plusieurs anonymes ont fait des additions à cet ouvrage; Gabriel Chappuis l'a continué jusqu'en 1585. Il a été traduit en latin. Il contient des choses curieuses.

MEURISSE (Martin), fils de Martin Meurisse, maréchal-ferrant, et de Françoise Beaupuis, naquit à Roye, dans une maison du faubourg S.-Médard qui est habitée maintenant par le sieur Dumont, aubergiste.

Il se mit d'abord dans l'ordre des cordeliers, comme le prouve le cartulaire *ou* obituaire des cordeliers de Roye : *Illustrissimus ac reverendissimus pater Martinus Meurisse, sacræ facultatis Parisiensis doctor theologiæ, et in conventu magno Parisiensi lector, dein episcopus Madaurensis, fuit hujus conventûs alumnus.*

Puis il professa la philosophie avec honneur ; il se rendit recommandable par le programme des thèses de logique, soutenues au grand couvent des cordeliers de Paris, en 1613, et auxquelles il présida. Ce programme est unique par sa singularité, ayant été représenté, par le P. Meurisse, dans une estampe de 3 pieds de haut sur un pied ½ de large, gravée par L. Gauthier, l'un des plus célèbres graveurs de ce tems.

Meurisse devint par la suite évêque de Madaure. Il fonda les bénédictins de Montigny près de Metz, et mourut en 1644.

On a de lui l'*Histoire des évêques de Metz*, 1688, in-f°, et une *Métaphysique* qui a mérité l'éloge des savans du tems.

MERCIER (Pierre), natif de Roye, élu général des mathurins, en 1654.

SOYER (le Père), natif de Roye, docteur de Sorbonne, prédicateur de la Reine, gardien des cordeliers de Roye, puis de ceux de Paris, mort au couvent de Meaux, le 6 juin 1662, ainsi que le porte l'Obituaire des cordeliers de Roye : *Reverendus pater Leodegarius* SOYER, *Sorbonæ doctor-theologus, Regis et Reginæ concionator, hujus-ce et magni conventûs Parisiensis guardianus, hujus domi professor. Obiit in conventu Meldensi, die 6 julii, anno Domini* 1662.

BILLECOCQ (Louis), né à Roye le 3 mars 1663, licencié, avocat en Parlement, lieutenant-particulier-civil au bailliage de Roye, a laissé plusieurs ouvrages de jurisprudence, entre autres un *Commentaire sur la Coutume de Péronne, Montdidier et Roye; un Traité des Censives;* un ouvrage intitulé : *les Principes du Droit français sur les fiefs*, imprimé à Paris en 1729, un volume in-12, *etc....*

M. Billecocq est mort le 12 octobre 1743.

BILLECOCQ (Jean-François), qui était de la même famille que le précédent, contribua, par des ouvrages instructifs, à former la jeunesse au christianisme. Il est auteur, entre autres choses, d'un *Traité de la Prononciation française*, imprimé en un volume in-12.

M. LESQUEVIN, chanoine de Roye, a fait imprimer en 1708, une tragédie en cinq actes et en vers, représentée au collège de Roye, ayant pour titre : *L'enlèvement de la Chasse de S.-Florent, patron de la ville de Roye, fait par ordre de Louis XI*, etc...... en 1475.

Cette tragédie est d'un style mauvais et ridicule; les règles théâtrales y sont violées : je n'en cite l'auteur que pour la bonne intention qui semble avoir dirigé sa plume.

CHIVOT (MARIE-ANTOINE-FRANÇOIS), naquit à Roye, le 9 octobre 1752. Dès son enfance il annonça les dispositions les plus heureuses, et fut l'espérance de sa famille. Son père l'envoya de bonne heure à Paris pour y faire ses études; la rapidité de ses progrès justifia l'opinion que ses parens avaient conçue de lui; et les succès les plus brillans l'annoncèrent à l'Université comme un sujet rare, qu'elle pourrait se féliciter de compter un-jour parmi ses membres. Élevé au collège des Grassins, et formé par des maîtres habiles, il se perfectionna lui-même à l'école des anciens, dont la lecture était devenue sa passion dominante. Homère et Virgile firent les délices de sa jeunesse. Dès l'âge de 25 ans, l'abbé Chivot avait médité les plus beaux ouvrages, et sa mémoire était enrichie des morceaux les plus frappans des Orateurs, des Poètes, des Philosophes de la Grèce et de l'Italie;

et ce qui étonnait en lui, c'était une facilité pour l'étude des langues, qui semblait tenir du prodige; une sagacité singulière à saisir le rapport des idées, à suivre, pour ainsi dire, à la trace, la marche de la nature dans les différentes progressions du langage. Il avait déja fait de grandes découvertes dans ce champ qui paraît stérile au premier coup-d'œil; et il préparait un ouvrage important, dans lequel il se proposait de démontrer la filiation des langues anciennes et modernes ; d'en rapprocher les différentes branches; de marquer les traits de fraternité et de ressemblance qui se trouvent entre elles ; de remonter, à-travers l'obscurité des tems, jusqu'à leur origine, et d'écarter le voile qui cache à nos yeux leur antique berceau, quand la mort vint le surprendre au-milieu de ses travaux, et l'enlever aux sciences, aux lettres et à ses amis, le 3 avril 1786. Il avait été professeur de seconde, puis de rhétorique, au collège de Montaigu.

Sa grande passion pour l'étude l'affaiblissait de jour en jour; il ne s'en appercevait pas ; une langueur mortelle le conduisit au tombeau. Son père, chez qui il mourut, inconsolable de cette perte, ne lui survécut que peu de mois.

Il reste de ce jeune savant :

1°. Une pièce de *Vers latins*, imprimée en tête des poésies de M. Lebeau. Elle passe pour le chef-d'œuvre de l'auteur, après la suivante ;

2º. *L'Aigle cherchant Jupiter*, idylle grecque à Joseph II, empereur d'Allemagne, qui voyageait en France sous un nom emprunté, imprimée avec la version française, in-4º.

3º. *Orphée sur les bords du Tanaïs*, etc...... poëme grec, imprimé avec la traduction française, chez Didot, l'aîné, in-4º, 1782.

4º. Une *Épitaphe de Marie-Thérèse*, que les marbres antiques n'auraient pas desavouée.

5º. *Le Prêtre d'Osiris fait donner la sépulture à une reine d'Égypte*, poëme en vers français, imprimé chez la veuve Thiboust. Il fut composé à l'occasion de la mort de l'impératrice Marie-Thérèse, et fut présenté à la Reine de France, qui lui fit le plus grand accueil.

6º. *In sacram Ludovici XVI inaugurationem*, ode imprimée chez la veuve Thiboust, in-4º.

7º. *Mars trompé*, ode sur la naissance du Dauphin, fils de Louis XVI, chez la veuve Thiboust. L'Université, qui savait apprécier M. Chivot, l'avait nommé son orateur, à la naissance du Dauphin; et son attente ne fut pas démentie par le succès de cette ode.

8º. *De Inventione Sermonis*, *carmen*, imprimé dans les principes de versification d'Aubert-Audet, in-12, Paris 1807.

Les ouvrages manuscrits de M. Chivot consistaient notamment en ce qui suit:

1°. *Vues sur la langue grecque considérée dans son état primitif, et en particulier, sur le verbe et sur l'article.*

2°. Ouvrage sur les *racines de la langue grecque.*

3°. Calepin, dans lequel M. Chivot compare un très grand nombre de langues entre elles.

4°. *Traité des lettres grecques.*

5°. Ouvrage sur les *noms de nombres* dans toutes les langues, avec des tableaux très-étendus.

6°. *Observations sur Homère et sur Pindare.*

7°. *Traité des accens grecs.*

8°. *Discours latin* prononcé devant Louis XVI.

9°. *Notes* sur les *déclinaisons grecques*, sur la *formation des cas*, en latin; sur *l'hébreu*, le *grec*, le *latin*, *l'allemand*; sur la *physique* et sur la *musique.* Ces notes annonçaient le dessein d'en composer des ouvrages plus étendus *.

---

* M. N....l, auteur de l'article *Chivot* dans la Biographie universelle, rédigée par une société de gens de lettres, Paris, 1813, lui attribue la traduction de quelques fragmens de Ménandre, insérés dans l'histoire des théâtres.

J'ignore comment le rédacteur de cet article a su que le seul manuscrit de l'abbé Chivot qu'on ait conservé, est un exemplaire des *Racines grecques* chargé de notes, avec des feuilles intercalées, où le critique, en développant ou rectifiant le texte, établit des rapprochemens pour les étymologies ou pour les sons entre la langue grecque et

Comme proche parent de M. Chivot, et comme ami des lettres et de l'exactitude, je crois devoir relever ici des erreurs que MM. Chaudon et Delandine ont faites dans leur *Dictionnaire universel, historique, critique et bibliographique.*

Ces auteurs s'expriment ainsi :

« CHIVOT (Marie-Antoine-François), né à Roye, en Picardie, cultiva les muses latines, qui l'inspirèrent assez souvent. Il fut professeur de seconde, et ensuite de rhétorique au collège de Montaigu. Il mourut le 9 octobre 1752. Nous avons de lui : 1°. *In sacram Ludovici XV inaugurationem*, ode; 2°. Un poëme latin imprimé en tête des œuvres de Lebeau; 3°. Beaucoup de *pièces séparées*, sur différens événemens publics. »

Voici mes observations :

1°. M. Crouzet, successeur de M. Chivot dans la chaire de seconde, au collège de Montaigu, a prononcé, en 1786, l'éloge funèbre de son pré-

---

les diverses langues qu'il connaissait : Ce fait est vrai ; et j'ai le manuscrit en ma possession.

Je regrette bien vivement la perte de ses autres manuscrits, qui ont été envoyés, en 1802, à M. Dansse de Villoison, savant helléniste, ancien ami de l'abbé Chivot. M. de Villoison s'était engagé à les publier, quand la mort est venu le surprendre : ces manuscrits ne se sont point trouvés dans ses cartons, et toutes réclamations ont été infructueuses.

décesseur. Les auteurs du Dictionnaire historique auraient pu consulter cet éloge, qui est imprimé.

2°. MM. Chaudon et Delandine disent que *M. Chivot cultiva les muses latines, qui l'inspirèrent asssez souvent :* ils n'ajoutent pas les *muses grecques ;* et cependant les ouvrages grecs de l'abbé Chivot sont ceux qui lui ont fait le plus d'honneur.

3°. Un anachronisme, que je ne peux me dispenser de relever, porte sur la date de la mort de M. Chivot. Il est né le 9 octobre 1752, et mort le 3 avril 1786. MM. Chaudon et Delandine, en disant qu'il mourut le 9 octobre 1752, le mettent au tombeau le jour de sa naissance.

4°. MM. Chaudon et Delandine ajoutent: *Nous avons de lui* : 1°. *In sacram Ludovici XV inaugurationem*, ode. 2°. *Un poème latin, imprimé en tête des œuvres de Lebeau.* 3°. *Beaucoup de pièces séparées, sur différens événemens publics.*

D'abord, ce n'est pas *Ludovici XV*, mais *Ludovici XVI*, qu'il faut lire; erreur typographique qu'on ferait bien de corriger. Ensuite, on ne parle pas de ses pièces grecques ; puis, si la pièce imprimée en tête des œuvres de Lebeau est l'une des meilleures de l'abbé Chivot, celle *in sacram Ludovici XVI inaugurationem* en est une des plus faibles; Il me semble qu'il ne faut pas citer les moindres ouvrages d'un auteur, et passer sous silence ce qu'il a fait de mieux.

5°. Enfin l'article me paraît beaucoup trop court; et j'engage MM. Chaudon et Delandine, si le hasard porte ce livre en leurs mains, à préférer, dans une nouvelle édition de leur Dictionnaire, la notice que j'ai donnée ci-dessus, et que j'ai rédigée d'après l'éloge de M. Chivot par M. Crouzet, d'après mes propres connaissances, et d'après celles de mes parens, qui étaient ceux de M. Chivot.

BABEUF (François-Noel). Quoique cet homme *trop fameux* ne soit pas né à Roye, il a été assez long-tems habitant de cette ville, pour que je croie devoir parler de lui.

Babeuf, né à Saint-Quentin, d'un ancien militaire, entra fort jeune, comme domestique, chez M. De Bracquemont, seigneur de Damery, près de Roye. Après y être resté quelque-tems, il alla demeurer à Noyon, où il se livra à l'étude des papiers-terriers. Il revint ensuite à Roye, et fut le feudiste de plusieurs seigneurs. La révolution venue, il s'en montra l'un des plus chauds partisans. Ce fut alors qu'il intenta des procès aux propriétaires de fiefs qui l'avaient employé, afin de se faire payer des sommes exorbitantes pour ses travaux.

Nommé administrateur du district de Montdidier, il fut accusé d'un faux, mis en prison, s'échappa, et alla se cacher à Paris, où il publia un pamphlet contre les jacobins, intitulé: *Du systéme de la dépopulation, ou la vie et les crimes de*

Carrier, un volume in-8º. Changeant bientôt de système, il rédigea un journal incendiaire, intitulé le *Tribun du peuple*, par *Gracchus Babeuf* *; écrivit tour-à-tour pour et contre les jacobins, et fut arrêté plusieurs fois comme voulant avilir la représentation nationale. De retour dans la capitale, après la constitution de l'an III, il reprit son journal, y poussa jusqu'à la frénésie les principes de la démagogie, et fut accusé d'avoir tramé un complot contre le gouvernement directorial.

Condamné à mort, en 1797, par la haute-cour nationale assemblée à Vendôme pour le juger, ainsi que les *Babouvistes*, ses complices, il voulut prévenir l'exécution de ce jugement; mais les coups de stilet qu'il se donna, ne furent pas mortels, et il fut guillotiné le 27 mai 1797. Les débats de son procès forment 6 volumes in-8º.

Babeuf avait composé, avec un sieur Audiffred, l'ouvrage publié en 1790, sous le titre de *Cadastre perpétuel*.

Cet homme avait de l'esprit, mais un mauvais esprit: son regard sombre et faux annonçait sa méchanceté. C'était un de ces énergumènes, qui, n'ayant rien à perdre par la révolution, se livraient tout entiers aux systèmes de ce tems malheureux.

---

* Précédemment il avait dirigé à Roye, pendant peu de tems, un journal intitulé *le Correspondant Picard*.

DE ROYE.

Babeuf avait épousé, à Roye, une femme-de-chambre plus âgée que lui, et dont il a eu des enfans qu'il élevait suivant les principes de l'*Émile:* ayant perdu ici sa fille, âgée de 6 ans, qu'il aimait beaucoup, il l'ouvrit, en retira le cœur, en mangea la moitié, afin, disait-il, que cette partie de son cher enfant retournât à sa première origine : puis il suspendit l'autre moitié sur sa poitrine et la porta long-tems. Je n'aurais point cru ce fait s'il ne m'eût été affirmé par une personne digne de foi et qui connaissait particulièrement Babeuf.

Un autre de ses enfans, né à Roye, se fit, en février 1816, rédacteur d'un journal révolutionnaire intitulé le *nain tricolore*, portant une enveloppe aux trois couleurs. Cet abominable journal s'imprimait à Troyes : le premier numéro avait paru, 2,000 exemplaires distribués furent saisis par la police, et dans un seul jour, quoique dans des villes différentes, rédacteur, imprimeur, colporteur furent arrêtés.

Le projet de ce digne fils du trop fameux *Gracchus* Babeuf, ne tendait qu'au bouleversement de la France.

Il a été condamné au bannissement, avec ses complices.

FIN DU CINQUIÈME ET DERNIER LIVRE.

TABLE

DES MATIÈRES DE L'HISTOIRE DE ROYE.

DÉDICACE.

LIVRE Ier.

Chapitre Ier. *Situation de la ville de Roye.* p. 3.
    II. *Rivières.* 9.
    III. *Noms latins de la ville de Roye. Son antiquité démontrée par des faits historiques.* 11.
    IV. *Seigneurs de la Maison de Roye.* 18.
    V. *Charte de la commune de la ville de Roye.* 40.
    VI. *Maires de Roye.* 57.
    VII. *Grands Baillis.* 82.
    VIII. *Gouverneurs-généraux de Péronne, Roye et Montdidier.* 87.
    IX. *Gouverneurs-Capitaines.* 97.
    X. *Lieutenans de Roi.* 102.
    XI. *Annales de Roye.* 105.
    XII. *Siéges, prises, reprises et incendies de Roye.* 141.

TABLE

LIVRE II.

Chapitre I. *Ville, bourgs, villages,* etc.......
*qui ressortissaient du Bailliage
de Roye.* page 175.
*Communes, annexes et dépendances du canton actuel de
Roye.* 210.
II. *Lieutenans-généraux.* 224.
III. *Lieutenans-criminels.* 230.
IV. *Lieutenans - généraux de police.* 231.
V. *Lieutenans-particuliers-civils.* 232.
VI. *Lieutenans - particuliers - criminels.* 233.
VII. *Avocats du Roi.* 235.
VIII. *Procureurs du Roi.* 237.
IX. *Substituts du procureur du Roi.* 238.
X. *Notaires.* 239.
XI. *Juges-de-paix.* 246.
XII. *Grenier-à-sel.* Idem.
XIII. *Conclusion du livre 2.* 247.

LIVRE III.

Chapitre I. *Fondation de l'église collégiale de
Saint-Florent.* 253.
II. *Reliques de Saint-Florent.* 266.
III. *Doyens de Saint-Florent.* 269.

IV.	*Fondation de l'église de Saint-Pierre.*	274.
V.	*Curés de Saint-Pierre.*	285.
VI.	*Église de Saint-Gilles.*	287.
VII.	*Paroisse de Saint-Georges.*	289.
VIII.	*Paroisse de Saint-Médard.*	290.
IX.	*Cordeliers.*	291.
X.	*Minimes.*	292.
XI.	*Sœurs de la Croix.*	293.
XII.	*Religieuses Annonciades.*	296.
XIII.	*Collège.*	299.

LIVRE IV.me

Chapitre I.er	*Population, naissances, mariages, décès.*	305.
II.	*Maladies.*	306.
III.	*Territoire de Roye, maisons et moulins.*	307.
IV.	*Hôpitaux.*	308.
V.	*Prisons.*	314.
VI.	*Promenades.*	315.
VII.	*Commerce.*	317.
VIII.	*Productions naturelles du canton de Roye.*	326.
IX.	*Caractère, mœurs et usages des habitans des campagnes.*	355.

LIVRE V.me

Notices sur quelques personnes des environs

de Roye, qui se sont distinguées dans les armes ou dans les sciences. page 373.
Notices sur les hommes natifs de Roye, qui se sont distingués dans la littérature, les sciences, les emplois, etc. 385.

FIN DE LA TABLE DES MATIÈRES.

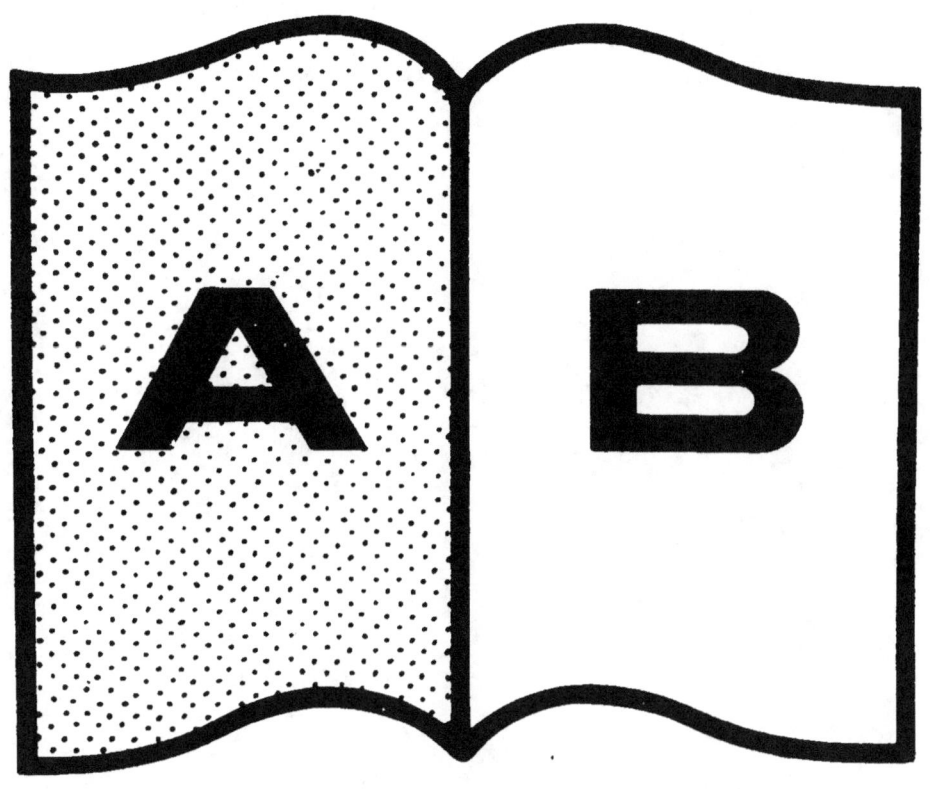

Contraste insuffisant

NF Z 43-120-14